소아정신건강의학과
의사가 들려주는

# 모든 아이는
# 예민하다

소아정신건강의학과
의사가 들려주는

# 모든 아이는
# 예민하다

All Children are
Sensitive

김효원 지음

글항아리

요즘 사람들은 누구나 자신이 예민하다고 생각한다. 어떤 이들은 예민함이 특별한 능력이라고 말하기도 하고, 세상을 살아가는 무기라고도 한다. 또 다른 사람들은 예민한 성향을 가진 자신이 살아가기 어려운 사회라고도 하고, 사회가 불안과 예민을 만들어 낸다고 하기도 한다. 예민함에 대한 견해와 관심은 이처럼 크게 차이 나지만, 다른 사람들보다 더 예민하고 섬세한 성향을 가진 사람들이 존재한다는 것은 분명한 사실이다. 그리고 이런 사람들이 세상을 살면서 더 쉽게 상처받고 어려움을 겪기도 한다.

아이들도 마찬가지다. 또래들보다 섬세하고 까다로운 기질을 타고나는 아이들이 있다. 물론 이런 예민함은 정도의 차이이거나 예민함이 자극되는 상황이 다른 것일 뿐 모든 아이가 가지고 있는 성향일 수도 있다. 그렇다 하더라도 다른 아이들보다 조금 더 예민하고 걱정이 많은 아이들이 있는 것은 사실이다. 그리고 최근 들어서 예민함, 불안, 걱정 때문에 병원을 찾는 아이들은 늘어나고 있다.

지금 우리 아이들이 살아가고 있는 사회는, 뭐든 두루두루 잘하고 모난 데 없이 모든 친구와 어울리는 아이들이 살아남는 곳이다. 그래서 예민하고 특별한 아이들에게는 어렵고 상처 입기 쉬운 곳이기도 하다. 그리고 이런 아이를 키우는 부모 역시 자녀를 어떻게 도와야 할지 몰라 막막해하거나, 아이가 세상에서 아픔을 겪는 모습을 보면서 부모 또한 마음을 다친다. 예민하고 특별한 아이를 키우면서, 또 진료실에서 섬세하고 불안이 많은 아이들을 진료하면서 나 역시 그랬다.

이 책에서는 아이들이 가진 예민함의 다양한 모습을 알려주고, 부모님들이 아이를 어떻게 이해하고 도울 수 있는지 구체적인 방법을 알려드리려고 했다. 또 아이와 부모님이 함께 노력하면, 예민함을 가지고 태어난 아이들도 세상을 잘 살아갈 수 있다는 것을 보여드리고자 했다.

이 책에 나오는 사례들은 비슷한 종류의 예민함을 지닌 아이 3~4명의 이야기를 엮은 것이다. 그중에는 내 딸과 우리 가족의 경험도 섞여 있다. 그만큼 예민함을 가진 아이가 많다는 의미이기도 하고, 아이들의 예민함이 다양한 모습으로 나타난다는 뜻이기도 하다. 이 책이 아이를 키우면서 막막하고 상처받고 지친 부모님들께 구체적이고 실제적인 방향을 제시하며, 또 위로와 응원이 되기를 바란다.

김효원

## 제1부 예민함과 섬세함을 가지고 태어나는 아이들

## 제4부 청소년이 된 예민한 아이

## 제5부 부모의 마음속 예민한 아이

# 예민함과
# 섬세함을
# 가지고
# 태어나는
# 아이들

## 타고난 성향을
## 파악하자

예민한 아이를 키우는 부모들은 출산 후 얼마 지나지 않아서 내 자녀가 다른 아이들보다 더 섬세하고 까다롭다는 사실을 알아차린다. 엄마가 평소와 조금만 다른 음식을 먹어도 모유를 꺼린다거나, 분유의 농도와 온도가 맞지 않으면 밀어낸다거나, 기저귀에 소변이 한 방울만 묻어도 갈아야 한다거나, 밤만 되면 이유도 없이 찢어지는 목소리로 자지러지게 울기도 한다. 첫째를 키우면서 예민한 줄 몰랐던 부모들은 둘째를 키우면서 뒤늦게 첫째가 예민한 아이였다는 것을 깨달았다고 말하기도 한다.

나도 그랬다. 첫째인 딸이 아기였을 때 저녁마다 울어서 두세 시간씩 업고 안아 재워야 했는데, 마치 등에 센서가 있는 것처럼 바닥에 내려놓으면 바로 울었다. 발달도 빠르고 낮 시간에는 방긋방

굿 웃으면서 예쁜 짓을 많이 하지만, 일단 울기 시작하면 영문도 모른 채 달래지지 않아서 힘들었다. 전공의 1년차 때 임신 중에 당직을 서느라 잘 못 잔 게 아이를 예민하게 만들었을까? 아이를 봐주실 분을 못 구해 지방에 있는 친정에서 아이를 기르기로 했는데 돌보는 사람이 자주 바뀐 것이 원인일까?

3년 반 뒤 둘째가 태어나자 첫째의 성향을 확실히 알 수 있었다. 큰애는 두 돌이 될 때까지 한두 시간씩 안고 업어야 겨우 잠들었는데, 둘째는 백일 무렵이 되자 이불 위에서 혼자 뒹굴다가 잠들었다. 잘 울지 않고, 울어도 쉽게 달래졌다. 양육 환경이나 방식에 따라 다른 성향으로 자라난 것이 아니라, 타고난 성향이 다른 것이었다. 큰아이는 예민한 아이로 태어난 거였다.

큰아이를 키우면서 나 자신과 다른 가족들에 대해 생각해보니 모두 나름의 예민함과 불안함을 가지고 있었다. 남편은 작은 소리나 불빛에도 자다가 깨는 사람이었다. 여름만 되면 모기 소리 때문에 잠에서 깼고, 코 고는 소리가 조금만 나도 잠들지 못했다. 나는 시간 약속에 늦으면 안 된다는 강박증이 있어서 약속 시간보다 훨씬 빨리 나가 기다리고, 학회 발표 자료나 출판사 원고 제출일이 다가오면 안절부절못한다. 아들은 매우 무던한 성격인데도, 다른 사람이 자신에 대해 어떻게 생각할지 신경을 많이 쓰고 부정적인 평가가 예상되면 스트레스를 받는다. 이처럼 누구에게나 예민함을 자극하는 환경과 상황이 있고, 정도는 다르지만 불안해지는 때가 있다. 달리 생각하면 예민함은 상수常數로, 단지 어떤 상황에서, 얼마나 자주, 어느 정도로 나타나며, 삶에 얼마나 영향을 주는지의 문제인 듯도 하다.

되돌아보면 늘 가장 힘든 사람은 예민한 기질을 타고난 아이 자신이었다. 이 아이들은 어릴 때부터 이상하고 유별나게 여겨져 남들보다 좀더 힘든 삶을 살기도 한다. 다른 사람의 감정에 쉽게 전염되어 상처받고, 주변 환경의 감각적 자극에 영향받아 쉬이 피곤해지기도 한다. 다른 사람들이 잘 알아채지 못하는 것을 꿰뚫어보는 비범함과 다른 사람의 감정에 쉽게 공감하는 능력을 갖고 있지만, 이를 잘 활용하기 위해서는 자기 자신을 이해하고 조절해야 한다. 아이 스스로도 세상에 조금씩 맞춰가려고 노력해야 하고, 가족과 주변 사람들도 아이의 모습을 있는 그대로 이해하고 사랑하면서 한편이 돼주어야 한다.

예민한 딸을 키우면서, 또 진료실에서 그와 비슷한 아이들을 만나면서, 나는 이들의 어려움은 어디서 오는 것인지, 그들과 가족의 삶을 좀더 편안하게 만들려면 무엇을 해야 하는지 20년 동안 고민해왔다. 다른 한편으로는 부모님께서 좋은 환경에서 예민한 아이를 잘 양육하려고 노력하거나 다양한 치료를 하면서 예민함이 누그러지는 것도 봤고, 아이들의 예민함을 조절하는 능력이 자라는 것도 봤다. 딸과 함께 보낸 시간은 나 자신의 성향에 대해서도 돌아보는 계기가 되었다. 지금 딸은 그 모든 어려운 시기를 지나 대학생으로서 이 책을 쓰고 있는 나를 격려해주고 있다. 앞으로도 타고난 기질 때문에 세상에 부딪힐 때 어려움이 있겠지만 자기 자신과 타인의 마음을 이해하려고 노력해온 시간이 단단한 사람으로 성장시켜줄 것이다. 이 책에서는 엄마이자 치료자로서 예민한 아이들의 성장을 지켜본 경험으로, 이 아이들이 어떤 모습을 갖고 있고, 어떻게 이해하며 도와주어야 하는지 내가 고민하고 공부한 내용을 나누려 한다.

# 예민함은 병인가요?

또래들과는 다른 예민한 아이들이 있다는 것은 오래전부터 알려진 사실이다. 알렉산더 토머스와 스텔라 체스는 아기들이 태어날 때 이미 서로 다른 기질을 지닌다면서, 그중 약 40퍼센트가 순한 기질, 10퍼센트가 까다로운 기질, 15퍼센트가 늦되는 기질이라고 했다.[1] 어른들이 흔히 '순둥이'라고 부르는 아기들은 먹고, 자고, 싸는 생리적 리듬이 일정하며 새로운 상황에 쉽게 적응한다. 또한 기분이 편안하며 즐거운 감정을 많이 표현하고 울음도 쉽게 그친다. 반면 까다로운 기질의 아기들은 생활 리듬이 불규칙하고 자극에 예민하게 반응하며 새로운 상황에 적응하는 데 시간이 걸린다. 또한 감정 기복이 크고, 칭얼대거나 짜증 내는 방식으로 부정적 감정을 많이 표현한다. 달래도 쉽게 울음을 그치지 않으며 고

집을 꺾기 어렵다. 이 때문에 부모는 달래고 재우는 것을 힘들어 한다. 한편 늦되는 기질의 아이들은 반응이 느리고 적어서 발달이 느린 것처럼 보이기도 한다. 자기감정이나 생각을 잘 드러내지 않고 새로운 환경에서 쉽게 위축되며 불안을 느낀다. 물론 적응하면 곧 활동적인 모습을 보이곤 한다.

정신의학의 진단 기준인 『정신질환의 진단 및 통계 편람DSM』은 여러 차례 개정되었는데, 그중 1980년부터 1994년까지 사용되었던 제3판DSM-III과 제3판 개정본DSM-III-R에는 과잉불안장애라는 진단이 있었다.[2] 이는 특정한 상황이나 사물에 국한되지 않고, 환경의 변화나 스트레스와도 관련 없이, 전반적으로 걱정이나 불안이 과도해서 일상생활에 영향을 주는 것이 특징이다. 과잉불안장애가 있는 아이들은 병원에 가거나, 새로운 친구를 만나거나, 새로운 일을 시도하거나, 시간 약속을 지키는 것을 지나치게 걱정한다. 이 때문에 자기 불안과 걱정, 불편함을 반복해서 이야기한다. 수영을 처음 배울 때 "새로 온 수영 선생님이 저를 싫어하면 어떻게 하죠?" "친구들이 제가 수영 못한다고 놀리면 어떻게 하죠?" "물에 빠졌는데 선생님이 저를 발견하지 못하면 어떻게 하죠?" "수영 배우다가 물에 빠져 죽은 아이는 얼마나 될까요?"와 같은 질문을 되풀이하는 아이처럼 말이다. 불안이 심한 아이들은 목에 뭐가 걸린 것 같다거나, 화장실에 자주 간다거나, 머리가 아프다거나, 숨이 잘 안 쉬어진다거나, 어지럽다거나 하는 신체 증상을 보이기도 한다. 잠들기 어렵거나, 작은 소리에도 깨거나, 악몽을 꾸기도 한다. 손

## DSM-III 과잉불안 장애
## 진단 기준

**A. 광범위하고 지속적인 불안이나 걱정(분리에 대한 걱정은 제외). 아래의 증상 가운데 최소한 네 가지를 보인다.**

- 앞으로 일어날 일에 대한 비현실적인 걱정
- 과거의 자기 행동이 적절했는지에 대한 집착
- 학업, 운동, 사회적 관계 등의 영역에서 자신이 잘하고 있는지 지나치게 신경 씀
- 다양한 걱정에 대해서 안심시켜주기를 지나치게 요구함
- 두통이나 복통과 같은 신체적 증상을 보이는데 검사에서 원인을 찾을 수 없음
- 지나친 자의식, 혹은 쉽게 당황하거나 굴욕감을 느낌
- 지나치게 긴장하고, 긴장을 풀지 못함

**B. A의 증상이 6개월 이상 지속된다.**

**C. 18세 이상이라면 범불안장애의 진단 기준을 만족하지 않는다.**

**D. 이러한 문제가 분리불안장애, 아동청소년기의 회피성 장애, 공포증, 강박증, 우울증, 조현병, 전반적 발달장애와 같은 다른 정신질환으로 인한 것이 아니다.**

톱을 계속 뜯거나, 머리카락을 뽑는 아이 중에도 과잉불안장애 증상을 보이는 경우가 있다.

과잉불안장애라는 진단은 1994년에 발표된 제4판DSM-IV에서는 제외되었다. 그 이유는 정신질환이라고 하기에는 증상이 심하지 않고, 너무 흔하며 비특이적이기 때문이다.[3] 제4판에서는 아이들의 과잉불안장애를 성인에게서 나타나는 범불안장애와 같은 범주라고 보았다. 그러나 범불안장애 진단 기준 가운데 걱정을 조절하기 어렵다는 느낌을 아이들이 말로 잘 설명하지 못하고,[4] 아이들은 불안에 신체적 증상이 동반되는 경우도 많지 않아서, 제3판에서 과잉불안장애로 진단되었던 많은 아이가 제4판에서 범불안장애로 진단되지 않았다.

2006년에 내가 소아청소년정신건강의학과 전문의가 되기 위한 수련 과정을 밟고 있을 때는 이미 제3판을 사용하지 않았지만, 나를 가르쳐주셨던 조수철 선생님께서는 "진료를 하다보면 과잉불안장애라는 말로 이해가 잘 되는 아이가 많은데 진단이 사라져서 안타깝다"고 말씀하셨다. 제3판을 사용하던 시절에 시행된 역학 연구들에서는 병원에 오지 않는 일반 아이들에게서 과잉불안장애의 빈도가 4~6퍼센트 정도로 높다는 결과가 나타났다.[5][6] 병원에 방문할 정도로 일상에서 어려움이 두드러지는 것은 아니지만, 각종 불안과 걱정을 보이는 아이가 우리 주변에 많고, 이들 중 일부가 자라면서 공포증, 사회불안증, 범불안장애를 포함한 불안장애로 진행된다는 것이다.[7] 아마 과거에 과잉불안장애로 진단되었던 아이들은, 질환이라기보다는 토머스와 체스가 말한 예민하고 까다로운 기질을 가진 아이에 가까웠을지도 모른다.

1996년 일레인 에런은 주위의 더 많은 것을 알아차리고, 행동하기 전에 모든 것을 심사숙고하는 성향의 사람들이 있다면서, 이들을 매우 예민한 사람들highly sensitive person이라고 부르기 시작했다. 그리고 이들 대부분이 예민함 때문에 힘겨운 어린 시절을 보냈다는 것을 알게 돼 2002년 『매우 예민한 아이The Highly Sensitive Child』라는 책을 썼다.[8] 이 아이들은 감각적인 예민함, 강렬한 감정 반응, 더 깊이 생각하는 성향을 보인다. 또한 환경의 자극이나 미묘한 변화, 주변 사람들의 감정 변화를 민감하게 알아차리고 쉽게 영향을 받아 압도된다. 어떤 아이는 자신을 짜증 나게 하거나 압도하는 것을 피하려고 혹은 이에 대한 반응으로 발끈 성질을 낸다. 이 아이들은 또래에 비해서 휴식과 충전 시간을 더 많이 필요로 한다. 공감 능력이 탁월하기 때문에 사회성이 뛰어날 수도 있지만, 압도된 감정 탓에 주변 사람들을 배려하지 못할 수도 있다.

예민하고 까다로운 기질을 가졌다고 설명하든, 과거에 과잉불안장애라고 불린 성향을 가졌든, 에런이 말한 매우 예민한 아이든, 날 때부터 특별한 아이들이 있다. 진료실에서도 병명을 붙일 수는 없지만 좀 다르고 특별히 민감한 아이들을 만나게 된다.

예민함은 병이 아니다. 키가 작거나 크고, 운동을 잘하거나 못하고, 성격이 외향적이거나 내향적인 것처럼 그저 타고난 성향이다. 이런 아이들이 자라면서 불안이 심해지거나, 강박, 공황과 같은 좀

더 구체적인 불안장애의 증상이 생기거나, 더 나아가 우울이나 행동 문제가 동반되면 불안장애나 우울증이라고 진단할 수도 있지만, 예민한 성향 자체가 병은 아니다. 다만 요즘처럼 자극이 세고 생각해야 할 것이 많은 사회에서는 예민한 아이들이 살아가기 힘들 수 있다. 아이들은 자라면서 환경적 자극 때문에 고통받고, 또래와의 관계에서 상처받으면서 자신이 뭔가 다르다는 것을 깨달아간다. 부모는 아이의 이런 성향 때문에 지치고 감정적으로 되어 더 상처받기 쉽다. 어떻게 도와줘야 할지 몰라서 힘들어하며, 아이가 세상으로부터 입는 아픔을 보면서 절망하기도 한다. 이런 과정을 거치면서 아이들은 예민함과 불안을 조절하고 세상에 적응하며 살아가는 방법을 배운다.

모든 아이는 예민하다

# 발달 단계에 따른
# 정상 불안

불안은 인간의 가장 기본적인 감정 가운데 하나다. 즉 살면서 경험하는 불편함, 긴장, 혹은 불분명한 위협에 대한 자연스러운 반응이며 중요한 생존 기능이다. 정상적인 수준의 불안은 환경에 적응하고, 외부 위협으로부터 스스로를 보호할 수 있도록 빠르고 효과적으로 대처하는 신체 변화를 일으킨다.

아이들은 태어난 지 얼마 안 돼 불안을 느끼고 얼굴 표정으로 드러내기 시작한다. 2~7개월이 되면 분노, 슬픔, 기쁨, 놀람, 공포와 같은 기본 감정을 구별해서 느낀다. 영화 「인사이드 아웃」의 주인공인 '기쁨Joy' '슬픔Sadness' '버럭Anger' '까칠Disgust' '소심Fear'이는 모두 이 시기에 생겨나는 기본 감정이다. 이 가운데 '소심'이가 느끼는 공포는 불안, 긴장, 걱정과 밀접한 감정으로, 예민한 아

이들이 잘 느낀다.9

정신분석학자인 프로이트는 불안이 우리 마음속 갈등의 원인이기도 하고, 우리의 무의식 속 갈등의 신호이기도 하다고 했다. 또한 사람의 심리 발달과정에서 중요한 역할을 한다고 했다. 무의식에 있는 위험한 본능과 소망들이 의식으로 올라올 때 불안을 느끼기도 하지만, 이런 불안이 자아가 본능과 소망을 다루며 마음의 균형과 통합성을 유지하도록 해주는 신호signal anxiety로서 기능하기도 한다는 것이다.10 실제로 아이들은 발달과정에서 정상적으로 불안을 경험한다. 불안의 대상과 주제는 단계에 따라 변하고, 이를 숙달하는 과정이 심리 발달에서 중요한 역할을 한다.11 만약 이를 조절하는 데 어려움을 겪으면 심리적 문제들이 발생할 수 있다.

예민한 아이들도 발달 단계에 따른 정상적인 불안을 모두 경험한다. 다만 보통의 아이들보다 훨씬 더 강하게 느끼고 압도될 수 있으니, 부모가 정상적인 불안을 잘 이해하고 있어야 한다.

### 영아기(0~12개월): 낯가림

태어난 지 얼마 안 된 아기들은 배고픔이나 불편함, 소음과 같은 자극에 쉽게 압도되며 불쾌감을 울음으로 표현한다. 선천적인 기질에 따라서 주변 자극에 대한 반응의 예민도는 다르다. 전체 10퍼센트에 해당되는 '까다로운 아이difficult child'는 새로운 자극에 불쾌감을 쉽게 느끼며 이를 잘 가라앉히지 못한다.12 이 시기의 아기는 감정을 스스로 조절하는 능력을 갖추지 못해, 불쾌한 감정에

모든 아이는 예민하다

압도되는 경험이 반복되면 심리적 발달과정에 손상을 입을 수 있다. 6개월 무렵이 지나고 중추신경계가 발달하면서 아기는 심장이 빨리 뛰고 땀이 나는 것과 같은 신체적인 불쾌감뿐 아니라 불안을 느끼고 표현할 수 있게 된다.

이 시기에는 낯선 사람에 대한 불안(낯가림)이 나타난다. 신생아는 4~6주가 되면 사회적 의미의 미소를 짓기 시작한다. 엄마가 눈 맞추고, 웃고, 안아줄 때 마주보면서 웃는 것이다. 2~3개월 된 아기는 사람의 얼굴을 알아보고, 미소 짓고, 옹알이하고, 울음으로 감정을 표현하기 시작한다. 엄마처럼 자신을 돌봐주는 사람을 보고 종종 웃는다. 5~6개월부터는 주 양육자의 얼굴을 알아보며, 6~9개월에는 엄마의 얼굴을 시각적으로 구별해내고, 남자와 여자, 친숙한 사람과 낯선 사람까지 다 구별할 수 있다. 그러면서 자신을 돌보는 사람에게 선택적으로 긍정적인 반응을 보이고 낯선 사람은 무서워한다. 자신과 다른 사람(대상object)을 구별하고, 주로 자신을 돌보는 사람과 친밀한 관계를 형성하는 능력이 생긴 것이다.

## 걸음마기

### 분리불안(10~24개월)

1~2세 된 아기는 낯선 곳이나 낯선 사람을 만나면 엄마한테 붙어서 떨어지지 않으려 하고, 엄마가 외출하려 하면 울음을 터트리고, 잠에서 깨면 엄마부터 찾는다. 이를 분리불안이라고 한다.

6~9개월에 들어서면 주 양육자(주로 엄마)에게 선택적으로 웃어주는데, 이 선별적 미소는 애착이 시작되었음을 알려준다. 10~18개월이 되면 애착 대상과의 관계가 단단해지고, 애착 대상의 존재 유무를 신경 쓰며, 일차 양육자와 떨어지는 상황에 대해 불안을 느낀다. 이것은 자신을 사랑하고 돌봐주는 대상의 이미지가 아직 마음속에 자리 잡지 못했기 때문이다. 돌 이전의 아기들은 갖고 놀던 장난감을 상자에 넣으면 장난감이 없어졌다고 생각해서 화를 내거나 운다. 돌 무렵이 되면 상자 속에 넣어도 어딘가에 있다는 것을 이해하기 시작한다. 24개월 무렵이면 눈에 보이지 않아도 장난감이 있다는 것을 완벽히 이해한다. 엄마의 이미지도 마찬가지다. 18개월 이전에는 보호자의 이미지가 마음속에 완전히 형성돼 있지 않아 눈앞에 엄마가 없으면 사라졌다고 여겨 불안해하는 것이다. 그래서 아기들은 엄마가 화장실에 가거나 밥할 때도 떨어지지 못한다. 그러다가 2~3세경 대상항상성object constancy, 즉 나를 돌봐주는 사람이 내 앞에 있지 않아도 어디엔가 있고, 여전히 나를 사랑하고 있다는 믿음을 가지면서 분리불안을 극복하게 된다.

걸음마기 아이들은 분리불안에 쉽게 압도되는데, 갑자기 부모 중 한 명이 사라지거나 해서 극심하거나 반복적인 분리불안을 겪으면 불안 조절 능력이 잘 자라지 못할 수 있다. 만 3세 전후까지 대상항상성을 얻지 못하면 분리불안 및 이런 불안을 회피하기 위한 행동을 계속한다. 일상생활에 어려움이 생길 정도이면 치료해야 할 수도 있다.

**애착 대상의 사랑을 상실하는 것에 대한 불안(24~36개월)**

아이가 분리불안을 조금씩 조절할 수 있으면, 이젠 애착 대상의 사랑을 잃을 것에 대한 불안이 생긴다. 전형적으로 2~3세에 나타나며, 아이가 새로운 것을 배우고 자신의 행동을 조절하며 도덕성을 발달시키는 데 꼭 필요한 요소다. 한편 이런 불안이 심하면 자신의 욕구나 감정 상태를 표현하는 것을 억제하는 조숙한 아이로 자란다. 예민한 아이들은 부모의 양육 태도와 무관하게 불안한 상황에서 행동을 억압하는 경향을 타고나는데, 이들은 애착 대상의 사랑이나 관심을 잃을 거라고 상상되는 상황에 놓이면 심한 불안을 경험한다.[13]

## 학령전기

**거세 불안 또는 자신의 공격성에 대한 두려움(2.5~5세)**

오이디푸스기로 알려진 발달 단계로서 이성 부모에 대한 성적 소망이 강해지면서 동시에 경쟁관계에 있는 동성 부모로부터의 복수나 처벌에 대한 두려움도 강해진다. 남자아이에게는 아버지가 자신한테 복수하기 위해 남성성을 빼앗아갈 것이라는 두려움이 거세 불안의 핵심이다. 이런 불안이 실제로 존재하는지 여부는 심리학적 이론이나 발달 이론마다 다르게 설명한다. 그렇더라도 이 시기에 아이들이 일차적인 애착 대상과의 관계에서 경쟁자(아빠나 동생 등)에 대한 공격성을 드러내기 시작한다는 것은 분명하다. 또한 숟가락질하고 대소변 가리기를 하는 등 새로운 생활 기술을 습득하는 과정에서 자기주장이나 공격성을 적극 표현한다. 다른 한편 이런 표현 때문에 자신을 돌보고 사랑해주는 사람들에게 미움받거나 처벌받지 않을까 하는 불안이 자라난다. 이런 불안이 잘 해결되지 않으면 정상적인 공격성을 아이가 무의식적으로 억압하기 때문에 다양한 심리적 문제를 일으키게 된다. 자기 생각과 감정을 표현하지 못하고, 운동이나 학업에서 정상적인 경쟁을 하지 못하며 위축될 수도 있다.

### 정상적인 공포증(3~6세)

3~4세가 되면 아이는 어둠이나 귀신, 괴물, 동물, 벌레, 천둥 소리 등에 대한 두려움을 느끼고 악몽을 꾸기 시작한다. 무서워하는 동물이나 물체가 나올 수 있는 장소를 피하고, 맞닥뜨리면 소리 지른다. 내 딸아이는 어렸을 때 동네 산책을 하다가 지나가는 강아지를 보고 크게 소리를 질러 강아지가 더 놀란 적도 몇 번 있다. 이 시기에 「신비아파트」처럼 무서운 것이 나오는 영상을 보거나 놀이 중에 무서워하는 것을 등장시키면서 불안을 극복하려고 하는 아이도 종종 있다. 아이가 잠복기에 접어들면 이런 공포증은 저절로 줄어드는데, 이는 마음속 불안을 조절하는 능력이 자라났음을 의미한다.

### 양심 또는 초자아로부터의 승인을 상실하는 것에 대한 불안(4~6세)

오이디푸스 콤플렉스가 해소되는 과정에서 초자아가 발달하기

모든 아이는 예민하다

시작한다. 이 시기부터 아이는 부모의 승인을 얻지 못하게 될 것뿐
만 아니라 양심에 어긋나는 것을 두려워한다.

### 학령기(6~10세)

이 시기의 불안은 주요 발달 과제인 수행 및 또래관계와 관련
있다. 공부나 운동을 잘하지 못하는 것을 불안해하고, 또래 사이
에서 인정받지 못할 상황을 두려워한다. 이때 발달이 순조롭게 이
뤄지면 감정이 생각과 연결되면서 아이는 감정을 더 잘 표현하고
조절하게 된다. 이전의 발달 단계에서 대상항상성을 획득하고 불
안을 달래주는 어머니의 이미지를 내재화한 아이들은 자기감정을
더 잘 다룰 수 있다.

또 이 시기에 죽음이란 개념도 이해하기 시작한다. 죽음의 공포
를 어른처럼 느끼는 것은 10세쯤 되어서다. 그 전에는 '사람은 결
국 죽는다'는 인간의 한계성이나 '죽으면 영원히 세상에 돌아올
수 없다'는 죽음의 비가역성에 대한 개념이 없다. 10세 이후에는
부모와 자신의 죽음, 사고, 신체적 손상, 질환에 대한 공포를 느낄
수 있다.


## 아이가 불안을 겪을 때 부모가 해야 할 일

톨핀은 아이들이 정상적인 불안을 겪을 때 부모의 태도가 이후

의 심리 발달에 영향을 줄 수 있다고 주장했다.[14] 엄마는 아이가 표현하는 감정에 지속적인 반응을 보임으로써 스트레스를 줄이고 안정감을 준다. 생후 8개월이 되면 아이는 기어가다가 새로운 것을 봤을 때 가까운 데 있는 부모를 쳐다본다. 엄마가 웃어주거나 고개를 끄덕이면 무서운 게 아니고 만져도 되는 것이라고 생각하게 된다.

걸음마기에 분리불안을 느끼거나 애착 대상의 사랑을 잃을까 봐 두려움을 느끼는 아이들은 엄마에게 더 매달릴 수 있다. 예민한 아이들은 나이에 맞는 정상적인 공포증도 심하게 경험해서 새나 벌레, 동물을 보고 크게 소리 지를 수 있다. 이때 엄마가 아이의 요구나 스트레스에 압도당하지 않으면서 괜찮다는 신호를 보내고 다독이면 불안은 줄어든다. 아이의 불안에 대해 공감해주되 이 때문에 소리를 지르거나 다른 사람에게 피해를 주어서는 안 된다는 것을 가르쳐야 한다. 불안 때문에 아이가 똑같은 요구를 하거나, 반복해서 확인할 때는 가능한 범위에서만 대답하고 들어줄 수 없는 요구는 무시해야 한다. 욕구를 얼마쯤 충족시키면서 적절하게 좌절감을 주는 균형 잡힌 태도는 아이에게 좌절에 대한 내성과 자기조절 능력을 길러준다. 마음속 감정을 감당 못 하고 버거워할 때 아이가 안심하고 돌아갈 수 있는 안전 기지가 돼주는 것이다. 만약 부모가 이 역할을 하지 않으면, 아이는 쉽게 불안감에 압도되며 자아 조절을 잘 못 한다. 영국의 정신분석학자인 피터 포나기는 엄마가 아이의 감정 상태를 잘 이해하고 받아들인 후, 아이가 받

아들일 수 있는 상태로 되돌려줌으로써 자기감정을 인식하고 돌아볼 능력을 키워줄 수 있다고 했다.[15]

# 기질

    기질은 감정 반응, 기분 변화, 행동 반응에 있어서 개인의 특징적인 양상을 뜻한다.[16] 활동량과 에너지 수준, 수면이나 식습관과 같은 생물학적인 리듬, 새로운 상황에 대한 두려움의 정도, 변화에 대한 적응력, 평소에 기분과 감각을 느끼거나 견디는 능력, 끈기, 자기감정이나 생각을 표현하는 정도, 감정을 조절하는 능력이 그 구성 요소다. 학자들은 기질이 생물학적인 것에 기반하며, 우리 뇌에 기질과 관련된 영역들이 있다고 본다. 그래서 기질은 생애 초기부터 나타나며, 시간과 상황에 걸쳐 비교적 안정적으로 유지된다. 기질은 그 사람의 정서, 에너지, 반응성의 기초 수준을 결정하며, 성격 발달의 시작점이 된다. 아이들의 예민함 역시 기질에 대한 여러 이론을 통해 설명할 수 있다.

## 행동 억제 시스템과 행동 활성화 시스템

그레이는 기질을 구성하는 요소로 행동 억제 시스템과 행동 활성화 시스템이 있다고 했다.[17] 그에 따르면 행동 억제 시스템은 환경에서 불안과 관련된 자극에 반응해 부정적인 결과가 생길 가능성에 대비하여 우선 생각과 행동을 멈추게 한다. 즉 공포, 슬픔, 분노 등의 경험과 관련된다. 반면 행동 활성화 시스템은 새로운 것을 탐험하고 인생의 여러 측면을 경험하도록 행동을 활성화한다. 이 두 시스템을 통해 경험되는 불안과 적극성/충동성의 차이가 개인의 성격 차이를 설명한다. 예민한 아이들은 행동 억제 시스템이 너무 활성화돼 주변 환경을 위협적으로 받아들이고 불안을 느끼는 것이다. 만약 새로운 자극이나 낯선 상황이 생기면 놀이나 활동을 멈추고 위축되어서, 사람들에게 말도 잘 걸지 않고 긴장하거나 심장이 빨리 뛰며 숨을 몰아쉬고 땀이 나는 등의 신체 반응을 보이기도 한다.

행동 억제 시스템이 과하게 활성화되는 성향은 청소년기나 성인기까지 이어진다. 이런 아이들에게서 이후 불안장애가 나타날 가능성도 높다.[18] 아동기의 행동 억제가 높을수록 청소년기에 불안장애가 흔하다는 연구 결과도 있다.[19] 그러나 청소년기 불안장애 아이들의 대부분이 아동기에 행동 억제를 보이지 않았고, 또 행동 억제 기질을 가진 아이 중 대부분에서는 불안장애가 발생하지 않는다. 예민한 기질을 가지고 있다고 해서 모두 불안장애를 겪는 것은 아니라는 의미다.

## 토머스와 체스의 기질의 9차원

미국의 발달심리학자인 토머스와 체스는 1950년대부터 133명의 영아를 대상으로 성인 초기까지 추적하며 관찰한 뉴욕 종단적 연구를 통해 영아들이 크게 아홉 가지 측면에서 서로 다른 특징을 보이며, 이것이 기질을 구성한다고 했다.[20] 예민한 아이들은 그 아홉 가지 중 몇몇에서 다른 아이들과 큰 차이를 보인다.

**활동 수준** 일상에서의 신체 활동량과 에너지. 똑같이 예민해도 활동 수준이 높은 아이가 있고 낮은 아이가 있다. 일레인 에런은 겉보기에 조용한 아이라도 내면에서는 많은 일이 벌어지고 있을 수 있다고 했다.

**접근-회피** 낯선 사람이나 새로운 자극(음식, 장소, 놀이, 활동 등)에 쉽게 다가가고 탐색하는 정도. 예민한 아이들은 새로운 상황에 대한 불안 때문에 쉽게 물러나거나 피하며, 탐색을 위한 준비 시간을 필요로 하기도 한다.

**적응성** 새로운 환경이나 변화에 쉽고 빠르게 적응하는 정도. 예민한 아이들은 적응에 어려움을 겪곤 한다. 새로운 자극에 압도될까봐 미리 두려워한다.

**주의산만도** 외부 자극에 쉽게 방해를 받는 정도. 예민한 아이들은 더 많은 것을 감지하기 때문에 산만해질 가능성이 높다. 그러나 조용한 환경에서는 높은 집중력을 보인다.

**감정 반응의 강도** 어떤 사건에 대한 반응의 정도. 예민한 아이들은 감정 변동이 잦고 자기감정을 강하게 표현하곤 한다. 벌레를 무서워하는 아이가 학교 식당에서 창밖에 있는 벌레를 보고 소리를 크게 질러 모든 사람이 깜짝 놀란 일이 있었다. 이런 아이들은 무서워하는 대상이나 상황에 노출됐을 때, 누군가에게 지적받을 때, 성적이 생각보다 잘 안 나왔을 때와 같이 부정적인 사건에 직면하면 감정을 조절해서 표현하는 것을 어려워한다.

**기분** 기분이 긍정과 부정 어느 쪽에 더 많은가 하는 부분. 예민한 아이라도 평소 주가 되는 기분이 어떤 것인지는 다 다르다. 다만 살면서 무슨 일이 있을 때 다른 아이들보다 기분의 변화가 크다.

**지속성** 목표로 하는 활동을 포기하지 않고 계속하는 정도나 끈기. 활동에서 주의를 지속하는 능력과 좌절을 견디며 과제를 계속하는 능력 모두를 포함한다. 지속성 자체는 예민함과 직접 관련되진 않지만, 똑같이 예민한데도 어떤 아이들은 좋아하는 일에 엄청난 지속성을 보이고, 또 다른 아이들은 작은 실패에 좌절해 좋아하던 일을 포기해버리기도 한다.

**규칙성** 먹기, 자기, 배변하기 등 생리적 기능의 예측 가능성. 예민한 아이들 중 이런 규칙성을 편하게 생각하는 경우도 있지만, 주변 사람들이 아이 행동의 규칙성을 알아차리기 어려운 경우도 많다.

**반응 역치** 감각 자극(시각, 후각, 밝기, 소리의 크기, 촉감 등)에 대한 반응이 시작되는 최소한의 세기. 예민한 아이들은 낮은 정도의 감각적 자극에도 크게 영향을 받는다.

## 빅파이브 성격 이론

성격이란 특정 상황에서 개인이 어떻게 행동할 것인가를 예측하게 해주는 것, 인간의 모든 행동과 관련되어 있는 것을 말한다. 여러 이론 중 가장 유명한 것 하나가 빅파이브 성격 이론이다. 이 이론은 성격을 기술하기 위해 사람들이 사용하는 어휘를 사전에서 체계적으로 수집하고, 이 단어를 통해 자기와 타인을 평가하도록 한 뒤, 요인 분석이라는 통계 방법으로 공통된 요소들을 찾아냈다. 이렇게 도출된 다섯 요인이 우호성, 성실성, 외향성, 신경증, 경험에 대한 개방성이다. 예민한 아이들은 일반적으로 신경증이 높고 외향성이 낮은 것으로 알려져 있다.[21]

**우호성** 타인에게 반항적이지 않고 협조적인 성향. 사회 적응성과 타인에 대한 공동체적 속성을 나타내는 것으로, 이타심, 애정, 신뢰, 배려, 겸손 등과 같은 특질을 포함한다.

**성실성** 목표를 성취하기 위해 노력하는 성향. 과제 및 목적 지향성을 촉진하는 속성과 관련되며, 심사숙고, 규칙의 준수, 계획 세우기, 조직화, 과제의 준비 등과 같은 특질을 포함한다.

**외향성** 타인과 관계 맺는 것을 좋아하고 외부 자극과 활력을 추구하는 성향. 사회와 현실 세계에 의욕적으로 접근하는 속성과 관련되며, 사회성, 활동성, 적극성과 같은 특질을 포함한다.

**신경증** 분노, 우울, 불안감과 같은 불쾌한 정서를 쉽게 느끼는 성향. 부정적인 감정 및 바람직하지 못한 행동과 관계된 것으로,

모든 아이는 예민하다

걱정, 두려움, 슬픔, 긴장 등과 같은 특질을 포함한다.

**경험에 대한 개방성** 보수주의에 반대되는 성향. 개인의 심리 및 경험의 다양성과 관련된 것으로 지능, 상상력, 고정관념의 타파, 심미적인 것에 대한 관심, 다양성에의 욕구, 품위 등의 특질을 포함한다.

## 클로닌저의 기질과 성격 이론

클로닌저의 심리생물학적 이론은 인격을 기질과 성격으로 나누어 설명한다.[22] 기질은 생물학적인 요인들과 연관되며, 생애에 걸쳐 비교적 안정적으로 지속된다. 이에 비해 성격은 사회적 학습의 영향을 받으며 나이 들면서 성숙하는 것으로 여겨진다. 아이를 키울 때 부모는 인격 가운데 타고나는 부분과 만들어지는 부분이 있다는 것을 고려하면 좋다. 부모가 어떻게 할 수 없는 기질과 양육 방식에 따라 달라질 수 있는 성격이 모두 있는 것이다.

클로닌저는 기질을 구성하는 네 요소로 자극 추구, 위험 회피, 사회적 민감성, 인내력을 들었고, 성격으로는 자율성, 연대감, 자기 초월의 세 가지를 제시했다.

**자극 추구** 새롭거나 낯선 것에 끌리고 일단 시도해보는 성향. 자극 추구가 높은 아이들은 낯선 것을 두려워하기보다는 열정적으로 탐색한다. 그러나 욕구가 좌절되면 쉽게 화내거나, 뭔가를 꾸준히 노력하며 이루는 게 어려울 수도 있다.

**위험 회피** 위험하거나 두려운 상황을 경계하고 피하려는 성향. 위험 회피가 높은 아이는 위험과 처벌이 예상되는 상황에서 쉽게 불안해하고 긴장하며 행동을 멈춘다. 조심성이 많고 미리 준비한다는 장점이 있지만, 위험하지 않은 상황에서도 불필요한 걱정을 해 늘 억제되어 있고 쉽게 지친다.

**사회적 민감성** 타인의 감정, 표정 등 사회적 신호를 민감하게 파악하고 반응하는 성향. 이것이 높으면 갓난아기 때부터 돌보는 사람에게 안기는 것을 좋아하고 눈 맞춤을 잘한다. 자라면서도 관계 맺는 것을 좋아하고 주변 사람의 칭찬이나 인정에 반응해 행동을 조절한다.

**인내력** 보상이 바로 주어지지 않아도 행동을 지속하려는 성향. 인내력이 강한 아이는 보상 없이도 마음먹은 일을 끝까지 해내지만, 상황에 따라 융통성 없게 비칠 수 있다.

예민한 아이들은 대부분 위험 회피 성향이 높다. 사회적 민감성이 높은 아이가 많지만, 그렇지 않은 아이도 있다. 마찬가지로 예민하면서도 자극 추구 성향이 높아서 새로운 사람과 새로운 것을 좋아하는 아이도 있고, 반대로 이를 피하는 아이도 있다.

이들 이론은 타고난 기질을 이해하는 데 도움이 되는 관점을 제시한다. 기질과 성격은 다양한 요소로 구성되는 데다 매우 복잡해 한두 가지 이론으로 설명하는 것은 불가능하다. 그럼에도 여러 측면에서 내 아이가 어떤 기질을 가지고 있는지 고민해보는 것은 도움이 된다. 또 아이의 기질에 따라 양육 방법을 달리 고민해볼 수 있다.

태어나기 전 세상에서 성격이 다 형성된 다음 지구에 태어나는 영화 「소울」 속 영혼들처럼 아이들은 기질을 타고난다. 자녀가 까다롭다고 원망하거나 내가 잘못 키워서 저렇게 되었나 자책하기보다는 아이의 성향으로 받아들이고 이에 맞춰서 양육해야 한다.

## 매우 예민한 아이들의 특징

예민함은 다양한 방식으로 정의된다. 그리고 매우 예민한 아이들은 감각, 인지, 감정, 가족과 사회적 관계에서 다른 아이들과 구별된다.

### 감각

냄새, 소리, 주변 사람들의 미묘한 표정이나 자세, 목소리 톤의 변화를 민감하게 알아차린다.[23] 따라서 외부 환경에서 오는 위협과 위험을 쉽게 피할 수 있다. 또한 기억력이 좋아서 이후 비슷한 상황에서 위험을 모면할 수도 있다. 또 타인의 기분과 감정을 민감하게 알아차려 공감하기도 하고, 지나치게 눈치를 보기도 한다. 배고픔이나 통증 혹은 피로와 같은 자신의 내적 감각에도 쉽게 영

모든 아이는 예민하다

향을 받거나 지친다.

## 인지

예민한 사람들은 인지적으로 유연하며 깊이 생각하고, 창의적이며 상상력이 풍부하고 주변에서 일어나는 일을 잘 알아차리는 경향이 있다. 한편 공포나 불안에 대한 생각을 통제하기 어렵거나 완벽주의 성향을 가지고 있기도 하다. 학창 시절에는 공부를 포함해 인지적인 활동을 할 때 스트레스를 받지만 좀더 정확하고 빠르게 할 수 있다. 자기 행동의 결과를 더 잘 예측하고, 현재 상황과 이전에 경험했던 것과의 유사성을 빠르게 파악해 문제 해결법을 쉽게 찾을 수 있다. 혹은 너무 많은 정보 때문에 결정을 내리기 어려울 수도 있다. 덜 예민한 아이들보다 깊이 생각하고, 더 섬세한 질문을 던지고, 더 신중하게 결정하며, 학교 성적을 더 잘 받는 경향이 있다. 수학이나 과학, 철학 같은 영역에서 비범한 재능을 보이기도 한다.

## 감정

좋은 일이든 나쁜 일이든 더 큰 감정 반응을 보인다. 더 강렬하게 느끼고 표현하며 스트레스도 더 많이 받고 자연, 사물, 동물, 사람과 더 깊은 애착을 형성한다.[24] 예민한 아이들은 감정이 격해질 때 울거나 떼쓰거나 짜증을 내는 등 부정적인 태도를 보이기도 한다. 이 경우 자존감이 낮고 수치심을 느끼므로 나쁘거나 별난 아이로 오해받기도 한다. 정서적으로 안정된 환경에서는 자기조절력을 잘 획득할 수 있다. 반면 다른 사람들보다 더 깊은 기쁨과 만족을 느끼기도 한다. 또한 타인의 감정을 더 섬세하게 알아차리고 공감을 잘해 신뢰를 잘 형성하며 사회적 관계 유지에 능하다.

### 가족과 사회적 관계

예민한 기질은 그 자체로는 질병이 아니지만 스트레스가 많은 상황에서는 불안 증상이나 감정 기복이 나타날 수 있다. 어릴 때의 양육법은 이런 아이들에게 감정과 생각을 표현하고 조절하는 법을 알려줘 행동에 많은 영향을 미친다. 긍정적인 양육 방식은 공감을 가르치고 사회적 상호작용을 촉진해 아이들이 사회 속에서 더 잘 성장하도록 한다. 엄마와 불안정 애착을 형성할수록 감각 예민성이 높다는 연구도 있다.

예민한 아이들은 사회적인 관심과 비난에 더 크게 반응하고, 사회적 상황에서 불안과 공포를 다루고 갈등을 피하며 자기 잘못을 반추하느라 많은 시간을 쓴다. 즉 과도하게 자극될 가능성이 높고 때로 생각이 멈춘다. 타인의 의도와 행동에 영향을 더 많이 받으며, 의사소통 기술이 부족해 자기감정과 욕구를 전달하는 것도 더 어렵다. 예민하지 않은 또래에 비해서 새로운 사람이나 환경에 더디게 적응한다. 물론 회복탄력성이 높고 사회적으로 잘 적응하는 아이도 많다.

# 트라우마나 양육 환경이
# 미치는 영향


　어린 시절의 양육 환경이 예민한 아이들의 특성을 강화하기도 한다. 볼비는 부모와의 애착이 안정적이지 않을 때 아이의 불안이 증가한다고 했다.[25] 부모가 과잉보호하면 예민한 성향, 특히 분리불안이 악화될 수 있다. 또 손을 안 씻으면 병에 걸린다거나, 문단속을 제대로 안 하면 강도가 집에 들어온다거나, 학교에서 징징대면 애들이 너를 싫어할 거라는 식으로 행동이 가져올 결과를 너무 강조하면 아이는 더 예민해질 수 있다. 불안이 높은 아이일수록 부모의 불안을 더 많이 보고 배운다. 또한 지나치게 통제받거나 부모와 분리가 잘 안 된 아이들은 자기감정과 다른 사람의 감정을 구별하기 어려워한다.

　특히 어릴 때 학대당한 경험은 쉬이 없어지지 않는다. 이런 아이들은 주변에 대해 과잉 각성과 불안을 느끼고 위험 신호를 빠르게 파악한다. 성인이 되어서도 주변 분위기나 사람들의 감정 변화를 감지할 때마다 가슴이 죄거나 심장박동이 빨라진다. 부모에게서 학대당하는 아이들은 세상과 인간에 대한 기본적인 신뢰를 형성하지 못한다. 이것은 이후 거의 모든 대인관계에 불안을 느끼고 사람들에게 다가서지 못하게 만든다. 어려서 학교폭력으로 마음에 상처를 입은 사람도 마찬가지다. 트라우마가 남아 비슷한 상황에 놓이면 과거의 상처가 떠오르고, 불안과 예민함이 자극된다. 트라우마로 인한 불확실성과 공포가 생존을 위한 뇌의 경보 시스템인 편도체를 과잉 활성화하기 때문이다. 경보 시스템은 더는 상처 받지 않도록 스스로를 지키게도 하지만, 타인에게 더 예민하게 반응하도록 만들기도 한다.

반대로 예민한 아이의 불안한 마음을 읽어주며, 그 요구에 민감하게 반응해준다면 아이 스스로 예민함을 조절해나갈 수 있을 것이다.

모든 아이는 예민하다

# 예민한 아이의 뇌

감정, 생각, 행동은 뇌와 긴밀하게 연결되어 있다. 불안과 관련된 가장 중요한 뇌 부위는 전두엽과 편도체다.

편도체는 기억을 담당하는 해마, 호르몬을 조절하는 시상하부 등과 함께 감정을 관장하는 뇌인 변연계에 속한다. 편도체는 사랑, 행복, 불안, 분노, 공격성 등으로 상황이나 대상에 감정적 의미를 부여한다. 장수풍뎅이를 보고 신기하다는 아이도 있고 물릴까봐 무서워하는 아이도 있는데 이 의미는 편도체가 부여하는 것이다. 또한 편도체는 해마와 상호작용해 기억에 감정을 덧입힌다. 지난 주말 놀이공원에서 롤러코스터를 탔던 것이 공포스러운 경험이었는지, 스릴을 느끼게 한 경험이었는지는 해마에 저장된 기억에 편도체가 감정을 덧입히는 것이다.

무엇보다 편도체는 우리 뇌가 잠재적 위협을 인식하고 싸우거나 도망가는fight or flight 반응을 준비하도록 돕는다. 이를테면 낯선 적이 나타날 때 맞서거나 도망치도록 교감신경계가 주도권을 잡아 근육을 긴장시키고 에너지를 총동원하는 것이다. 이 과정에는 대뇌피질의 판단과 해석이 개입되지 않는다. 즉 편도체는 논리성과 정확성이 떨어질 수도 있다.

대뇌피질, 특히 전두엽은 객관적인 정보를 조합해 판단하고 실행하고 조절하는 기능을 담당한다. 즉 일상을 계획하고 정서를 조절함으로써 인간을 인간답게 만들어주는 영역이다. 우리는 불확실한 상황을 분석하고 처리하는 과정에서 가능한 한 많은 정보를 취합하는 전두엽을 활용한다. 변연계에 비해 다소 느리지만 정확성이 높다. 곰과 마주친 것과 같은 위급 상황에서는 일단 살아남으려고 전두엽보다 변연계가 더 빠르게 작용해 급히 도망갈 수 있도록 한다. 이후 안전한 상황으로 돌아오면 실제로 본 것이 곰이었는지, 큰 개였는지 되새기고 앞으로 비슷한 상황에 부딪혔을 때를 대비한다.

또한 전두엽은 자기 조절 기능을 담당한다. 전두엽의 생각하는 기능이 잘 이뤄지는 상태에서는 편도체의 과잉 활성화를 조절해 감정이 과잉되는 것을 억제하고 상황에 맞게 조절하며, 정서를 어느 정도로 표현할 것인지 합리적으로 판단한다.

전두엽은 불안을 만들어내기도 한다. 『불안할 때 뇌과학』의 저자 캐서린 피트먼, 엘리자베스 칼은 대뇌피질이 두 가지 방법으로 불안을 만들어낸다고 했다.[26] 첫째, 대뇌피질이 외부의 시각적, 청각적 감각 정보를 처리하는 과정에서 생길 수 있다. 창밖에서 나는 바람 소리를 도둑이 들어오는 소리로 오인하고 불안해하는 경우를 생각해보자. 대뇌피질은 중립적인 감각을 위협으로 잘못 해석하고, 위험 신호를 편도체로 보낸 것이다. 둘째, 외부의 감각 자극 없이도 걱정이나 고통스러운 생각이 떠오르면 편도체를 자극할 수 있다. 내일 조별 과제 발표 준비가 충분하지 않아서 자신이 발표할 때 친구들이 무시할 것 같다는 생각이 들면, 실제 증거가 없는데도 불안이 올라오는 것이다.

최근에 나온 연구들을 보면 예민한 사람들은 불안을 느끼는 편도체가 쉽게 자극되거나, 전두엽의 억제 기능이 부족하다고 한다.[27] 뇌영상 연구에 따르면 예민한 사람들은 고위 시각 정보에 주의를 기울이고 이를 처리하는 것과 관련된 뇌 부위들(좌측 후두–측두엽, 양측 측두엽), 보상 회로(복측 피개 영역, 흑색질), 생리적인 항상성 및 통증 조절과 관련된 부위(시상하부와 수도관 주위 회백질), 남과 자신을 구별하고 공감하는 부위(하전두이랑, 뇌섬엽), 자신과 남의 마음을 돌아보는 것과 관련된 뇌 부위(측두–두정엽 접합부), 감정 조절과 관련된 전두엽의 활성이 증가되어 있다는 보고도 있다.[28]

거울 뉴런은 공감을 담당하는 신경세포로, 나와 다른 사람 사이의 뇌신경학적 연결을 만든다. 다른 사람이 뭔가 하는 것을 관찰하면 자신이 실제로 그 활동을 할 때 뇌에서 활성화되는 곳과

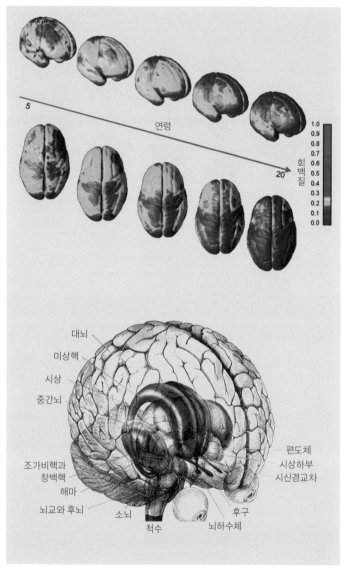

연령

회백질

1.0
0.9
0.8
0.7
0.6
0.5
0.4
0.3
0.2
0.1
0.0

5

20

대뇌
미상핵
시상
중간뇌

조가비핵과
창백핵
해마
뇌교와 후뇌
소뇌
척수

편도체
시상하부
시신경교차

후구
뇌하수체

예민한 아이의 뇌

모든 아이는 예민하다

같은 영역이 활성화된다. 다른 사람의 표정과 행동을 볼 때 마치 직접 경험하는 것처럼 느끼는 것이다.[29] 탁자 모서리에 정강이를 부딪히는 사람을 보면 마치 내가 아픈 것처럼 타인의 감정을 바라보는 것만으로도 몸과 마음에서 저절로 공명이 일어난다. 과학자들은 전두엽의 운동 조절 중추와 두정엽의 아래쪽, 그리고 측두엽에 거울 뉴런이 있다는 것을 발견했다. 그런데 사람마다 공감하는 정도는 다르며,[30] 예민한 사람들의 거울 뉴런은 보통 사람들보다 훨씬 더 활성화된 상태일 가능성이 크다.

# 예민한
# 아이를
# 잘
# 키우려면

## 제 2 부

## 아이의 예민함이
## 부모에게 미치는 영향

예민한 아이들은 키우기 어렵다. 아이가 왜 우는지, 무엇을 불편해하는지 알아차리기도 힘들고, 아이가 필요로 하는 것이 뭔지도 파악되지 않는다. 아이도 자신을 불편하게 하는 것이 무엇인지, 자기감정이 어떤지 정확하게 이해하지 못하는 상태로 걱정과 불안에 압도된다. 그러면서 다독여줄 누군가를 필요로 해 계속 부모를 찾는다. 보통 아이들보다 훨씬 요구가 많은데, 무엇을 원하는지는 명확지 않다.

유현이 엄마는 딸이 '엄마' 하고 부르면 또 무슨 말을 할지 몰라서 벌써 무섭다고 했다. 보통 별거 아닌 일로 트집 잡아서 짜증을 낸다. 알고 보면 더워서 짜증이 난 거였거나, 사람이 많고 시끄러워서 예민해진 것이었는데 아이 스스로 그걸 표현하지 못하니 엄마가 도와주기 어려웠다. 일단 불안이 엄습하면 "발표를 잘 못 하면 어떡해요?" "제가 못한다고 애들이 무시하면 어떡해요?" "말하려던 게 갑자기 기억 안 나면 어떡해요?" 하면서 불안을 쏟아내 엄마도 안절부절못했다. 그러다보면 엄마는 자신이 부족하다는 생각이 들었다.

예민함은 타고나는 기질이다. 일부러 그러는 게 아니며, 그런 성향은 부모의 잘못도 아니다. 유현이 엄마는 순한 기질의 둘째를 낳고서야 비로소 유현이의 기질이 본인 잘못이 아닐 수도 있겠다는 생각이 들었다. 동생은 평소 기분이 편하고 안정됐으며 불편한 게 있으면 원하는 바를 분명히 말했다. "오늘 학교 끝나고 친구들이랑 놀고 싶어요. 학원 숙제는 저녁에 할게요." 부모는 아이의 요구를 들어주기 쉬웠고, 아이도 만족했다. 혹시 원하는 게 잘 안 될 때도 크게 좌절하거나 그 좌절감이 오래가지 않았다. 유현이 엄마는 둘째를 키우면서는 내가 꽤 괜찮은 부모라는 만족감을 가질 수 있었다.

부모가 노력해도 아이의 예민함을 없앨 수는 없다. 그렇지만 아이가 조금 덜 힘들게 살도록 도와줄 수는 있다. 그 기질을 보듬고, 세상을 안전한 곳으로 만들어주는 부모의 존재가 중요한 이유다.

모든 아이는 예민하다

## 예민한 아이 vs 겁 없는 아이

예민한 아이를 키우는 것은 손이 많이 가고 힘들지만, 겁 없거나 에너지 넘치는 아이를 키우는 것보다는 편하다고 하는 부모님들도 있다. 지연이는 어려서부터 예민했다. 유치원에서 혼자 울고 있고, 낯선 사람에게는 안 가고 말도 안 했으며, 새로운 학원에 다니며 활동에 참여하려면 시간이 오래 걸려 엄마 손이 몹시 많이 갔다. 반면 지연이 동생은 새로운 것을 뭐든 좋아하며 덥석덥석 탐색했고, 아무에게나 잘 안기고, 놀이터에 가면 처음 보는 애들이랑 10년 지기처럼 놀아서 엄마가 편했다.

그러나 초등학교에 입학하면서 전세가 역전되었다. 지연이는 조심스러운 성향 덕분에 학교 가서 눈치껏 위험하거나 선생님의 심기를 거스를 만한 행동을 하지 않았고, 친구들과 갈등이나 다툼을 일으키지 않고 무난하게 잘 지냈다. 마음속으로는 불안이 높았지만, 학교의 상황을 잘 관찰하고 맞추려고 노력한 것이다. 반면 동생은 자유분방하게 행동하고, 선생님에게 너무 솔직하게 자기 기분이나 의견을 표현하는 등 학교 규칙과 주변 환경에 맞추려는 노력이 부족해 지연이 엄마는 둘째의 담임 선생님을 만날 때마다 부정적인 피드백을 들었다. 지연이 엄마는 '예민한 아이' 키우는 것이 '겁 없는 아이' 키우는 것보다 백배 쉽다는 말을 하기도 했다.

## 민감한 부모 vs
## 민감하지 않은 부모

    예민한 아이를 키울 때는 아이의 성향뿐 아니라 부모 자신의 성향을 이해하는 것이 중요하다. 즉 내가 민감한 사람인지 아닌지 살펴봐야 한다. 내가 민감하지 않다면 아이를 보면서 당황할 수 있다. 그렇지만 민감한 아이일수록 정서적으로 흔들림 없는 보호자에게서 자기 불안을 위로받길 원하므로 민감하지 않은 부모도 예민한 아이를 잘 키울 수 있다. 아이의 기분과 감정을 다 이해해야만 좋은 부모가 되는 것은 아니다.

    민감하지 않은 부모는 우선 내 아이가 다르다는 것부터 받아들여야 한다. 세상의 아이들은 다 다르다. 어떤 아이는 운동을 잘하지만 어떤 아이는 운동장에 나가는 것조차 싫어한다. 어떤 아이는 절대음감을 가졌는데, 어떤 아이는 아무리 해도 교정될 수 없는

모든 아이는 예민하다

음치다. 날 때부터 애교가 많고 사회성이 뛰어난 아이도 있는 반면, 눈치가 없고 무뚝뚝한 아이도 있다. 마찬가지로 남들보다 좀더 예민하고 섬세한 특징을 타고난 아이도 있고, 그렇지 않은 아이도 있는 것일 뿐이다.

민감하지 않은 부모가 가장 어려울 때는 아이로부터 자신의 불안이나 힘듦을 몰라준다고 비난받을 때, 불안을 행동으로 표현하는 아이 때문에 공격당하는 것처럼 느낄 때, 불안을 달래달라는 요구에 한계를 느낄 때인데, 그럼에도 부모는 자기 마음을 달래며 견뎌야 한다.

민감한 부모라면 아이의 행동에 숨겨진 감정을 더 깊이 이해할 수 있다는 장점이 있다. 세심한 관찰로 아이의 의중을 어렵잖게 알아차릴 가능성도 크다. 다른 한편 타인의 감정에 이입을 잘하기 때문에 아이의 시각, 생각, 숨은 의도를 추측하느라 에너지를 많이 쓴다. 민감한 부모는 자신의 민감함과 아이의 민감함이 부딪치지 않도록 자신을 제어해야 한다. 불안은 사람과 사람 사이를 오가며 증폭되는 경향이 있기 때문이다.

영국의 정신분석학자인 볼비는, 성숙한 부모들은 자녀들에게 한결같은 사랑과 관심을 쏟고 정서적으로 열려 있으며, 자녀가 편하게 놀게 해주고 실수를 허용한다고 했다. 또한 회복탄력성, 절제, 공감, 연민의 모습을 보이며 불안정한 세상에서 아이들이 편안한 기분을 느끼기 위해 언제든 돌아갈 수 있는 안전한 근거지이자 믿고 의지할 힘이 되어준다고 했다.[1] 예민한 아이를 키워본 부모는 볼비의 말이 얼마나 실천하기 어려운 것인지를 잘 안다. 그러니 그 방향을 향해서 노력하는 태도를 갖는 것만으로도 자녀에게 버팀목이 될 수 있을 것이다.

# 예민함은
# 치료해야 하나요?

예민함은 병이 아니다. 타고난 기질이고 성향이다. 우리는 운동을 잘하지 못하거나 음감이 부족한 아이에게 치료나 교정이 필요하다고 말하지 않는다. 성격이 외향적이거나 내향적인 것도 타고난 것이라고 생각한다. 마찬가지로 예민함 자체에 대한 치료는 필요하지 않다.

다만 예민함 때문에 일상생활이나 가족관계, 또래관계, 사회생활에 어려움이 있다면 이러한 성향을 누그러뜨리기 위해 노력할 수 있는 부분이 있다. 이 성향은 나이가 들면서 자연스레 나아지기도 하지만, 청소년기에 또래관계가 복잡해지고 학업 관련 스트레스가 커지며 부모로부터의 정서적 독립과 관련된 갈등이 늘면서 심해지기도 한다. 따라서 어린 나이부터 아이와 부모의 마음을 다독이고 이를 조절하는 방법을 고민해볼 필요가 있다.

혹시 불안이 너무 심해지거나, 강박, 공황과 같은 좀더 구체적인 불안장애의 증상이 생기거나, 우울과 행동 문제가 동반된다면 인지행동치료, 놀이치료, 정신치료 혹은 약물치료가 필요할 수도 있다.

# 아이의 불안을 줄이기 위해 부모가 할 수 있는 것

### 아이의 예민함을 있는 그대로 받아들인다

유현이 엄마는 무난하고 안정적인 성격을 가진 분이었다. 그래서 유현이의 까다로운 성향을 이해하는 게 늘 어렵다고 했다. 이렇게 엄마와 아이의 예민함의 정도가 다를 때 나는 사람마다 볼 수 있는 회색의 개수가 다르다고 설명한다. 보통 사람들이 흑백을 100개로 구분한다면, 유현이는 1000개의 회색을 구별하는 아이인 반면 엄마는 회색을 10개밖에 구별하지 못하는 것이다. 엄마 눈에는 같게 느껴지는 것이 유현이에게는 다르게 느껴져서, 아이가 생각하기에 부모는 자기를 잘 이해하지 못하고 불편하고 힘든 것이라고 아이에게도 설명해준다. 엄마가 유현이를 미워하거나 관심 없는 것이 아니라 유현이에게 다르게 보이는 것이 엄마에게는 같은 색으로 보이는 것이라고, 엄마는 노력해도 구별하기 어려운 것이라고 말이다. 예민한 특성을 있는 그대로 이해하고, 아이 자신이 가장 힘든 사람이라는 점만 알아줘도 아이에게는 큰 위로가 된다.

### 안전 기지가 돼준다

예민한 아이들은 안팎의 자극을 실제보다 더 위협적으로 받아들이고 크게 반응한다. 그럴 때 부모가 괜찮다는 신호를 보내고 안심시켜주면 불안이 줄어든다. 유치원이나 학교에서 일어난 일 때문에 불안해할 때, 감정을 버거워할 때 부모는 안전 기지가 돼주어야 한다. 어떤 상황에서도 내 편이 돼주고, 어려울 때 돌아갈 곳이 있다는 믿음이 있으면 아이들은 조금 더 잘 견딜 수 있다.

2023년 8월 첫 번째 주말, 인터넷에 살인 예고가 가득하자 내 딸아이는 친구들과의 여행을 취소했다. "나도 가능성이 낮은 것은 알아. 살인 예고가 뜨는 지역에는 경찰이 집중적으로 단속하는 것도 알고. 그런데 내 마음이 불안한 걸 어떻게 해." 여행 경비 10만 원을 손해 봤고, 친구들은 딸아이를 빼고 여행을 갔다고 한다. "다른 것도 불안하지만 자는 게 제일 불안해. 이유는 모르겠지만 잘 때 가까운 곳에 엄마가 있으면 덜 불안한데, 부산은 멀고 엄마도 없잖아. 내가 바보 같은 건 알지만 아무래도 못 가겠어." 딸은 무엇이 자신을 불안하게 만들고 마음에서 어떤 일이 일어나는지, 그 불안을 견디는 힘이 무엇인지 잘 설명했다. 엄마의 존재가 안전 기지가 되지만, 아직까지 완전히 자리 잡지는 못해 멀리 떨어지면 안정감을 주지 못하는 것이다.

부모가 안전 기지 역할을 하려면 우선 자신의 불안과 죄책감, 그리고 내가 부모로서 부족하다는 느낌을 견디고 조절해야 한다. 불안은 전염성이 강해, 아이가 예민한 것에 부모가 안절부절못하면 아이는 몇 배로 더 불안해한다.

### 감정을 읽어주고 공감한다

유현이 같은 아이를 돌볼 때 가장 중요한 일은 부모나 주변 사람들이 아이의 마음을 읽어주는 것이다. 짜증 내거나 난리 칠 때 아이들은 지금 자신이 경험하는 것이 어떤 느낌인지 잘 설명하지 못한다. 그 마음을 읽고 걱정되는 것은 당연하다고 얘기해준다. "유치원 버스에서 내리면 엄마가 바로 안아줄 거라고 생각했는데, 그러지 않아서 화났구나" "잉 소리 듣고 벌레가 나올까봐 불안해졌구나" 하고 예상되는 감정을 말로 표현해준다. 그러면 우선 부정적인 감정이 조금씩 가라앉는다. 아이가 많이 흥분한 상태라면 감정 읽어주는 것을 여러 번 해야 할 수도 있다. 이런 과정을 통해 흥분이 가라앉으면, 상황을 좀더 객관적으로 판단하고 문제 해결 방법을 스스로 찾을 수 있다.

이렇게 아이의 감정을 읽는 데 그치지 않고 이를 객관적으로 이해하며 함께 느낌으로써 더 깊은 수준에 도달하는 것을 공감이라고 한다(표 1). "네가 느끼는 감정이, 네 상황과 맥락을 고려

표 1 감정 알아주기의 6단계[2]

| | |
|---|---|
| **1단계** | 상대를 잘 관찰하며 경청하기. 상대가 말하고 느끼고 행동하는 것을 관찰할 뿐 아니라 이해하려고 노력하는 단계다. 이를 위해서는 자기 생각이나 감정을 우선 내려놓고, 조언하고 싶은 마음도 내려놓아야 한다. 상대방이 강렬한 감정을 느낄 때 옆에 있어주는 것은 어려운 일이지만, 상대는 내 감정이 누군가에 받아들여진다고 생각하면서 큰 위로를 받는다. |
| **2단계** | 아이의 감정에 정확하게 반영하기. 아이가 자기 생각과 감정에 대해 말한 것을 그대로 말로 표현해서 돌려주는 것을 반영이라고 한다. 예를 들어 "강아지가 무지개 다리를 건너서 슬퍼요"라고 말하는 아이에게 "강아지가 죽고 혼자 남겨진 것 같아 슬프구나"라고 한다. 이때 상대의 말을 똑같이 하는 것이 아니라, 자신이 이해한 표현으로 바꿔서 하는 것이 중요하다. 그러지 않으면 무성의해 보일 수 있다. |
| **3단계** | 눈빛이나 표정, 행동처럼 말로 표현되지 않는 것들을 관찰하면서 아이의 감정을 이해하려고 노력하기. 많은 사람은 자기 감정을 제대로 느끼지 못한다. 또 자기감정이 부적절하거나 지나치다고 생각하는 경우도 많다. 혹시 우리가 아이의 감정을 짐작한 것이 틀렸다고 해도 괜찮다. 내 감정을 누군가 헤아리려고 노력했다는 것만으로도 위로가 되기 때문이다. |
| **4단계** | 아이 삶의 맥락을 고려할 때 지금 느끼는 감정이 당연한 것이라고 말해주기. 예민하게 살면서 경험해온 과거 사건들이 현재 아이의 기분에 미치는 영향을 함께 고려하는 것이다. |

모든 아이는 예민하다

| | |
|---|---|
| **5단계** | 현재 상황을 고려할 때 아이의 감정이 당연한 것이라고 말해주기. 아이들은 자기감정에 대해서, 특히 부정적인 감정이라면 다른 사람들이 이상하다고 여기지 않을까 하는 두려움을 가질 수 있다. 그래서 네 감정이 정상이라고 말해주는 것은 도움이 된다. |
| **6단계** | 진정성을 가지고 아이의 존재 자체를 수용하고 인정하기. 특정한 행동이나 예민함으로 아이를 판단하지 않으며, 다양한 모습이 합쳐진 전체적 존재로서 수용하는 것이다. 이럴 때 우리의 위로와 도움뿐 아니라 "네가 스스로 이 문제를 극복해갈 수 있다"는 믿음을 함께 전할 수 있다. |

할 때 당연하고 이해할 만하다"고 전달하는 것을 '감정 알아주기 Emotional Validation'라고 한다. 관계 속에서 우리가 다른 사람에게 가장 위로받는 순간은 대개 내 감정을 상대가 알아주고, 그렇게 슬픈 게, 그렇게 화난 게, 그렇게 억울한 마음이 드는 게 당연하다고 말해주는 것이다. 즉 '감정 알아주기'는 공감의 가장 중요한 요소다. 예민한 아이들은 누군가 자기감정을 알아주면, 감정이란 달래고 조절하고 말로 풀어내야 하는 것임을 차츰 깨닫는다.

**잘못된 행동은 명확하게 제한한다**

아이가 흥분한 상태에서 소리 지르거나, 다른 사람을 때리거나, 위험한 행동을 한다면 그래서는 안 된다고 분명하게 가르쳐야 한다. 유현이는 시끄러운 장소에 가거나 자기가 생각한 대로 되지 않을 때 짜증을 내면서 소리 지른다. 한번은 친구들과 키즈카페에 갔는데 사람이 많고 시끄러워 예민해진 데다, 같이 놀고 싶은 친구가 다른 애랑 논다고 소리 지르면서 발버둥 쳤다. 이럴 때는 아이를 달래면서 긴 시간 씨름하는 것보다는 번쩍 안아들고 빨리 나오는 것이 좋다. 씨름할수록 아이는 감정 제어와 행동 조절이 더 안된다. 또한 키즈카페에서 소란 피우는 행동 때문에 사람들이 쳐다보거나 아이에게 말을 걸면 관심받는 것이 보상으로 작용해서 아이는 더 많은 문제 행동을 일으킬 수 있다.

부정적인 감정을 터트릴 때는 아이 스스로 감정에 압도되어서 이를 정확히 인지하거나 조절 못 하는 상태다. 그러므로 행동을 빠르게 차단해서, 감정을 행동으로 터트려서는 안 된다는 것을 가르칠 필요가 있다. 감정이 잦아든 뒤 감정 대처 방법과 잘못된 행동에 대해서 분명하게 훈육해야만 숙련된 부모다.

**부정적인 감정을 다루는 아이만의 방법이 있어야 한다**

예민한 아이들은 부정적인 감정에 긴 시간 사로잡혀 벗어나기 어려워한다. 따라서 그 감정의 조절을 도와줄 아이만의 방법이 필요하다. 복식호흡이나 버터플라이 허그와 같이 신체 자극에 집중하면서 이완하는 방법도 좋고, "괜찮아" "다 잘될 거야" "별일 없을 거야" 하고 불안을 낮추는 말을 스스로에게 하도록 가르치는 것도 좋다. 음악을 듣거나, 짧은 영상을 보거나, 피젯큐브와 같은 장난감을 이용하는 것도 도움이 된다. 청소년 중에는 컬러링이나 종이 접기, 뜨개질처럼 손으로 하는 활동이 도움이 되었다고 하는 이들도 있다.

**예민한 아이에게는 더 많은 휴식이 필요하다**

예민한 아이는 내적 긴장이 지속되면서 쉽게 지쳐 스트레스 상황에서 회복되는 데 다른 사람보다 더 많은 시간과 휴식을 필요로 한다. 아이가 얼마만큼의 자극을 감당할 수 있는지 확실히 파악해두자.

## 예민한 아이들을 돕는
## 치료법

**이완 훈련**

이완 훈련은 긴장 수준을 낮춰서 스트레스를 극복하고 평정심을 회복하는 방법이다. 불안이나 초조, 긴장 상태에서 경험하는 신체의 반응에 반대되는 이완 상태를 유지함으로써 생각과 감정의 변화까지 가져오도록 한다. 이 훈련은 독립적으로 하거나, 인지행동치료 때 다른 기법들과 함께 활용되기도 한다. 복식호흡, 버터플라이 허그, 점진적 근육 이완 훈련, 마음챙김, 심상 훈련, 명상 등 다양한 방법이 있다. 이 중 복식호흡과 버터플라이 허그는 아이들도 스스로 혹은 부모와 함께 쉽게 할 수 있다.

모든 아이는 예민하다

## 복식호흡이란?

우리는 스트레스를 받거나 긴장하면 배가 아니라 가슴으로 숨을 쉬게 된다. 또 더 얕고 짧게 더 자주 쉰다. 이렇게 숨을 쉬면 긴장 상태가 유지되므로 복식호흡을 하는 것이 도움이 된다. 먼저 편안히 앉은 상태에서 한쪽 손은 배 위에, 다른 손은 가슴에 얹는다. 가능한 한 가슴은 움직이지 않고 배의 움직임에 집중하면서 숨을 천천히 들이마신다. 숨을 내보낼 때도 천천히 여러 번에 걸쳐 한다. 들이마실 때는 배가 풍선이 부풀어오르는 것처럼 빵빵하게 될 때까지 천천히 하고, 내쉴 때는 배꼽이 척추에 닿는다는 느낌으로 쭈그러들게 한다.

복식호흡을 하다보면 신체적 이완이 될 뿐 아니라, 숨이 들어가는지 나갔는지 내 신체 자극에 더 집중하기 때문에 머릿속에 떠오르는 부정적인 감정이나 생각에 덜 신경 쓰게 된다.

## 버터플라이 허그

견디기 어려운 불안이나 부정적인 생각, 고통스러운 기억을 떠올리지 않도록 도와줄 수 있는 방법이다. 내가 나를 안아주는 것처럼, 양팔을 교차해서 가슴에 손을 얹고 손가락 끝을 쇄골 위에 얹은 후 손가락으로 나 자신을 토닥토닥한다. 마치 나비가 펄럭이는 모양이 되기 때문에 버터플라이 허그라고 한다. 속도는 본인이 편안하게 느껴지는 정도로 한다. 2~3분만 반복해도 편안하고 안정된다고 하는 아이들이 종종 있다.

## 인지행동치료

사람의 생각, 감정, 행동은 서로 연결돼 영향을 주고받는다. 즉 생각이 감정에 영향을 주고, 감정은 행동에 영향을 준다. 거꾸로 행동을 바꿈으로써 생각이나 감정을 변화시킬 수도 있다. 초등학교 1학년생인 다윤이와 자연이가 길을 걷다가 강아지를 마주쳤다고 해보자. 자연이는 강아지가 예쁘다며 가서 만져보고 싶어하지만, 다윤이는 강아지가 자기를 물 것 같아 무섭다면서 소리 지를 수도 있다. 아이들 각자의 생각이 감정을 결정하는 것이다. 이때 자연이가 강아지를 만졌는데 물기는커녕 애교 부리는 것을 보고 다윤이도 조심스럽게 다가가 만져봤는데, 다윤이에게도 똑같이 애교를 부렸다. 이번에는 다윤이의 행동과 그 행동의 결과를 통한 경험이 생각과 감정을 바꾼 것이다.

인지행동치료는 아이들의 생각이나 행동 자체에 개입함으로써 불안을 완화하는 방법이다. 불안이나 예민함의 원인을 찾기보다는 현재의 불안에 초점을 맞춰 불안이 올라올 때 대처하는 방법을 알려준다. 예민한 아이들은 강렬한 감각 자극과 강한 감정이 있을 때, 안 좋은 일을 곱씹으면서 점점 더 나쁜 결과를 상상하곤 한다. 이때 리모컨으로 채널을 돌리는 것처럼 다른 생각과 감정으로 전환하거나, 리모컨으로 음량을 줄이듯 감정의 크기를 줄일 수 있다면 도움이 될 것이다. 치료 기법에는 아래와 같은 것들이 있다.

- 신체적 반응을 가라앉힐 수 있는 이완 요법

모든 아이는 예민하다

- 스트레스 상황에서 마음을 안정시키거나 돌보는 방법
- 걱정되거나 불안한 것을 적어두는 일기 쓰기
- 일어날 가능성이 적은, 도움 되지 않는 걱정들에 대해 반박하기
- 걱정하는 일이 실제로 일어나는지 노출하고 반응을 보기
- 불안을 유발하는 상황에 대한 점진적 노출
- 불안한 상황에 익숙해지기 위한 역할극

이것들은 쉽고 빠르게 불안을 낮추는 방법으로 아이들에게 도움이 된다. 또한 아이들이 자신의 감정, 생각, 행동을 이해하도록 해 스스로 불안을 조절하는 힘을 키울 수 있다.

### 놀이정신치료

학령전기나 초등학교 저학년생이 매우 예민하다면 놀이치료를 해보자. 정식 명칭은 놀이 정신치료play psychotherapy다. 청소년이나 어른이 하는 정신치료를 놀이를 통해서 하는 것이다.

놀이는 외부 현실과 아이의 마음속 세계를 연결하는 역할을 하며, 일종의 이행 대상으로 기능한다.[3] 아이가 외부에서 경험한 강렬한 자극과 사건들, 이로 인해 생긴 마음속 갈등과 감정을 놀이를 통해 감당할 수 있는 것으로 만들어가는 것이다. 놀이하면서 아이는 내적 소망과 갈등으로 인한 불안 및 긴장을 해소할 수 있고 이로써 자신의 예민함과 감정을 다루는 능력이 자라면 이것은

평생 지속된다. 예민한 아이가 어린이집이나 유치원 적응에 어려움을 겪는다면, 혹은 부모가 그런 자녀를 양육하면서 버겁고 힘이 든다면, 어린 나이에 놀이치료를 시작하라고 권하는 이유다.

놀이는 여러 과정을 통해서 아이의 정신적 발달을 돕는다.[4][5] 첫째, 놀이를 통해 자신과 다른 사람의 행동에 대해 생각할 수 있다. 소꿉놀이 때 주어진 역할을 하면서 그 사람의 행동이나 생각, 감정에 공감할 수 있게 되며, 자기 중심성에서 벗어난다. 둘째, 일상에서 느꼈던 고통스러운 감정을 해소할 수 있다. 학교에서 친구가 놀릴 때 속상하면서 아무 말 못 했던 아이가, 방과 후에 놀이하면서 자신을 괴롭혔던 친구에게 하고 싶었던 말을 하는 것이다. 셋째, 자신의 환상과 갈등을 표현하며, 사회적 기술을 배우고 문제 해결 능력을 키운다.

아이는 두려움이나 죄책감 없이 자기감정과 소망을 놀이에 투사함으로써 마치 그런 감정이 자기 게 아닌 것처럼 표현할 수 있다. 부정적인 감정을 조절하는 능력이 아직 자라지 않은 아이들에게는 마음속 소망이나 욕구, 갈등을 놀이 안에서 등장인물과 상황 설정을 통해 표현하도록 하면 자기감정을 이해하고 다루는 능력을 키울 수 있다.

### 약물치료

예민한 성향은 질환이라기보다 기질이기 때문에 약물치료를 하지 않는다. 하지만 자라면서 분리불안장애, 사회공포증, 공황장애,

모든 아이는 예민하다

선택적 함구증과 같은 불안장애나 모발뽑기장애와 같은 정신 건강 문제가 생기고 이로 인해 일상생활이 어려워지면 약물치료가 도움이 될 수 있다.

# 예민한
# 아이들은
# 어디에나
# 있다

## 제 3 부

## 손톱을 뜯는 아이

현우는 손톱을 자주 뜯는 네 살 된 남자아이다. 하루 종일 만지고 뜯어서 한 번도 손톱을 깎아준 적이 없다. 유치원에서도 만들기나 그림 그리기, 레고 놀이같이 손을 사용하는 활동을 할 때를 제외하고는 계속 손톱을 만진다. 발표할 때나 야단맞을 때는 더 많이 뜯었다. 거스러미가 조금만 만져져도 손톱 주변 살들을 뜯어 종종 피가 났고 최근에는 발톱도 뜯기 시작했다.

현우 같은 아이는 흔하다. 같은 고민을 하는 부모님을 진료실에서 매일 예닐곱 명쯤 뵙는다. 연령도 다양해서, 현우처럼 어린아이부터 초등학교 고학년생까지 걸쳐 있다. 한 연구에서는 학령기 아동의 20~25퍼센트가 손톱을 뜯는다고 하는데, 거기엔 여러 이유가 있다.

**불안이나 스트레스, 정서적 박탈감 등을 해소하기 위해서** 예민한 기질을 타고나거나 부모와의 애착이 불안정한 경우, 가정이나 보육 기관에서 엄격하고 완벽을 요구하는 방식으로 양육하는 경우 등 아이들 마음속에 불안이나 긴장이 높으면 손톱을 뜯는 것이 잠시나마 불안을 해소해준다.

**심심함이나 무료함을 달래기 위해서** 같이 놀 사람이 없거나 적당한 놀 거리가 없을 때 혹은 가만히 앉아 있어야 하는데 재미가 없으면 손톱을 만지거나 뜯는 아이들이 있다. 이것이 일종의 감각자극 놀이가 되는 것이다.

**습관이 되어서** 불안하거나 긴장되지 않는 상황에서도 버릇처럼 만지작거리는 아이들이 있다.


현우는 어려서부터 감각이 예민하고 불안이 높았다. 뭔가를 처음 시작하면 불안해하고 회피하다가 적응하면 잘하는 성향이었다. 만 3세경 유치원에 갔을 때도 다 같이 하는 활동에 소극적이었고, 다른 친구들에게 말을 잘 걸지 않아 선생님들이 현우의 사회성이 떨어지는 것 같다는 피드백을 줬다.

현우가 태어난 이후로 아빠의 사업이 잘 안 되어서 부모는 현우 앞에서 크게 싸우는 일이 많았고, 최근에 아빠가 사업을 접고 지방에서 일하게 되면서 주말에만 집에 오자 현우는 무척 불안해했다. 아빠는 왜 집에 안 들어오는지, 언제 오는지 계속 묻고, 일 때문에 주말에도 못 오면 이제 아빠가 영영 집에 안 오는 것이냐고

모든 아이는 예민하다

되묻기도 했다.

아이는 부모 사이가 안 좋고 갑자기 아빠와 떨어지면서 부모와의 애착이 안정적이지 못했고, 박탈감을 느끼는 듯했다. 아빠가 아예 안 오면 어떻게 하나, 엄마도 사라져서 혼자 남겨지면 어쩌나 하면서 분리나 상실에 대한 불안감이 상당했다. 직장 업무로 엄마의 퇴근이 늦어지면 안절부절못했다. 그림 카드를 보면서 이야기를 만들 때는 버림받은 병아리들에 대한 내용으로 구성했다. "어떤 사람들이 병아리들을 키우다가 버리고 간 거예요. 키우다가 버리는 나쁜 사람들이 있어요. 병아리들은 왜 엄마는 없이 자기네만 남겨졌는지 속상해하고 있어요."

유치원에서도 눈치를 보면서 친구를 사귀기 어려워했고, 원하는 만큼의 관계 및 애정 욕구가 충족되지 않아 내면에는 외로움과 소외감이 큰 듯했으며 정서적 허기를 느끼는 것 같았다.

손톱을 뜯는 아이들을 들여다보면 현우처럼 타고난 불안과 긴장에 더해, 가정이나 학교에서 겪는 정서적 어려움과 스트레스, 외로움 등이 감춰져 있곤 하다. 감정은 물이나 공기처럼 흐르는 에너지를 가지고 있는데 이를 말로 표현하지 못하면 부정적인 감정들이 쌓인다. 현우에게는 손톱을 뜯는 것이 이런 감정을 조금씩 내보내고 긴장을 낮추는 자기만의 방법이었다.

## 손톱 뜯는 아이를
## 돕는 방법

### 아이의 마음을 읽어주세요

손톱을 뜯는 행동을 고치려면 우선 그 속마음부터 이해해야 한다. 아이들은 말로 표현하는 데 미숙해 불안이나 긴장을 적절히 드러내지 못할 때가 많다. 부모가 자주 부부싸움을 하거나 계속 잔소리하거나, 형제간의 갈등이 심하면 아이가 불안을 느낄 수 있다. 유치원에서 친구들과 잘 어울리지 못해서 소외감을 느끼고 있을 수도 있다. 자신에 대해서 부정적인 생각을 갖고 있거나 자존감이 떨어져 있을 수도 있다. 먼저 이런 불안과 불편감을 알아주고, 보듬어줘야 한다. 그리고 가능한 한 아이가 느낄 것으로 생각되는 감정을 부모가 먼저 말로 표현하면 아이의 감정의 강도는 줄어들고, 자기감정을 이해하는 데 도움이 된다. "현우는 친구를 도와주려고 한 건데, 선생님이 현우를 오해하고 야단치셨구나. 엄청 억울했겠다. 그런데 선생님이 큰소리치시니까 무서워서 네가 도와주려고 했다는 것을 설명도 못 했구나. 억울하고 속상한데, 거기다 무섭고 불안하고 긴장되고…… 그래서 손톱만 뜯고 있었던 거구나"와 같이 말이다.

### 손톱을 뜯는 문제에 대해 얘기하는 시간을 정하세요

손톱을 뜯는 아이들은 하루에 여러 번 혹은 긴 시간 동안 반복해서 한다. 부모님은 이런 모습이 거슬려, 또 다른 사람들 눈에 안 좋을 것 같아 볼 때마다 야단치거나 못 하게 한다. 그러다보면 아이들은 하루에도 여러 번 혼난다. 부모가 이렇게 대응하면 현우 같은 아이들은 불안과 긴장을 낮출 방법이 없어지며, 자신감을 잃거나 죄책감을 가질 수도 있다.

진료실에서 내가 흔히 권하는 방법은 매주 토요일이나 일요일 저녁에 손톱을 깎아주면서 그때만 손톱에 대해서 얘기하는 것이다. "이번 주에는 손톱을 많이 뜯었나보다. 깎을 손톱이 하나도 없네." 만약 아이의 손톱이 조금이

모든 아이는 예민하다

라도 자랐다면 "이번 주에는 손톱을 안 뜯으려고 노력했나봐. 손톱이 조금 자랐네" 하며 칭찬과 격려로 강화해주어야 한다. 손톱을 뜯지 않아서 손톱깎이로 깎을 수 있는 손톱이 있으면 하나당 100원씩 주기로 했더니, 처음에는 2~3개를 주로 뜯고 나머지 손톱은 안 뜯다가 이제 아예 안 뜯게 되었다는 아이도 있었다.

## 정해둔 시간 외에는 이 문제에 대해 지적하지 마세요

아이의 행동을 바꿀 때는 문제 행동에 대해서 지적하는 방법도 있지만 무시하는 방법도 있다. 즉 이야기하기로 정한 시간 외에는 무시와 무관심으로 대응하는 것이다. 평소에 부모와 감정적으로 가깝지 않은 아이들은 잔소리 같은 부정적인 관심이라도 원해 손톱을 더 많이 뜯을 수도 있다.

또한 손톱을 뜯지 않을 때 관심과 반응을 보이는 것도 한 가지 방법이다. "요즘엔 현우의 손톱이 너무 깔끔하고 예쁘네" "요즘엔 속상한 일 있을 때 엄마한테 얘기를 잘 해줘서 너무 좋아"와 같이 아이의 긍정적인 행동에 반응을 더 해주면 관심을 받은 행동이 더 늘어나기 때문이다.

## 불안을 줄이는 데 도움이 되는, 손으로 하는 대안 행동을 찾아주세요

아이들은 손톱을 뜯는 행동을 통해서 불안과 긴장을 낮추기 때문에 무조건 뜯지 말라고 하는 것보다 다른 행동을 같이 찾아주는 것이 필요하다. 이런 아이들은 손을 이용하는 활동을 할 때 불안이 가장 많이 내려가므로 그런 쪽에서 대안 행동을 찾아주도록 한다. 또 손으로 다른 활동을 하다보면 손톱을 뜯을 기회 자체가 사라진다. 손톱을 뜯는 행동이 감각 자극 놀이인 아이들에게도 손을 사용하는 대안 활동이 도움이 된다.

대안 행동으로는 종이접기, 클레이 놀이, 그림 그리기, 팝잇 누르기, 보석십자수, 컬러링 등이 있다. 학교 수업이나 종교 행사 같은 활동을 하기 어려운 상황이라면 한 손에 들어가는 말캉말캉한 스트레스볼이나, 피젯큐브를 만지는 것도 도움이 된다. 무엇보다 자기 아이에게 맞는 방법을 찾는 것이 중요하다.

## 손톱을 예쁘게 잘 다듬어주세요

거스러미가 생겼을 때 불안한 아이들은 거스러미를 잡고 손톱이나 주변의 살을 뜯는다. 그래서 손톱을 잘 깎고 거스러미를 제거하고 예쁘게 다듬어주는 것이 손톱을 뜯지 않는 데 도움이 된다. 어린이용 매니큐어나 키즈 네일 스티커 같은 것을 이용해서 손톱을 예쁘게 만들어주면 버릇을 바로잡는 데 동기 부여가 된다.

손톱을 뜯는 행동은 예민한 기질을 타고난 아이, 불안장애가 있는 아이, 심하거나 만성적인 스트레스가 있는 아이들 등에서 광범위하게 나타난다. 이를 도우려면 손톱을 뜯는 행동 자체가 아니라 아이의 마음을 들여보고 이해하려고 노력하는 것이 중요하다.

모든 아이는 예민하다

# 밥 잘 안 먹는 아이

"밥을 입에 물고 있어요." "밥을 먹으면서 장난감을 가지고 놀아요." "편식이 심해요." "영상을 안 틀어주면 안 먹어요." "한입이라도 더 먹이려고 따라다니면서 떠먹여줘요." 밥을 잘 안 먹는 아이 때문에 고민하는 엄마들이 하시는 말이다.

병민이도 어려서부터 잘 안 먹는 아이였다. 출생 직후부터 젖을 빨지 않고 물고 있으려고만 했다. 그러다 잠들어 아기 귀, 볼, 팔을 만져 깨워가며 수유를 했다. 이유식을 할 때도 새로운 것을 주면 뱉어내며 어린이집에 갈 때까지 밥, 국수, 옥수수빵, 계란 흰자, 사과 정도만 먹었다. 초등학교 입학 전까지 엄마가 숟가락으로 밥을 떠줘야 겨우 먹었다. 지금도 밥 말고 베이글, 사탕, 초콜릿 같은 것만 좋아한다. 식사 시간에 혼자 먹어보겠다고 하지만 막상 안 먹어서 영상을 보여주며 먹이는 데 2시간씩 걸리기도 한다. 학교 급식도 싫어하는 음식이 나오면 남겨서 선생님께 지적을 받기도 했다. 병민이 엄마는 식사 시간이 다가오면 오늘은 또 뭘 해야 먹을지 긴장되고, 정성 들여 한 음식을 아이가 쳐다도 보지 않으면 속상하고 화가 나기도 했다. 친구나 친척과 같이 식사하는 자리에서는 더 신경 쓰이고 불편했다. 한번은 친구 집에 놀러 갔다가 떡볶이에 파가 들어가 안 먹겠다고 하는 바람에 민망했다. 소아청소년과에 방문해서 검사했지만 특별한 문제는 없다고 들었다.

병민이는 밝고 귀여운 아이였지만, 조심성이 많고 예민해서 키우기 어려웠다. 또 새로운 친구나 놀이 등 환경 변화에 적응하는 데 시간이 오래 걸렸다. 처음 수영 수업을 받으러 가던 날 "물에 빠져 죽은 사람도 많아요?"라고 몇 번이나 물어보는 등 극단적인 결과를 상상하는 경향이 있고, "유치원에서 만들기 한 것을 아빠한테 보여드려야 하는데 화장실 변기에 빠뜨리면 어떻게 해요?"와 같이 일어나지도 않은 일을 예상하며 불안해했다.

말수는 적은 편이며, 감정이나 불편한 점을 잘 표현하지 못했다. 부모가 싸우면 눈치를 본다고 하며, 최근에 부모가 싸우자 혼자서 조용히 울기도 했다. 친구나 다른 어른들이 자기에 대해 어떻게 생각하는지 신경을 많이 쓰고, 자기 생각과 감정을 과도하게 억제하는 모습을 보였다.

병민이 엄마는 꼼꼼하고 계획적인 편이며 어떤 일이 일어나기 전에 걱정하면서 미리 조심하는 성격이다. 이때 "그렇게 하면 다친

모든 아이는 예민하다

다 "위험하다" "잘 안 되면 어떻게 하냐" 등의 말을 하면서 아이의 행동을 조심시키고 제지해 불안감을 더 높이기도 했다. 직장생활 하면서 두 아이를 키우는 것도 힘든데, 병민이가 잘 안 먹고 키가 안 커 스트레스를 받았다. 아이를 먹이는 게 힘들다고 느끼면서도 그런 감정을 품은 것 자체를 미안해하고 자기 잘못처럼 느꼈다.

## 아이들은 왜 밥을 잘 안 먹는 걸까요?

**수면-각성 조절의 문제** 갓 태어난 아이가 잘 먹게 하려면 수유하는 동안 아기가 안정된 각성 상태를 유지할 수 있어야 하며, 엄마가 아기의 신호를 잘 알아차려서 적절히 반응할 수 있어야 한다. 수면-각성 조절에 어려움이 있는 아기는 수유 동안 짜증이 심하거나 쉽게 지치고 수유가 끝나기 전에 잠들기도 한다. 이로써 규칙적이고 안정된 수유, 충분한 영양 섭취가 어려워진다.

**주 양육자와의 애착 문제** 먹는 행동은 엄마나 주 양육자와의 애착과 밀접하게 관련된다. 아기를 안고 눈을 맞추고 웃으면서 젖이나 분유를 먹이는 행동이, 아기가 돌봄받고 있다고 느끼며 애착을 형성하는 데 가장 기초가 된다. 만약 주 양육자와의 애착이 안정되지 않고 정서적인 상호작용이 매우 적다면, 아기를 규칙적으로 먹이고 돌보는 것에 어려움이 있을 수 있다.

**자율, 의존, 통제와 관련된 갈등이 있는 경우** 숟가락질하거나 음식 먹는 것을 제 고집대로 하고 싶다고 엄마와 겨루거나, 엄마한테 화나는 일이 있을 때 먹기를 거부하는 아이들이 있다. 이런 아이들은 배고픔, 포만감과 같은 신체적 감각과 애정, 화, 좌절과 같은 정서적 감정을 구별하기 힘들어하고, 생리적인 욕구보다는 엄마와의 정서적인 경험에 따라 먹는 것을 조절한다. 엄마는 가능한 방법을 다 써보지만, 엄마의 불안 역시 증가하면서 둘 사이의 갈등이 심해져 악순환이 되풀이된다.

**음식의 감각적 특성에 대한 예민성** 특정한 모양이나 색깔, 냄새, 질감, 온도, 맛을 가진 음식을 피하는 것처럼 음식의 감각적인 특성 때문에 피할 수 있다. 감각적 예민성이 증가된 자폐스펙트럼장애 아이도 비슷한 행동을 보일 수 있다.

**먹는 것과 관련된 부정적인 경험** 질식, 심한 구역질, 구토, 구강과 인두의 의학적 처치(예: 급식관이나 기관 내 튜브 삽입, 인두흡입) 등 외상이 될 만한 사건이 있은 뒤 부정적 조건화 반응으로 음식을 거부하기도 한다. 과거에 위장관 질환이 있었거나 현재 위식도역류나 구토가 있다면 회피성/제한성 음식섭취장애가 발생할 위험이 높다.

# 잘 안 먹는 아이를 돕는 방법

**편안하고 여유 있게 먹을 수 있는 분위기를 만들어준다**

분위기는 중요하다. 영아에게 적절한 양의 자극만 주어지도록 수유 환경을 만들고, 식사할 수 있는 아이들에게는 그 시간이 편안하도록 해준다. 가벼운 주제로 이야기하고, 먹는 태도나 먹어야 하는 음식에 대해 너무 강조하지 않는 것이 좋다. 아이가 혼자 먹는 것을 칭찬하고, 적게 먹거나 전혀 먹지 않는다 해도 실망감을 드러내지 않아야 한다. 부모-자녀 관계가 좋아지는 것이 잘 먹는 데 가장 중요한 요소다.

**아이가 스스로 먹는 것을 격려한다**

새로운 것을 시도해보려는 욕구와 호기심이 강하고 고집이 세며 자기 뜻대로 하는 아이라면, 자율성과 의존에 대한 갈등 때문에 음식을 거부한다는 것을 부모가 이해해야 한다. 이런 아이들은 음식을 흘리거나 옷을 더럽히더라도, 혼자 먹도록 기회를 주는 것이 자율성 획득에 도움 되고 먹는 것에 대한 흥미도 높일 수 있다. 부모가 핀잔주거나 잔소리하면 아이는 잘할 수 없다는 마음에 부모에게 의존적이 되거나 화내면서 더 안 먹으려 할 수도 있다. 아이들에게 메뉴를 정하게 하거나 요리 방법을 선택하게 하는 것도 자율성을 키우면서 더 잘 먹게 하는 데 도움이 된다.

## 좋아하는 음식부터 먹여보자

아이들은 모두 입맛이 다르다. 예민한 기질을 타고난 아이들이나 회피성/제한성 음식섭취장애가 있는 아이들은 맛뿐 아니라 향, 질감 등에 모두 민감하다. 아이가 좋아하는 재료, 맛, 향, 질감을 가진 음식부터 먹이는 것이 좋다. 가령 구운 소고기를 잘 먹게 되면, 양념해서 먹이거나 갈아서 야채와 섞는 식으로 다른 요리법, 향, 질감을 시도해볼 수 있다. 양도 아이 스스로 조절하면서 점차 늘려가도록 하는 것이 좋다.

## 식사 시간은 규칙적으로 한다

밥을 안 먹는 아이일수록 엄마가 조금이라도 더 먹이겠다는 일념으로 병민이의 사례에서처럼 두 시간씩 붙들고 있는 경우가 많다. 식사 시간이 길어지면 다른 활동을 할 시간이 적어지고 생활의 리듬도 흐트러진다. 따라서 식사 시간을 30분 정도로 제한하고 시간이 다 되면 먹지 않았어도 치우는 것이 좋다. 안 먹는 아이의 엄마들 가운데는 아직 조금밖에 먹지 않았는데 상을 치우는 것이 불안하다시는 분이 많다. 그러나 두 시간씩 붙들고 있는다고 해서 더 많이 먹는 것은 아니며, 시간이 됐을 때 치워서 나중에 배고플 수도 있다는 점을 알게 하는 것이 장기적으로 더 낫다. 상을 치울 때도 엄마가 불안해하거나 아이를 비난하는 눈빛을 보내기보다 아무렇지 않다는 듯이 하자. 서너 시간 간격으로 식사와 간식을 계획하고 그 외에는 주지 않는다. 외적인 또는 정서적인 욕구나

모든 아이는 예민하다

필요성에 의해서가 아니라 배고픔과 같은 생리적인 욕구에 의해서 식사를 조절하도록 돕는다.

### 간식은 제한한다

안 먹는 아이들 가운데 병민이처럼 단것을 좋아하는 아이들이 종종 있다. 식사 시간 사이에 이런 간식을 먹으면 식사에 방해가 된다. 잘 안 먹는 아이일수록 디저트나 사탕을 보상으로 주거나 생각날 때 주기보다 규칙적인 식사/간식 스케줄에 포함시키는 것이 좋다.

### 식사 시간에는 먹는 것에 집중하는 환경을 만든다

밥을 먹지 않는 아이에게 영상을 보게 하거나 책을 읽어주면서 먹이는 것은 순간 더 잘 먹게 하는 것처럼 보일 수 있다. 그러나 장기적으로는 영상을 더 보고 싶어서, 혹은 엄마와 즐거운 시간을 보내는 것이 좋아서 식사 속도가 한없이 늦어질 수 있다. 따라서 식사 시간에 텔레비전, 스마트폰, 책, 장난감 등은 제한하고 먹는 데 집중하도록 하는 것이 올바른 식습관을 갖고 더 잘 먹도록 하는 데 도움이 된다.

### 의학적 도움이 필요한 경우

체질량지수가 15 이하로 떨어지거나, 나이에 맞는 성장이 일어나지 않거나, 혈액검사에서 이상을 보일 때는 소아청소년과를 방문해보자. 안 먹는 아이들 가운데 일부는 소아청소년정신건강의학과에서 회피성/제한성 음식섭취장애와 같은 질환으로 진단되기도 한다. 이 경우나 동반된 정서 문제가 있으면 놀이치료가 필요할 수도 있다. 부모-자녀 관계의 문제가 안 먹는 문제와 관련 있다면 부모-자녀 상호작용치료나 가족치료가 도움 될 수 있다.

## 소리에 예민한 아이

지윤이는 초등학교 입학을 앞둔 다섯 살 여자아이다. 24개월 때 어린이집에 가면서 또래에 비해 대근육 발달이 느리고, 눈 맞춤이 어렵고, 불안해 보인다는 이야기를 들었다. 아이들과 잘 어울렸지만 말은 잘 안 했다. 대소변을 가릴 수 있지만, 어린이집에 가면 참고 화장실에 가지 않았다.

지윤이는 청각과 촉각에 예민했다. 가령 드라이어 같은 소리가 나면 자리를 피하거나 귀를 막았다. 다른 사람들은 잘 느끼지 못하는 작은 소리도 힘들어했다. 조용한 곳에서는 편안하지만, 소음이 많은 곳에서는 안절부절못했다. 놀이동산은 좋아해서 잘 있는 편이지만 그 외에는 사람이 많고 소음이 크면 자리를 피하고 싶어 했다.

옷 입을 때도 부드러운 재질을 선호하고 청바지같이 거친 재질은 좋아하지 않았다. 옷 입을 때 조금만 불편하면 다른 옷을 입겠다고 했다. 옷의 상표가 보이면 잘라달라고 했고, 양말이 살짝 돌아가서 불편하거나 발목을 조이면 벗어버렸다. 물놀이는 좋아하지만 얼굴에 물이 튀는 것은 싫어했고, 손에 뭐가 묻는 것을 안 좋아해서 모래놀이나 진흙놀이는 안 하려고 했다. 얼굴이나 손에 뭔가가 묻으면 바로 털거나 닦으려고 했다. 손을 씻는 것은 괜찮은데, 세수할 때 눈에 물이 들어갈까봐 불안해했고 머리 감을 때 물이 눈 쪽으로 흘러내리는 것을 굉장히 싫어했다. 얼굴에 로션 바르는 것조차 꺼렸다. 편식도 심해 단맛을 좋아하고 향이 강한 오이나 당근 같은 야채는 먹지 않았다. 두부나 푸딩같이 물컹한 식감을 가진 음식도 거부했다.

잠잘 때는 뒤척이다 잠들고 옆에 누가 있어야 했다. 밖에 나가면 부모에게서 떨어지지 않으려 하고 어린이집 소속 반에서는 괜찮았지만 야외 놀이터에서는 불편해했다. 키즈카페에 가도 모르는 사람이 많으면 잘 놀지 못했다. 밖에 나가면 쉽게 지치는 편이었다. 사람들과 어울리는 것을 좋아하는데도, 누군가에게 먼저 다가가거나 누가 다가오는 것을 힘들어했다.

지윤이처럼 감각에 예민한 아이들이 있다. 청각이나 촉각, 후각이나 미각이 민감하고 다른 사람이 그냥 넘어갈 수 있는 것에 쉽게 자극받는다. 원래 새로운 환경이나 대상에 대한 두려움이 높을 뿐 아니라 불안감, 긴장감이 쉽게 상승되는 기질인데, 감각적으로

모든 아이는 예민하다

도 예민해서 주변 환경의 영향을 받는다. 하지만 아직 정서가 미분화된 상태로 자신이 어떤 자극 때문에 불편하거나 불안한지 잘 모르고, 모호한 짜증으로만 경험하게 되는 것이다.

또한 부정적인 감정을 진정시키고 조율하는 능력은 아직 자라지 못해, 이것을 억누르고 있다가 익숙한 상황이 되면 한 번에 강렬하게 표출하는 면이 있다. 평소 유치원에서는 조용히 있다가 집에 오면 유독 화, 짜증을 격렬하게 드러내는 것도 그래서다.

### 감각적으로 예민한 아이를 돕는 방법

#### 아이를 예민하게 만드는 자극이 무엇인지 파악하라

아이마다 불편함을 느끼는 감각적 자극은 다르다. 지윤이만 해도 청각이나 촉각에는 예민하지만, 놀이기구는 무서워하지 않고 좋아한다. 빙글빙글 돌기도 좋아하고 높은 곳에 올라가는 것도 무서워하지 않는다. 똑같이 청각에 예민하다 해도 사람들의 말소리에 예민한 아이가 있는가 하면, 드라이어나 세탁기, 에어프라이어 소리에 민감한 아이도 있다. 따라서 무엇이 예민하게 만드는지부터 파악하는 것이 중요하다.

#### 피할 수 있는 자극은 피한다

감각적으로 예민한 아이들은 보통의 아이들보다 훨씬 더 강렬한 감각 자극 속에서 하루 종일 산다. 이 때문에 늘 긴장하고 각성된 상태다. 만약 이런 자극에서 잠깐이라도 벗어날 수 있다면 공부나 놀이, 운동 같은 일상 속 활동을 더 잘할 수 있을 것이다.

어른들 중에서 고수나 시소 같은 향신료를 못 먹는 사람이 많다. 이때 그에게 고수를 먹을 줄 알아야 한다며 강제로 먹이지 않고 다른 요리를 먹으라고 권한다. 따라서 피할 수 있는 상황이라면 피하는 것이 상책이다.

### 피할 수 없는 자극이라면 천천히 단계적으로 노출한다

살다보면 피할 수 없는 자극도 많다. 아이가 반드시 마주칠 자극이라면 미리 견디는 힘을 키워보자. 초등학교에 입학하면 교실과 복도, 운동장, 화장실에서 시끄럽게 말하는 소리에 반드시 노출된다. 이런 데 민감한 아이라면 입학 전 사람이 많고 더 시끄러운 장소를 조금씩 경험하게 해준다. 먼저 동네 놀이터에서 노는 것이 익숙해지면 키즈카페에 가보고, 그다음 놀이공원에 가본다. 시끄러운 장소에 노출하는 시간도 늘려간다. 예컨대 첫째 주는 10분, 둘째 주는 20분, 셋째 주는 30분으로 해보자.

### 자폐스펙트럼장애인지 감별이 필요하다

자폐스펙트럼장애가 있는 아이들 가운데 감각이 예민한 아이가 많기 때문에 예민한 감각의 아이들을 만나면 자폐스펙트럼장애 여부를 확인하게 된다. 단순히 예민한 기질을 가진 아이와 자폐스펙트럼장애가 있는 아이를 양육하는 방법 및 치료법은 다르기 때문이다. 감각에 예민할 뿐 아니라 빙글빙글 돌아가는 것을 좋아하거나 전자 기기에서 나는 전자음을 좋아하는 등의 감각 추구가 있거나, 특이한 언어 사용을 보이고 사회적 상호작용에 어려움이 있으면 자폐스펙트럼장애 여부를 평가해야 한다.

### 감각통합치료가 필요한 아이들이 있다

우리는 매일의 생활을 위해 신체 내부와 외부세계로부터 받아들인 감각 정보를 조직화한다. 보통 자기 몸의 움직임이나 위치가 어떻게 되었는지를 알고, 만지거나 닿는 것을 느끼는 것, 보는 것, 듣는 것 등의 감각 정보를 조합하고 인식하며 변별하는 과정에서 움직임을 계획하고 실행한다. 그런데 감각적으로 예민한 아이들은 이런 정보 조직화와 조율, 처리에 어려움이 있는 것으로 여겨진다. 이런 문제를 일으키는 것을 감각정보처리장애라고 부르는 학자들도 있다.[1] 여기에는 지윤이처럼 다양한 감각에 과잉 반응해서 자극을 피하는 사람뿐만 아니라 감각에 지나치게 둔한 사람, 강렬한 감각 자극을 추구하는 사람, 감각 자극들을 구별하기 어려운 사람 등 다양한 부류가 있다.

이런 아이들에게는 감각통합치료가 도움이 되기도 한다. 신체를 효과적으로 쓰도록 돕거나, 다양한 감각에 조금씩 익숙해지고, 감각을 구별하며, 다른 자극들과 잘 통합되도록 돕는 치료이기 때문이다.

# 화장실에 자주 가는 아이

지수는 다섯 살 여자아이이다. 최근 이사를 가고 유치원을 옮기면서 소변이 마렵다며 5분에 한 번씩 화장실에 갔다. 막상 가면 소변이 안 나오거나 찔끔찔끔 나왔다. 병원에서 소변검사 등을 해봤지만 모두 정상이라고 했다.

학령전기 아동이나 초등학교 저학년생이 화장실에 자주 가는 것은 손톱을 뜯는 것처럼 예민한 아이에게서 흔히 나타난다. 심하면 1분마다 화장실에 가는데 아무것도 안 나올 때도 있다. 검사 결과 모두 정상인데도 소변이 마려운 느낌은 계속 든다. 지수처럼 환경이 바뀌거나 유치원에서 소방 훈련을 하거나 무서운 영화를 보는 등 스트레스 받는 사건이 일어난 후 시작되곤 하며, 꽤 긴 시간 동안 지속된다. 아이가 화장실에 자주 간다면, 타고난 예민함

모든 아이는 예민하다

과 아이 마음속의 불안을 들여다봐야 한다.

지수는 아기 때부터 예민했고, 세 살 때 어린이집을 다니면서는 분리불안이 심했다. 엄마와 떨어지는 걸 힘들어하고, 집에 와서도 엄마와만 있으려 했다. 어린이집에서는 한 친구와만 어울리려 하고, 다른 아이들과는 잘 안 섞이며 혼자 노는 편이라고 들었다. 규칙에서 벗어나는 것을 싫어하고, 그날 일정을 종일 확인하며 엄마가 원하는 답을 해줄 때까지 질문했다. 촉감 및 소리에 예민하고 특히 날벌레 소리에 민감했는데, 야외활동을 할 때 벌레를 보고 "아악" 하고 소리 질러서 다른 애들이 모두 깜짝 놀랐다. 나갔다 들어오면 바로 깨끗한 옷으로 갈아입어야 했고, 주스를 먹다가 옷에 조금만 흘려도 씻고 새 옷으로 갈아입었다.

화장실에 자주 가거나 옷을 계속 갈아입는 것 때문에 선생님들이 부담스러워하는 듯했고, 놀이터에서 벌레 보고 소리 지르는 것이나 아침에 엄마와 떨어지면서 큰 소리로 우는 것 때문에 친구들 사이에서도 '별나다'고 여겨졌다. 그러자 아이는 내면적으로 위축되고 좌절했으며, 타인의 인정과 관심에 대한 욕구가 높아져 있었다. 친해지고 싶어서 먼저 다가가기도 하지만, 다른 아이들이 좋아하는 얘기나 놀이에 맞추는 것을 잘 못 하고, 조금만 무섭거나 불편해도 소리 질러 악순환이 일어났다.

지수는 지능검사에서 139가 나와 최우수 수준이었다. 그러나 감정을 적절하게 표현하는 능력이 부족해 스트레스 상황에서의 불편감을 신체 증상으로 표출하는데, 잦은 소변도 이런 것 때문인 듯했다. 환경이나 일상에 변화가 생기는 것을 싫어하고, 다양한 상황에 유연하게 대응하지 못하는데, 스스로 대처할 힘이 없다고 느끼며 긴장감과 불안감이 높아 양육자에게 과도하게 의존했다.

부모 역시 아이 때문에 소진되어 애정 욕구를 충족시켜주기가 어려웠다. 지수 아빠는 딸과 보내는 시간은 많지 않으면서 어린애에게 성숙한 모습을 기대하며 지적을 많이 해, 지수가 엄마에게 더 매달리는 것일 수 있었다. 엄마는 아이가 매달리는 것에 지쳐 아이 내면의 불안정감을 수용하지 못하고 오히려 화내게 된다고 했다.

지수 어머니는 자기 자신이 걱정이 많은 사람이라고 했다. 청결과 위생에 민감해 하루 종일 집 안을 닦고, 쓸데없는 걱정을 하느라 오히려 중요한 것들에 신경 쓰지 못한다며 속상해하면서 우셨다. 지수가 숟가락질을 배울 때도 먹다가 흘리면 계속 닦아주고, 식탁도 중간중간 계속 닦고, 옷도 바로 갈아입혔는데, 이런 행동들이 영향을 미쳐 아이가 예민한 반응(예컨대 물건 재배치, 흘리거나 묻히는 것을 싫어함 등)을 보이는 것은 아닐지 염려했다.

지수는 "가장 좋아하는 사람은 엄마" "소원을 빌라고 한다면 어른이 되어서도 엄마랑 같이 사는 것"이라고 했다. 가족 그림을 그리라고 하자 자신과 아빠는 빼고 엄마만 그렸다. 엄마에게 심리적으로 의존하면서도, 자신의 불안을 보듬어주지 않고 때로 불안을 자극하기도 하는 엄마에 대한 속상함과 분노감도 가지고 있는 듯했다.

지수는 과거 용어로 (『정신질환의 진단 및 통계 편람』 제3판 기준으로) 과잉불안장애를 가진 아이다. 화장실에 자주 가거나 두통이나 복통과 같은 신체 증상을 보이는데 검사에서 원인을 찾을 수 없다면 불안과 같은 심리적 원인이 있는지 확인하는 것이 중요하다. 시간이 흐르고 낯선 환경에 익숙해지거나 적응하면 증상이 완화되기도 하지만, 그렇지 않다면 아이의 마음속 불안을 읽고 보듬어주는 방식으로 양육 방식을 조정해야 할 수 있다. 또 부모 자신의 마음속 불안을 다독이는 노력도 필요하다. 무엇보다 화장실에 자주 가는 행동 자체보다는 아이의 마음에 관심을 기울이는 것이 중요하다.

# 눈을 깜박이는 아이

태훈이는 초등학교 1학년생 남자아이다. 입학 후 눈을 깜박이고 코를 찡긋하면서 '으음' '컹' 하는 소리를 내는 틱이 생겨 병원에 왔다.

태훈이는 어려서부터 분리불안이 심하고 새로운 환경에 놓이면 긴장했다. 만 5세에 영어유치원에 갔는데 부적응 때문에 말을 거의 안 해 선생님들이 걱정했지만, 한 달 후부터 말을 많이 하고 친구들과도 잘 어울렸다고 한다. 5세 가을경에 아이를 차에 혼자 두고 엄마가 마트를 3분 정도 다녀왔는데 태훈이가 심하게 울고 있었다. 이후 분리불안 때문에 엘리베이터도 혼자 못 타고 유치원에 갈 때마다 "엄마, 나 올 때까지 집에 꼭 있어"라고 말했다. 소변 실수를 할까봐 자기 전 양치 후부터 화장실을 서너 번이나 가기도 했고, 뭔가를 할 때는 "엄마, 이거 해도 돼?" "엄마, 먹어도 돼?" 하며 계속 확인받았다.

초등학교에 들어가 처음에는 적응을 잘하는 것 같더니 가정통신문을 잊고 늦게 내서 선생님께 지적받은 다음부터는 눈을 깜박이기 시작했다. 두 달쯤 지나 눈 깜박임이 줄어서 안심했는데, 곧이어 코를 찡긋하면서 '으음' '컹' 하는 소리를 냈다.

진료실에서 눈 맞춤은 잘했지만 질문에는 고갯짓으로만 대답하다가, 시간이 지나면서 편하게 얘기하게 되었다. 평소 스트레스는 없고 기분도 괜찮은 편이지만 '혼자 집에 있는 것이 무섭다'고 했다. 지능검사에서 기존 지식을 묻는 것이 아닌 스스로의 생각과 추론이 요구되는 과제들에서는 대답을 유독 어려워했다. 그러나 과제에 익숙해지면 점점 수행이 증가하며 오히려 어려운 문제를 더 잘 풀기도 했다.

기질상 불안감, 긴장감이 쉽게 자극되는 아이로, 평소 다양한 가능성과 위험 요소를 고려해 신중하게 행동한다는 장점이 있지만, 다른 한편 큰 위험성이 없는 상황에서도 미리 걱정하고 초조해하는 면이 있다. 특히 내면에서 불안과 긴장을 해소하기보다 억제하는 경향이 높아 정서적 불편감이 누적되는 듯했다. 그렇다보니 실제로 잘하는 것도 자신 없어 하고, 다소 어려운 과제를 해내면서 성취감을 충분히 느끼는 기회가 부족했을 듯했다. 따라서 도전적이거나 익숙하지 않은 과제를 마주하면 쉽게 동기를 잃고 회피하는 것 같았다. 또래관계에서도 사소한 일에 쉽게 위축되고 자기감정과 의견을 전달하는 데 곤란해할 가능성이 엿보였다. 이것은 틱 증상을 지속시키고 악화시킬 가능성도 있었다.

가족에 대해 물어보자 '우리 가족은 행복하다' '내가 가장 좋아하는 사람은 엄마 아빠다. 왜냐하면 잘 놀아줘서'라고 대답했다. 그렇지만 동물 인형으로 놀이할 때는 아기 토끼를 키우기가 힘들어서 가출한 엄마 토끼의 이야기나, 아기 강아지를 씻기면서 힘들어하는 엄마 강아지에 대한 이야기를 만들어, 마음속으로 부모가 자신을 돌보는 것을 힘겹게 느낀다고 생각하는 듯했다. 부모에게 불안이나 긴장감, 정서적인 불편감을 표현하고 의존하면서도 한편으로는 죄책감을 느끼는 듯했다. 특히 틱 증상이 심해질 때 엄마가 스트레스 받는 것에 신경을 썼다.

태훈이 엄마는 성실하고 책임감이 강한 분으로, 직장생활뿐 아니라 가정을 돌보는 데 헌신적이었다. 한편 엄마 역시 불안 수준이 높고 걱정이 많은 편이며, 특히 태훈이의 불안과 틱 증상에 예민해져 있었다. 자녀의 신체적, 심리적 변화와 증상을 민감하게 살피는 면은 장점일 수 있지만, 자녀의 상태에 따라 쉽게 동요되고 지나치게 염려하는 심리가 자녀에게 전달될 여지가 있다. 따라서 자녀의 증상에 신경을 곤두세우거나 일희일비하기보다 증상의 변화를 기다리며 자녀를 지지해주는 것이 좋다.

### 틱장애란?

틱은 특별한 이유 없이 저도 모르게 몸을 움직이거나 소리 내는 것을 말한다. 눈을 계속 깜박이거나, 머리를 흔들고 어깨를 실룩이는 것처럼 신체의 한 부분에서 발생하면 운동틱이라 하고, 쿵쿵거리는 소리나 기침 소리를 음성틱이라고 한다. 심한 음성틱의 경우 욕설이나 야한 이야기를 반복한다. 틱은 파도가 밀려오듯이 갑자기 증상이 심해졌다가 며칠 뒤에는 잠잠해지는 식으로 증상의 정도에 변화가 많고, 위치도 자주 바뀐다.

학령기 아동에게서 흔하게 나타난다. 전체 아동의 10~20퍼센트가 일시적 틱 증상을 보이는 것으로 알려져 있으며, 1개월 이상 지속되는 일과성 틱장애는 5~15퍼센트, 1년 이상 지속되는 만성 틱장애는 1퍼센트의 아동에게서 나타난다. 운동틱과 음성틱을 모두 경험하는 경우 투렛병이라고 한다. 투렛병 아동들은 주의력결핍 과잉행동장애ADHD, 학습장애, 강박증 등을 동시에 갖고 있는 경우도 있다.

틱은 뇌가 성장하는 과정에서 유전적, 환경적 요인이 복합적으로 작용해 발생한다. 특히 근육의 움직임을 조절하는 뇌 부위의 성장 미숙이 주원인으로 알려져 있다. 심리적인 원인도 아니고, 양육 방법의 잘못도 아니다.

뇌가 성장하는 과정에서 생겨나는 문제라 해도 증상 악화에는 불안이나 심리적 요인이 관여할 수 있다. 그래서 방학 중에는 줄었다가 새 학기가 다가오면서 심해지는 아이들도 있다. 예민한 아이가 사람들 앞에서 발표를 해야 하거나, 주변 사람들로부터 평가받는 것처럼 느낄 때 심해지고 마음이 편해지면 틱이 줄기도 한다.

대개 사춘기를 지나고 뇌가 성숙하면서 자연적으로 호전되는 경향이 있다. 만약 증상이 지속된다면 인지행동치료나 이완 훈련 등을 시도해볼 수 있다. 만성 틱장애, 투렛병은 심한 경우 약물치료를 시행해야 하며, 12~18개월 정도 복용한 뒤 양을 줄이기도 한다.

만성적인 질병이더라도 전체적으로 예후가 좋은 편이다. 다수에게서 음성틱은 완전히 사라지며, 근육틱 역시 호전되기 때문이다. 투렛병의 경우 30~40퍼센트는 성인이 되기 전에 증상이 완전히 없어지며, 30퍼센트는 증상이 있어도 심하지 않다.

### 부모가 할 수 있는 것

- 가장 좋은 방법은 틱 증상을 무시하고 관심을 두지 않는 것이다. 일과성 틱은 이렇게만 해도 저절로 없어진다. 이것은 뇌의 문제로, 아이가 일부러 만들어내는 것이 아니고 참을 수도 없다. 따라서 비난하거나 놀려서는 안 된다. 부모가 벌을 주거나 선생님이 꾸중한다고 해서 조절되지 않으며, 아이의 자긍심만 손상시킨다.

- 만성 틱이나 투렛병을 가진 사람도 성공적인 삶을 살 수 있기 때문에 좌절할 이유는 없다. 한번은 의사들 모임에 갔는데, 우리 12명 중 6명이 틱이 있거나, 어렸을 때 틱이 있었다고 해 서로 웃었다. 부모는 내 아이에게 틱 증상이 있더라도 다

른 사람과 똑같이 성취하고 인정받으며 살 수 있다는 것을 새기고, 긍정적인 마음과 배짱, 유머와 장기적인 안목 및 미래를 바라보는 융통성 있는 사고로 대해야 한다.

- 증상이 지속된다면 하지 말라는 말보다 아이가 마음을 편하게 갖도록 해 틱 증상이 빨리 없어지게 할 수 있다. 과도한 학업과 과외활동을 줄이고 충분한 놀이 시간과 휴식 시간을 갖도록 한다. 하지만 학교 숙제나 일상생활 관리와 같은 기본 활동에서 책임을 덜어주는 것은 자존감 저하를 가져올 수 있다. 스트레스를 이겨내는 방법을 배우도록 돕고 칭찬을 많이 해 자신감을 늘려주는 것이 중요하다.

- 너무 빈번히 발생하거나, 1년 이상 지속되거나, 학교 공부와 친구관계에 지장을 초래하거나, 틱 증상으로 인해 관련 근육에 통증이 있는 경우, 기침 소리와 욕설 등을 포함하는 증상이 나타나는 경우 의사의 도움을 구하자. 소아청소년정신건강의학과 의사는 의학적 평가를 통해 틱장애뿐 아니라 그에 동반될 수 있는 다양한 정서, 행동, 학습 문제를 밝혀내 적절한 조치를 취한다.

- 병에 대해 충분히 이해하는 학교 선생님의 협조가 필요하다. 친구들이 틱 때문에 따돌리면 사회성에 문제가 생길 수 있으

므로 선생님이 교실 안에서 긍정적이고 지지적인 환경을 제공해주는 것이 큰 도움이 된다.

# 엄마랑 떨어지면
# 불안하고 배가 아픈 아이

지우는 초등학교에 입학하면서 배가 아프다며 학교를 자꾸 빠지게 된 여자아이다. 언니에 비해서는 언어 발달이 느렸으나, 영유아 검진에서는 항상 정상 범주였다. 어려서부터 분리불안과 낯가림이 심해 엄마와 붙어 있으려 했고, 엄마가 잠시라도 외출하면 계속 전화해서 위치를 확인하며 엄마가 걱정된다고 했다. 부모가 맞벌이를 해서 12개월에 어린이집에 보냈는데, 적응하는 데 오래 걸렸고 선생님이 바뀔 때마다 울었다.

학교에 들어가면서부터는 배가 아프다는 말을 했다. 엄마랑 떨어지면 숨을 못 쉬고 배가 아프다고 했고, 친구 집에 놀러 가거나 외식할 때, 병원에 갈 때처럼 조금만 긴장하면 항상 배가 아프다고 했다. 특히 매일 아침 학교 가기 직전에 배가 아팠고, 1학년 4월이 되면서 복통이 악화돼 지각이나 결석을 자주 했다. 수업 도중 집에 돌아온 적도 있다. 여러 차례 응급실과 소아과에서 검사를 시행했지만 이상은 없었다. 집에서도 엄마와 전혀 떨어지지 않으려 하고, 잠도 잘 못 자고 엄마가 있는지 없는지 확인하면서 따라다녔다. 집에서는 말도 잘하고 활발한 편이지만 학교에서는 매우 조용해, 지우가 하고 싶은 말을 친구가 대신 해주기도 했다. 자기 생각이나 감정을 잘 표현하지 못해 친구들에게 다가가는 것을 어려워했고, 이 때문에 가끔 오해가 생기기도 했다.

### 분리불안 vs 분리불안장애

분리불안은 어린아이에게서 흔히 관찰된다. 예민한 기질을 타고났거나 수줍음이 많고 긴장을 하는 아이들은 처음 유치원이나 학교에 갈 때 불안해하면서 엄마와 떨어지지 않으려는 행동을 일시적으로 보일 수 있다. 하지만 학교에 가지 않으려 하거나 지우처럼 수업 중간에 집으로 돌아오거나 여기저기 아프다고 한다면 주의 깊은 관찰이 필요하다. 집이나 양육자로부터 떨어지는 것을 심하게 불안해하면서, 다시 보지 못할 것 같은 두려움을 갖는다면 분리불안장애separation anxiety disorder로 진단하게 된다. 12세 미만의 아이에게서 가장 흔하며, 전체 아동의 4.1퍼센트에서 나타난다.[2] 학교에 가기 시작하는 7~8세경에 가장 흔하다.

분리불안장애를 앓는 아이들은 자신 혹은 부모(애착 대상)에게 불행한 일이 생겨서 다시는 보지 못하거나 큰 부상을 당할 것 같은 불안이 많다. 따라서 부모가 늘 옆에 있어야 하고 잠시라도 없으면 확인하려고 한다. 집을 떠나 혼자서 자야 되는 수학여행이나 캠프 같은 것을 싫어하며, 마지못해 가더라도 자주 전화해서 부모의 존재를 확인하고 위로받으려 한다. 특히 나이가 들어서도 부모나 동생과 함께 자려 하거나, 애착 대상의 신체를 만지면서 자려 하기도 한다. 부모와 떨어지는 꿈을 자주 꾸기도 하고, 등교를 거부하는 문제로 병원을 찾아오기도 한다. 하지만 일단 학교에 가면 학업을 잘 따라가고 대부분 또래관계도 원만하다.

아이들은 신체적인 증상(두통, 복통)을 곧잘 호소하지만, 소아청소년과나 내과에 가도 특별한 병명을 찾지 못한다. 신체적 증상으로 부모의 관심을 유발해 떨어지지 않으려 하고, 형제간에 엄마의 사랑을 두고 심한 경쟁을 보인다. 애착 대상과 분리되면 멍하니 슬픈 표정을 짓고 할 일에 집중을 못 한다. 강제로 분리될 경우 심한 저항, 때로는 공격적인 행동까지 보인다.

**분리불안장애는 왜 생기나요?**

아이의 기질, 부모의 양육 태도, 부모 자신의 불안, 가족 내의 사건 등 다양한 요소가 관여한다.

**아이의 타고난 기질과 의존적인 성격** 새로운 것이나 낯선 상황에 대한 저항, 회피를 보이는 행동 억제의 기질적 특성을 보이는 아이에게서 발생 위험이 증가한다.

**부모의 양육 태도** 어머니와 아이 사이의 애착이 불안정하면 발생 위험이 증가한다. 또한 부모의 양육 태도도 영향을 끼치는데, 자율적으로 할 수 있는 행동에도 과잉보호하거나 간섭하는 태도를 보이면 발생 위험이 높아진다.

**부모가 갖고 있는 불안장애의 영향** 공황장애나 우울증이 있는 부모의 자녀에게서 분리불안장애가 더 많이 나타난다는 연구도 있다.[3]

**부모 스스로의 불안** 부모가 아이와 떨어지는 것에 대한 분리불안이 있다면 아이도 부모와의 분리를 어려워하곤 한다.

**가까운 친척이나 반려동물의 죽음, 부모의 질병과 치료, 동생 출산, 이사 또는 입학과 전학** 심리적 영향을 미치는 이와 같은 요인으로 분리불안장애가 생기거나 심해지기도 한다.

지우는 기질도 예민하고 의존적이지만, 엄마가 있는지 계속 확인하고 관심받고 싶어하는데 정작 엄마는 친정 식구들을 챙기느라 지우를 혼자 두곤 했다. 맏딸이어서 늘 어머니, 친정 형제들, 조카들 일을 도와주러 다니고, 최근에는 지우 외할아버지가 길에서 미끄러져 다치시는 바람에 병원에 모시고 다니느라 지우한테 신경 쓰지 못했다. 엄마는 다정하고 곰살맞은 성격이 아니어서 아이를 안거나 스킨십을 하는 편이 아니었는데, 요즘 들어 지우가 엄마 손을 직접 끌어다 본인 머리를 쓰다듬자 미안한 마음이 든다고 하셨다.

아빠는 욱하는 성격이어서 지우와 언니에게 종종 화내며 소리

질렀고, 언니 머리를 때리기도 했다. 언니가 때리지 말라고 하면 더 화를 내셨다. 기분이 좋을 때는 너무 좋고 장난도 잘 치다가 기분이 나빠지면 같은 행동에 대해서 욱하며 훈계했다. 감정 기복이 심해서 주말에 같이 있으면 아이들이 불안해했다.

지우는 감정을 억제하고 회피하는 성향인 데다 언어로 느낌이나 감정, 상황을 표현하는 능력도 서툴렀으며, 자기가 원하는 것을 다른 사람에게 효과적으로 표현하고 요구하기 어려워했다. 그러면서 사랑받거나 관심받고 싶은 욕구가 채워지지 않자 신체 증상으로 나타나는 듯했다.

지우는 인생에서 중요한 사람들과 떨어지거나 그들을 잃어버리는 것에 대한 불안이 높고, 이런 생각에 한번 사로잡히면 벗어나기 어려워했다. 심리검사를 할 때도 '아이를 잃어버려서 울고 있는 엄마'와 '어려서 아빠를 잃어버린 아이'에 대한 이야기를 만들었다. 지우와 같은 아이들은 자라면서 단짝이나 남자친구와 같이 가까운 사람들에게도 분리에 대한 두려움을 느낄 수 있다. 또 학교에서 단짝이 생기면 편안하게 생활하지만, 친구와 사이가 틀어지면 우울해 학교생활을 어려워할 수 있다.

### 어떻게 도와주나요?

이 아이들은 등교, 심부름 보내기, 잠자리 분리 등을 목표로 해가족 모두가 인지행동치료의 원리에 기반한 방법을 사용하는 것이 좋다. 더불어 아이와 부모의 불안을 줄일 수 있는 방법을 찾아봐야 한다.

- **학교가 중요하며 꼭 가야 한다는 메시지를 일관되게 전달하기** 요즘 학교 적응이 어려우면 휴학하거나 자퇴하는 학생도 많지만, 대개는 중고등학생들 이야기다. 초등학교 1학년생에게 학교는 사회생활의 첫 단계. 긴장되거나 가기 싫을 때라도 누구나 감당해야 할 일상이 있다고 알려주자. 선생님과 긴밀히 상의하는 것이 좋고, 아이 앞에서 학교나 선생님에 대해 나쁘게 말하는 것은 도움이 되지 않는다.

- **순차적으로 분리하는 연습하기** 등교를 거부한다면 다음의 예처럼 엄마와 떨어지는 것을 차례로 연습하면서 서서히 혼자 학교에 갈 수 있게 적응시킨다. 단계마다 아이가 성공적으로 해냈다면 칭찬과 인정을 해 다음 단계에 도전할 용기를 내도록 돕는다.

  첫째 주: 엄마가 교실 자리까지 함께 가기
  둘째 주: 교실 문까지 함께 가기
  셋째 주: 복도 입구까지 함께 가기
  넷째 주: 건물 입구까지 함께 가기

- **엄마를 떠올릴 수 있는 물건 활용하기** 엄마의 사진이나 인형처럼 엄

마와 연결되는 느낌이 드는 물건을 지니도록 한다. 아이가 엄마 목소리를 들어야 안심한다면 휴대전화를 준 다음 불안할 때마다 전화하라고 할 수도 있다. 이때도 전화 횟수는 조절한다. 또한 통화가 안 되면 증상이 악화될 수 있어 그럴 땐 어떻게 불안을 달랠지 미리 정해둔다.

• **엄마의 행방을 알려주기** 엄마의 행방을 늘 알려주면 과민한 경계심을 낮출 수 있다. "엄마 잠깐 음식물 쓰레기 버리고 올게"와 같이 말이다. 엄마를 따라가겠다고 고집 부릴 수도 있지만, 자리를 뜰 때마다 엄마가 자신에게 알려준다는 것을 깨치면 엄마를 계속 지켜보지 않아도 된다. 이것은 분리불안을 처음 겪는 아주 어린아이에게도 마찬가지다.

• **엄마의 불안을 다스리기** 아이와 떨어질 때 엄마가 불안을 심하게 느끼는 경우가 있다. 이때 엄마는 자신의 불안을 견디고 아이의 마음을 읽어주어야 한다. 엄마가 불안을 지혜롭게 이겨내는 모습을 보며, 아이는 이를 모델 삼아 자기 불안을 좀더 효과적으로 다스릴 수 있게 된다. 또한 엄마가 자기 마음을 충분히 이해하고 있다는 사실에 안심하게 된다.

• **놀이치료 및 지지적 면담치료, 가족치료** 증상이 심하거나 지속된다면 놀이치료도 도움이 되며, 아이를 안심시켜주고 불안한 마

음을 읽어주는 지지적 면담치료도 호전에 도움이 된다. 부모와 아이의 분리가 어렵다면 가족치료가 필요할 수도 있다.

- **약물치료** 증상이 매우 심하다면 선택적 세로토닌 재흡수 억제제와 같은 약물치료가 필요할 수도 있다.

분리불안장애는 예민한 기질을 타고한 아이들에게서 잘 생기며, 유치원이나 학교에 처음 가는 아이들에게서 상대적으로 흔하다. 또한 주변의 관심과 치료로 자신의 불안을 다루는 능력이 성장하면 잘 낫기도 한다. 아이가 유치원과 학교에 잘 적응할 수 있도록 주변에서 도와주는 것이 중요하다.

# 무조건
# 미안하다고 하는 아이

주연이는 초등학교 4학년생 여자아이다. 친구들과 잘 지내고 싶은데 여자아이들 그룹에 끼는 것이 힘들다고 했다. 초등학교 1학년 때 본 받아쓰기 시험에서 하나 틀렸다고 교실에서 큰 소리로 울었는데, 그때 친구들 사이에서 잘난 척하는 아이로 찍힌 듯했다. 부모가 모두 서울대를 졸업했고 사촌들도 공부를 잘하는 집안에서 자라다보니 항상 완벽해야 한다는 부담감을 느꼈다. 게다가 주연이 엄마는 조금만 실수해도 야단치는 분이어서 엄마에게 혼날게 무섭기도 해 울었는데, 이렇게 오랫동안 친구들 사이에서 이미지가 굳어질 줄은 몰랐다. 어떻게 하면 친하게 지낼 수 있는지 모르겠다면서, 친구들이 자기한테 조금만 뭐라고 해도 "미안해, 미안해"라고 했다. 가끔 같은 반 친구가 "주연아" 하고 이름만 불러도

"미안해, 미안해"라고 말했다. 아이들은 주연이가 별것 아닌 일에 사과하는 것을 더 부담스러워해 가까워지기를 꺼리는 듯했다.

주연이는 태어나면서부터 잠을 잘 안 잤다. 아무리 안고 달래도 울어 부모가 차를 태워 30분씩 드라이브를 해야 겨우 잠이 들었다. 유치원에 처음 갈 때 엄마와 떨어지지 않겠다며 유치원 입구에서 30분씩 큰 소리로 운 것이 석 달 동안 지속됐다. 막상 유치원에 들어오니 잘 적응했지만, 선생님들은 주연이처럼 분리불안이 심한 아이는 처음 봤다고 했다.

자유 시간에도 늘 혼자서 바른 자세로 앉아 책을 읽었고, 친구들과 떠들면서 뛰어노는 법이 없었다. 참관수업 때 주연이가 혼자서 책만 읽는 모습에 속상했던 엄마는 친구들을 집으로 초대했고, 그러자 또래와 조금씩 어울리기 시작했다.

언어 발달도 빨랐고, 유치원 때부터 책 읽는 것을 좋아했다. 초등학교 입학 후에는 거의 모든 시험에서 만점을 받아, 하나라도 실수하면 크게 속상해했다. 이 때문에 잘난 척하는 아이로 소문 나기도 했다. 국어, 영어, 수학 등 학원을 많이 다녔는데, 숙제를 항상 다 해가고 시험도 잘 봤다. 특히 수학 학원 선생님들께 예리한 질문을 많이 해 똑똑하다는 평을 얻었다.

공부 욕심이 많고 성취와 인정에 대한 욕구가 높아 수행 및 예기 불안이 높았다. 이런 불안감은 대체로 통제 가능하지만, 미래에 대한 예기 불안이나 실패에 대한 두려움이 커지면 일시적으로 어쩔 줄 몰라 했다. 시험에서 실수했을 때 울음을 터트린 것도 불안과 두려움을 조절하지 못해서 생긴 일인 듯했다. 거기에는 실패할 경우 부모님에게 실망을 안겨줄지 모른다는 걱정과 자신의 목표가 좌절되지 않길 원하는 마음 모두 감춰져 있는 듯했다.

인정 욕구와 달리 사회적 상황에서 눈치 있게 파악하고 대처하는 능력은 부족했고, 다른 사람들의 말이나 행동을 통해 그들의 생각과 감정을 빨리 알아차리는 능력, 상대방의 감정에 공감하는 능력 역시 부족해 의도찮게 오해받을 소지가 많아 보였다. 자칫 자기중심적으로 비칠 수 있기 때문이다.

자기감정이나 기분에 대해서 알아차리고 표현하는 능력이 미숙하며, 주변 환경에서 느끼는 불안과 공포, 미래에 대한 막연한 불안감이 크며, 또래관계에서 평가에 대한 민감함과 거절당하는 느낌 등을 말로 표현 못 하며 마음속에 쌓아둬 늘 긴장한 채 지냈다. 특히 자신이 평가받는다는 생각과 친구들이 자기를 싫어할지도 모른다는 예기 불안 때문에 긴장이 높아지면 못 견디고 "미안해"라고 말해버리는 것이었다. 이런 모습이 친구들 눈에는 미숙해 보였다.

불안이 올라올 때는 엄마에게 "새 학기에는 친구들이랑 잘 지낼 수 있겠죠?"라는 확인을 몇 번이나 했다. 엄마는 "응, 새로운 친구가 많으니까 잘 지낼 수 있을 거야"라고 하다가 지치면 "똑같은 대답을 몇 번이나 해야 하니? 그만 물어"라며 짜증을 내기도 했다. 그러면 주연이는 위축돼 "엄마 미안해, 미안해" 하며 안절부절못했다. 스마트폰이 생긴 다음에는 불안할 때마다 엄마에게 카카오톡을 보내는데, 한 번에 50개, 100개씩 보내서 엄마는 직장에서 알람을 꺼두었다.

주연이는 엄마를 좋아하면서도, 기대치가 높고 자신의 불안을 덜어주지 않는 점 때문에 엄마에게 양가감정을 품고 있었다. 아빠는 바빠서 일주일에 한두 번 볼까 말까 했다. 주연이는 부모 모두에게 정서적 거리감을 느끼며 가정 안에서 안정과 만족감을 경험하지 못하는 듯했다. 그래서 자신에게 다가와 잘해주는 사람에게는 친밀감을 느끼고 전적으로 의지하려는 반면, 먼저 다가가기는 어려워하는 듯했다.

### 놀이치료

주연이와 같은 아이는 자신이 경험하는 감정, 내적 불안감과 긴장감, 좌절감을 언어화해줄 뿐 아니라 이를 좀더 효율적으로 해소하는 방법을 찾아주어야 한다. 수행과 성취에 대한 긴장감, 특히 주변 사람들의 평가와 자신의 높은 기대치 및 인정 욕구를 받아들일 수 있는 수준으로 적절히 통합하게 돕는 것이 가장 중요해 보였다. 아이의 불안과 갈등을 안전하게 풀어내고, 언어로 표현하는 법을 배우는 데는 놀이치료나 정신치료가 도움이 된다.

주연이는 놀이치료를 시작한 다음에도 자기감정이나 생각을 말로 잘 표현 못 했고 특히 친구관계와 관련된 스트레스를 설명할 때, 직접적으로 하기보다는 "○○이는 친해지고 싶어서 그런 건데 애들이 놀렸대요"와 같이 다른 사람의 소식이나 감정에 빗대어 말하곤 했다. 그래도 놀이치료에서 불안을 조금씩이라도 표현해 현실에서 엄마에게 확인하는 것이나 또래관계에서 긴장하는 것이 조금씩 줄어가는 듯했다.

## 사회기술 훈련

주연이처럼 또래관계에서 불안과 긴장이 높은 아이들은 사회적 상황에서 대처법을 잘 생각해내지 못한다. 초등학교 저학년 때 또래관계에서 어려움을 겪었다면 이후에 사회성을 키워가는 게 힘들 수 있다. 이럴 때는 사회기술 훈련과 같은 프로그램의 도움을 받아보자. 치료자와 함께 학교에서 있었던 일을 이야기하면서 그때 마음이 어땠는지, 다른 친구들의 마음은 어땠을 것 같은지, 그 상황에서 다르게 행동할 방법으로는 어떤 것이 있는지 얘기하는 등 일대일 치료도 가능하고, 그룹 프로그램에서 자기감정과 생각을 말로 표현하고 갈등을 해결하는 방법을 배울 수도 있다.

사회기술 훈련 치료 시간에도 아이는 친구가 '주연아' 하고 부르기만 해도 곧바로 '미안해, 미안해'라고 했다. 친구들이 자기를 안 좋아할 것 같다는 생각, 자신이 뭔가 잘못한 것 같다는 생각이 늘 배어 있는 듯했다. 친구가 이름을 부르면 '응'이나 '왜'라고 대답하는 거야 하고 알려주니, 주연이는 "그렇게 대답하면 된다는 걸 처음 알았어요"라고 말했다. 아이가 불안을 스스로 견디고 조절하며 또 말로 풀어낼 힘을 키워주고, 또래관계에서 자신감을 회복하도록 돕고, 상황에 적절하게 대처하는 법을 알려주는 과정은 그 후로도 한참 동안 이어졌다. 주연이는 똑똑한 데다 친구들과 어떻게 하면 잘 지낼 수 있을지 고민을 많이 한 아이여서인지 사회기술 훈련 시간에 배운 것들을 금방 이해하며 실제 관계에 적용했고, 그러면서 교우관계가 조금씩 나아졌다. 또 점점 자신감이 생기고 미안하다는 말도 점점 덜 하게 되었다.

『어느 날 유리멘탈 개복치로 판정받았다』라는 책에서 태지원 작가는 미안하다는 말 속에는 "누구의 기분도 언짢게 만들지 않아야 한다는 무언의 규칙"이 숨어 있다고 했다.[4] 상대방의 기분이 나빠지면, 그 사람이 나에게 상처를 줄 수도 있기 때문에 그런 상황을 피하려는 것이다. 그러나 내가 나 자신을 소중히 여기지 않으면 다른 사람도 나를 소중히 대해주지 않는다. 미안하다는 말을 줄이고 자기 자신을 귀하게 여기는 것이 가장 중요하다.

# 공감을 잘하는 아이 vs 사회성이 떨어지는 아이

아이들이 보이는 예민함의 모습이 다 다른 것처럼, 이들은 또래 관계에서 경험하는 것도 다 다르다. 예민한 아이는 친구들의 감정을 섬세하게 알아차려서 이해하기 때문에 공감 능력이 뛰어나다는 평가를 받기도 하지만, 친구의 사소한 반응에도 자기를 무시했다며 과잉 반응을 해서 어려움을 겪기도 한다. 또 아이가 이렇게 자신의 기질을 사회적 관계 속에서 능력으로 발휘하는지, 혹은 약점으로 작용하게 하는지는 성장하면서 가정과 학교에서 경험하는 것들로부터 영향을 받는다.

지형이와 도준이는 초등학교 3학년생 남자아이다. 둘 다 어려서부터 기질적으로 과민하고 불안 수준이 높아 낯선 환경과 대상을 접할 때는 쉽게 위축되며, 일상생활의 사소한 자극이나 변화에도 짜증을 내고 적응하는 데 시간이 오래 걸렸다.

지형이는 새로운 환경에 처음 노출될 때 불안이 굉장히 높아지고 안절부절못하는 아이였다. 초등학교에 입학할 때도 새로운 친구들을 만나는 것에 대한 불안과 긴장이 매우 높았다. 지형이 부모님은 어려서부터 낯선 과제를 앞두고 있을 때는 미리 반복해서 설명하고 안심시키는 등 아이의 성향에 맞춰 양육하려고 노력해왔다. 이러한 점이 아이의 긴장을 완화하는 데 도움이 되었다. 가족 안에서 정서적 유대감, 친밀감을 북돋워주고, 부모가 아이를 충분히 돌봐주리라는 믿음을 심어주면서 지형이가 심리적으로 안정되고 새롭게 맺는 또래관계에서도 편안하게 도전할 수 있도록 했다. 그러자 지형이가 가지고 있는 섬세함과 예민함은 다른 사람의 감정과 입장을 이해하고 공감하는 능력으로 발휘돼 또래들과 잘 지내도록 하는 자원이 되었다. 지형이는 '내가 제일 좋아하는 사람은 바로 나다. 왜냐하면 나는 멋지기 때문이다' '아침에 학교 갈 때 기분이 좋다'고 말했는데, 아이가 가진 건강한 자존감이 또래관계에서도 안정감을 주는 듯했다.

지형이 엄마도 삶에 대한 전반적인 만족감과 스스로에 대한 자신감이 있는 분이었다. 직장생활을 하면서 자신의 가능성과 잠재력을 발휘하는 일을 중시했지만, 가족에 대한 애정도 컸고, 자녀를 올바르게 양육하고자 최선을 다했다. 지형이가 예민함 때문에 일상에서 겪을 곤란이 있지 않을까 하는 막연한 불안감을 갖고 있으면서도, 아이의 성향에 맞게 양육하려고 노력하는 분이었다. 엄마의 정서적 안정감과 자녀를 이해하려는 노력이 아이가 예민함과 불안을 조절하고 안정적인 또래관계를 이어가는 데 바탕이 되어 주었다.

도준이는 학교나 학원에서 긴장을 많이 했다. 엄한 선생님이 친구들을 혼내면 마치 자신이 혼나는 것처럼 덩달아 긴장했다. 또래관계를 시작하기 어렵고 놀이에도 적극적으로 참여하지 못해서 친구들이 노는 것을 한발 떨어져 지켜보곤 했다. 관계에도 예민해서 영어학원 친구가 "까만 옷 입고 왔네"라고 한 것을 촌스럽다는 뜻으로 받아들여 화를 내는 등 친구들이 자기에게 조금만 뭐라고 해도 놀린다고 생각했다. 불안과 긴장이 쉽게 일어나다보니 새로운 친구, 낯선 환경에 스며드는 데 오랜 시간이 걸리고, 익숙한 사람들과의 관계에서도 사소한 말과 행동, 표정 변화를 민감하게 받아들이며 쉽게 위협감을 느끼거나 상처를 받았다. 또 불편한 감정을 참고 견디는 것이 미숙해서 그냥 넘어갈 만한 일에도 갑작스레 화내거나 토라지다보니 관계를 맺는 데 어려움이 있었다. 친구들이랑 키즈카페를 가도 혼자 토라져서 나오고 와락 화를 내며 물건을 집어던지기도 했다. 학교에서 늘 경계태세를 취하고 사소한 자극에 쉽게 불안해했다. 도준이에게는 세상이 위협으로 가득한 곳 같았다.

도준이 엄마는 걱정과 근심이 많고 에너지는 별로 없는 분이었다. 도준이가 아이들과 소소한 문제를 끊임없이 만들어내는 데다 선생님이나 도준이 친구 엄마들에게서 연락이 오니 잘 견디지 못

했다. 도준이가 느끼는 불안과 공포에 공감하기보다는 아이의 문제 행동에 더 집중해서, "별말도 아닌데 왜 화를 내니?" "다른 사람한테 물건 던지는 일은 무조건 잘못된 거야" 하고 아이의 행동을 교정하려 했다. 한번은 도준이가 학교에서 친구들에게 또 화를 내니까 "한 번만 더 학교에서 소리 지르고 물건 던지면 해병대 캠프에 보내버릴 거야"라고 했는데, 그 후 도준이는 엄마와 떨어져서 무서운 캠프에 갈지도 모른다는 공포감에 휩싸여 등교를 거부하기 시작했다. 진료실에서 도준이에게 물어보니 학교 가는 길에 무서운 아저씨들이 와서 갑자기 자신을 해병대 캠프로 데려갈 것 같았고, 거기에 가면 자신을 물에 빠뜨릴 거라고 생각했다고 대답했다.

### 부모의 역할

예민한 아이들은 사소한 자극에도 쉽게 불안정해지고 때로는 자기감정에 짓눌려 상황을 객관적으로 판단하기 어려워지며, 자신에게 불안정감을 유발하는 상황을 회피하거나 짜증과 화를 낼 수 있다. 그런데 주변 사람들은 아이 마음속의 압도되는 감정을 이해하지 못하고 겉으로 드러난 짜증, 화, 회피 행동에 반응해서 지적하거나 혼낼 수 있다. 예민한 아이들은 다른 사람들의 어조나 표정 등에서 드러나는 미묘한 감정, 사소한 말과 행동을 위협적으로 인식해 쉽게 위축되거나 자극된다. 이때 부정적인 피드백을 받으면 행동 문제가 심해지는 악순환이 일어날 수도 있다.

따라서 부모나 주변 사람들이 아이의 상태를 빨리 알아차리고 불안감을 완화하도록 도와야 한다. 아이들은 아직 어려서 자기감정을 적절히 조절하거나 다독이지 못한다. 부모가 먼저 아이의 감정을 읽고 공감하면서 아이가 감정을 말로 표현하는 방법을 배우도록 돕는 것이 중요하다. 또한 부모가 화난 상태에서 훈육하면 아이는 훈육을 받았다기보다 부모가 자신에게 화를 냈다고 느끼므로 부모의 자기감정 조절이 먼저 이뤄져야 한다. 또 예민한 아이일수록 주변 사람의 시선과 평가에 영향을 많이 받으므로 바람직한 행동에 대한 칭찬을 함께 해주어야 한다. 똑같이 예민하다 해도 지형이처럼 예민함을 조절하는 아이로 자랄 수도 있고, 도준이처럼 예민함에 휘둘리는 아이로 자랄 수도 있다. 여기에는 부모의 역할이 매우 중요하다.

## 사회기술 훈련

아이가 자기감정을 이해하고 표현하며 조절하는 것을 어려워하면 정서적인 측면에 대한 치료와 함께 사회성에 직접 개입하는 치료를 받는 것도 도움이 된다.

도준이는 겨울방학 동안 주 1회, 총 8회기에 걸쳐서 같은 나이의 남자아이 다섯 명과 함께 사회기술 훈련 치료를 받았다. 첫날에는 이름표에 이름을 쓰거나 꾸미는 것을 포함해 치료 시간에 하는 활동을 모두 완벽하게 하려 하면서 다음 과제로 넘어가지 못해 그룹활동에 방해가 되었고, 자기가 좋아하는 색 이름표를 다른 친구가 먼저 가져가려 하자 아무 말도 하지 못했다. 2회기 때도 감정빙고게임을 하는데 자신은 화나는 감정을 좋아하지 않기 때문에 안 적겠다고 했고, 감정 하나하나를 매우 고민하면서 적는 데다 모든 글씨를 칸에 맞춰서 똑바로 쓰려는 것 때문에 그룹활동에 방해가 되기도 했다. 사회기술 훈련 프로그램을 진행하면서 자기감정이나 생각을 말로 표현하기, 자기 의견을 주장하기, 그룹활동에서의 결과를 받아들이기, 확인하거나 완벽하게 하고 싶을 때 참고 넘어가기 등을 배웠다. 치료하면서 속상함, 기쁨, 서운함 등 자기 마음속 감정을 이해하고 표현하는 능력이 자랐고, 친구들의 입장이나 의도를 이해하는 능력도 자라났다. 치료 시간뿐만 아니라 학교나 학원에서 친구들과의 관계도 조금씩 편해지는 듯했다.

지형이와 도준이의 사례에서 알 수 있듯이 예민함이 사회적 관계에서 장점이 되게 하는 데는 아이 자신과 가족, 주변 사람들의 노력과 더불어 사회적 상황에 대한 이해 및 적응 능력을 키우기 위한 치료가 도움이 될 수 있다.

# 학교에 가면
# 말을 안 하는 아이

유빈이는 초등학교 2학년생 여자아이다. 집에서는 말을 잘하는 반면 학교에서는 거의 말이 없다. 돌아가면서 모두가 발표해야 할 때 선생님이 여러 번 격려하면 모기 소리만 하게 짧게 대답한다. 참관수업 때도 유빈이만 발표를 하지 않았다. 이유를 물어보니 "엄마들이나 누가 나를 쳐다보는 게 싫다"고 했다. 긴장해서 친구에게 먼저 다가가거나 말을 걸지 못하고 친구도 거의 없다. 쉬는 시간이나 점심시간에도 혼자서 책을 읽는다. 담임 선생님이 반에서 가장 내성적인 아이라고 하셨다. 공부는 곧잘 하는데 새로운 학원에 가거나 뭔가를 처음 할 때는 늘 불안해한다.

36개월에 처음 어린이집에 갈 때도 엄마랑 떨어지기 어려워했고, 어린이집이나 유치원에서도 함께하는 활동에는 적극적으로 참여하지만 자유놀이 시간에는 조용히 독서를 했다. 친구들도 몇 번 말을 걸거나 같이 놀자고 했다가 점점 더 말을 걸지 않게 되었다. 엄마는 집 밖에 나가면 아이가 외롭지 않을까 늘 걱정되었다. 친구나 친구 엄마들이 반갑게 인사하는데 대답하지 않고 피할 때는 민망한 마음에 '우리 아이만 왜 이럴까' 하는 생각이 들기도 했다.

### 선택적 함구증이란?

유빈이처럼 언어나 인지, 사회성 발달에 문제가 없고 다른 상황에서는 말을 잘하면서, 특정한 사회적 상황에서는 말하지 않거나 대답하지 않는 경우 선택적 함구증일 가능성이 높다. 말하지 않는 증상이 1개월 이상 지속되고 학교생활이나 학업, 또래관계나 주변 사람들과의 의사소통을 방해한다면 선택적 함구증으로 진단할 수 있다.

이런 아이들은 가족 외에 자주 보는 친구 혹은 가까운 친척들 앞에서조차 말을 하지 않는 경우가 많다. 말은 안 하더라도 고갯짓으로 의사 표현을 하고, 질문에 글로 써서 답하는 방식으로 자기 의견을 표현하기도 하며, 말없이 하는 놀이는 친구들과 함께하기도 한다. 또 학교에서 책 읽기 시간과 발표 시간에 말하지 않거나, 유빈이처럼 조그만 목소리로 답하거나 제스처로만 의사를 표현하기 때문에 학교생활에서도 어려움을 겪곤 한다.

내가 서울아산병원에서 진료를 시작하던 2010년 무렵에는 선택적 함구증이 있는 아이가 1년에 1~2명 정도 찾아왔는데, 2023년에는 20명 정도를 진료했다. 이 증상에 대한 부모의 관심이 증가한 것도 있겠지만, 불안을 경험하는 아이들의 빈도가 점점 늘어나고 있는 것 같기도 하다.

## 왜 생기나요?

선택적 함구증은 아동청소년기에 발생하는 불안장애 가운데 가장 심한 형태로 여겨지며, 선택적 함구증이 생기기 전에 대체로 분리불안장애, 사회불안장애와 같은 다른 증상을 보였다. 대부분 예민한 기질을 타고난 아이들이어서 어려서부터 먹이기가 어렵고 잠도 달래서 재우며, 손톱을 뜯거나 화장실에 자주 가는 증상을 보이곤 한다. 유빈이처럼 위험회피 성향, 신경증, 부정적 정서성이 높거나 행동 억제를 많이 하는 기질을 지닌 경우도 흔하다.

유빈이는 클로닌저의 기질 성격 모델을 평가하는 JTCI 검사에서 위험회피성이 높고, 자극추구성은 낮은 것으로 나타났다. 즉, 작은 일에도 걱정이 많고 불확실한 상황에서는 적극적으로 나서는 것을 어려워하는 기질이었다. 낯선 사람에 대한 수줍음도 높은 편이라 익숙하지 않은 상황에서는 쉽게 긴장하고 사소한 일도 위협적으로 느끼는 듯하다. 초등학교 1학년 때는 다른 아이들도 발표를 잘 못 하거나 말수가 적어 크게 눈에 띄지 않았는데, 2학년이 되자 발표할 기회와 모둠활동이 많아지면서 사회적 상황에서 느끼는 불안감이 더 심해지고, 또래와의 사이에서 더 경직된 모습을 보였다.

선택적 함구증 아이들은 표현언어 발달에서는 대부분 정상이지만, 또래에 비해 사회적 맥락을 기민하게 파악하고 대처하는 능력은 부족하다.

부모가 과묵함, 차분함, 조용함 등 사회적인 상황에 맞게 행동하는 것을 중시한다든지 과잉보호를 하거나 통제적이라면 선택적 함구증에 영향을 미칠 수 있다. 유빈이는 낯설고 복잡한 상황에서는 불안이 높아져 쉽게 압도되며 상황을 전체적으로 이해하지 못하는 것 같았고, 그러면서 상황에 대해 거리를 두고 관여하지 않으려는 듯 보였다. 모호한 상황에서 유연하게 생각을 전환하며 다양한 대안을 고려하는 것을 못 했고, 얼어붙는 모습을 보였다. 유빈이 아빠는 신중하고 조심스러운 성격으로 잘 모르는 사람들과 어울리는 것을 불편해했다. 유빈이 엄마도 불안이 높고 에너지가 별로 없어서 쉽게 지치는 분이었다. 게다가 아이가 또래관계를 잘하지 못하는 것에 대한 엄마의 불안과 우려도 크다보니 아이의 불안을 더 강화하는 것 같았다. 그래서인지 친구를 사귀고 싶은 마음이 큰데도 다가가지 못했다.

헤이든은 선택적 함구증을 유발한 심리적 정신 역동과 행동 양상에 따라 네 가지 유형으로 분류했다.[5] 가장 흔한 유형인 ①공생적 함구증symbiotic mutism은 어머니와 강력한 공생적 관계를 유지하며 자신의 요구 조건을 관철하기 위해 어머니에게 매달리고, 수줍어하며 예민하게 행동하는 아이에게서 흔히 보인다. ②수동–

공격적 함구증passive-aggressive mutism은 침묵을 무기로 삼는 아이에게서 볼 수 있다. 아이의 적대감이 '말하는 것에 대한 반항적 거부'로 표현된다는 것이다. 종종 공격성을 띠며 부모가 반사회적인 경우가 많다. ③반응적 함구증reactive mutism은 우울증과 사회적 위축을 동반하고 가족 전체가 대인관계에서 소극적인 특징을 보인다. 학교 입학, 이민, 입원과 같은 환경의 변화나 심리적, 육체적 외상 후에 갑자기 발병한다. ④언어공포증적 함구증speech phobic mutism은 '남들이 내 말소리를 들으면 이상하다고 느끼지 않을까?' 하는 일종의 말하기 공포증으로 자기 목소리를 듣는 것을 두려워하거나 부담스러워한다. 지금은 헤이든의 분류법을 사용하지 않지만, 선택적 함구증 아이들이 가지고 있는 다양한 모습을 보여준다는 점에서 의의가 있다.

### 나이가 들면 좋아지나요?

대개는 나이가 들수록 증상이 줄고 말을 점점 더 많이 하게 된다. 하지만 함구증으로 인해 또래들과 잘 어울리지 못하며, 사회적 관계를 형성하고 유지하는 방법을 배우지 못하면서 사회성 발달에 어려움을 나타내거나, 또래에게 괴롭힘과 놀림을 당하기도 한다. 또한 수업 시간에는 발표 등에 참여하지 못하고, 교과 내용이나 과제를 잘 이해하지 못해도 질문하지 않으며, 교사, 급우들과 언어적 의사소통을 하지 않기 때문에 학업에 뒤처지기도 한다. 나이를 먹으면서 함구 증상이 사라지더라도 사회성, 학업 문제가 남

아서 일상생활에 지장을 주기도 하고, 사회불안장애를 포함한 다른 불안장애가 남는 사람이 많다.[6]

유치원이나 초등학교에 입학하면서 선생님이나 주변 친구들과 말을 하지 않는 아이 중 일부는 점차 적응하면서 자연스럽게 말을 하지만, 일단 6개월 이상 말을 하지 않는다면 학교 부적응과 학습 장애를 예방하기 위해 치료를 서두르라고 권한다. 10세경까지 호전되지 않는다면 더 나이가 들기 전에 사람들 앞에서 말할 수 있도록 하는 것이 중요하다. 이게 되면 다양한 상황에서 말을 하는 것이 빠르게 호전되기도 한다.

### 어떻게 도와줘야 하나요?

사회적 상황에서 조금씩 더 편안하게 말하도록 하는 인지행동 치료적인 노출이 도움이 된다. 아이가 말하지 않는 여러 상황 가운데 불안을 덜 자극하는 한두 가지에 대해 먼저 말하도록 해보고, 작은 소리나 짧은 단어라도 입 밖에 냈을 때 크게 칭찬해주는 모습을 보이는 것이다. 이후에 더 다양한 장소나 상황에서 말하는 행동에 칭찬과 보상을 제공함으로써 말하는 행동을 강화해간다. 또한 아동이 말하는 상황에 점진적, 체계적으로 새로운 사람이 참여하도록 함으로써 아이가 점점 더 많은 장면에서 여러 사람과 자연스럽게 이야기할 수 있도록 한다.

아이가 말하지 않는 것에 대한 주위 사람들의 걱정, 염려, 지적도 일종의 관심으로 작용해 말을 더 하지 않게 하는 요인이 될 수

모든 아이는 예민하다

있다. 또 발표나 과제에서 제외해주면 힘든 상황을 회피하고 싶을 때 말을 더 안 하게 될 수도 있다. '말 안 하는 아이'라는 주위 시선이 부담되어 말하기가 더 어려워질 수도 있는데, 가끔 학년 또는 학교가 바뀌어(초등학교 졸업 후 중학교 진학) 아이가 말하지 않는다는 사실을 모르는 새로운 선생님과 친구를 만났을 때 증상이 빠르게 호전되기도 한다. 따라서 부모와 교사는 아이가 말을 하지 않는 상황과 행동, 이로 인해 겪는 어려움을 주의 깊게 관찰하고 도움을 주되, 이 증상 때문에 주목을 받을 만한 직접적인 지적, 처벌, 비난 또는 강요를 삼가야 한다.

아이가 가지고 있는 예민한 기질, 마음속에 있는 불안, 부모나 양육자에게 지나치게 의존적이거나 반항하는 관계 등이 문제라면 놀이치료가 도움이 될 수 있다. 선택적 함구증을 가진 아이는 놀이치료를 시작하고 난 후에도 몇 달 동안이나 말하지 않는 경우가 종종 있고, 심하면 여러 주 동안 놀이치료실에서 같은 자세로 가만히 서 있는다. 그래서 놀이치료도 최소 1년 이상은 해야 하고 2~3년 이상 지속하기도 한다. 쉽게 마음의 문을 열지 않고 말도 하지 않는 아이를 오랫동안 놀이치료했던 경험을 담은 글이 2013년 한미수필문학상 대상을 받았는데,[7] 아이의 목소리를 기다리는 치료자의 마음이 부모의 마음과도 맞닿아 있어 진료실에서 권하곤 한다.

"아이를 만나는 모든 사람이 아이가 말하지 않는 것을 불안해하고 걱정할 때, 적어도 세상에 한 사람 정도는 그 불안을 이해하고 기다려줘야 이겨낼 수 있지 않을까?"라는 윤석민 선생님의 말을 부모님들께 전해드리고 싶다.

# 집에서만 불안이
# 올라오는 아이

기원이는 초등학교 2학년생 남자아이다. 밖에 있을 때는 부끄러움이 많고 위축되는데, 집에서는 정반대 모습을 보이면서 고집 부리고 화내는 것이 통제가 안 되어 병원에 왔다.

어려서부터 운동 및 언어 발달은 또래보다 빨랐지만, 예민하고 낯가림이 심했다. 만 3세 무렵부터 고집이 굉장히 세고, 화를 내면서 우는 일이 잦았다. 자고 일어나서 기분이 안 좋으면 울기 시작했는데, 엄마나 친할머니가 달래주려고 하면 발로 차기도 했다. 엄마가 원하는 걸 들어주면 요구 사항을 추가로 이야기하고, 안고 일어나달라거나 더 꽉 안아달라면서 울었다. 엄마가 성의 있게 대답하지 않는다고 울고 '엄마가 지금 여기 와서 나를 안지 않으면 동생을 때리겠다'는 식으로 울며, '동생을 갖다 버리겠다'고 말하기도 했다. 한번 울면 1시간 반에서 2시간가량 계속되는데 이런 일이 일주일에 두세 번은 있었다. 울다가 손발이 마비되기도 했다.

4세 때 유치원에 다니기 시작하면서 새로운 환경에 적응하기 어려워했다. 유치원에서 두 달 동안 말을 전혀 안 했고, 또래와도 잘 못 어울렸다. 그러다 좀 적응했는지 말수가 많아지고 친구들과 잘 어울렸다. 5세 때 다시 아파트 단지 내 어린이집으로 옮기면서 적응을 못 하고 말하지 않는 모습을 보였다. 이번에도 두 달쯤 지나니 말수가 많아지고, 아이들과도 잘 어울렸다. 그렇지만 어린이집 친구를 밖에서 마주치면 인사나 말을 잘 안 하려고 했다. 가게에서 점원이 말을 걸면 부끄러워서 대답을 못 하고, 팔을 다쳐서 깁스를 했을 때는 "숟가락질도 잘 못 하겠고, 사람들이 다 자기만 쳐다보는 것 같아 창피하다"며 식당을 못 가겠다고 했다.

초등학교 1학년 때는 기원이에게 먼저 다가오는 친구가 많았고, 그러면서 학교에 빠르게 적응했다. 다른 친구들 역시 자기처럼 부끄러움이 많다는 얘기를 듣고 마음이 편해졌다고 했다. 2학년 올라갈 때 이사와 함께 전학을 가면서 다시 학교에 적응을 못 했다. 하필 3월 초에 코로나까지 확진돼 2주쯤 학교를 못 나갔고, 3월 중순에 전학생으로서 처음 학교에 갔는데 다른 아이들은 이미 다 친한 것 같아서 불안했다. 본인이 먼저 말하진 않고, 다른 친구들이 말을 걸어오면 간신히 대답만 했다. 앞에 나가서 발표하는 것도 매우 힘들어해 기어들어갈 듯 작은 목소리로 했다. 학교에서 돌아오면 머리가 아프다고 하고, 체해서 구토도 여러 번 했다. 집에서는 엄마나 가족들의 사소한 말과 행동을 트집 잡아 두세 시간씩 소리를 지르면서 울었다.

기원이는 예민하고 감정적으로 쉽게 자극받는 기질을 타고났다. 주변 환경에 크게 영향받고 불안이나 불편함, 불쾌감이 올라오면 스스로 통제하기 어려워하는 듯했다. 이런 기질의 아이들은 자라면서 더 많은 사람을 만나고 더 많은 것을 경험하면서 자신의 예민함을 다루기 어려워하고 마음속에 해결되지 못한 부정적인 감정을 쌓아두는 경향이 있다. 그러다보면 아슬아슬한 기분, 극도로 초조하고 불안정하며 긴장하는 느낌, 사회적 불편감 속에서 살게 된다.

기원이도 이런 감정을 주변 어른들에게 터트려왔던 것 같다. 어릴 때 뜻대로 되지 않거나 감정이 조금이라도 상하면 마음이 풀릴 때까지 자기를 꼭 안아달라거나 가족들이 자신에게 맞춰야 한다며 고집 부렸던 것도 불편감에 대한 표현이었던 듯하다. 이런 아이들은 부정적인 감정을 터트릴 때 스스로 압도되어서 그게 어떤 느낌인지 정확히 인지하거나 조절하지 못하곤 한다. 따라서 감정을 보듬고 읽어주는 경험을 통해 이것이 조절하고 말로 풀어내야 하는 것임을 알려주는 동시에 화와 짜증을 내는 방식으로 행동해서는 안 된다는 점을 가르칠 필요가 있다.

그런데 기원이는 할아버지와 아빠가 자신에게 다 맞춰주고 엄마 역시 자신에게 쩔쩔매는, 과하게 허용적인 환경에서 자랐다. 아빠와 할아버지는 아이가 울음을 터트릴 법한 전조 증상을 미리 살피고 살얼음판을 걷듯 눈치를 보며 요구한 것을 다 들어줬다. 아이가 소리 지르면서 울면 "네가 더 많이 안아줘라"라며 엄마에게도 맞춰줄 것을 강요했다. 이런 양육 환경에서 기원이는 동생과 놀이할 때 동생이 맡을 역할과 대사까지 지정해주고 집 안에서 본인이 앉고 싶은 자리나 리모컨 사용을 독점했다. 익숙한 사람에게 자기 요구에 무조건 맞춰달라 하면서 예민하고 고집 센 측면이 강화된 것으로 보였다.

이 때문에 자신의 기대나 행동을 환경에 맞춰 조절하는 능력과 뜻대로 안 되는 일에 대해서 받아들이는 능력이 자랄 기회는 없었다. 그러면서 자기 요구를 충족시켜주는 사람들과 떨어지는 상황에서는 불안이 심해지는 듯했다. 예컨대 다른 사람들이 자신에게 맞추지 않고 거꾸로 본인이 맞춰야 하는 상황에서는 말이나 자기 표현을 거의 못 하는 등 수동적으로 대처하는 것 같았다. 무엇보다 스스로를 주변의 돌봄이 반드시 필요한 취약한 존재로 느끼면서, 조금만 자신 없거나 어려울 것 같으면 아예 시도하지 않은 채 주위에 수치스럽게 비칠 만한 모습을 드러내지 않으려고 철저하게 통제하려는 것 같기도 했다. 이때 느끼는 스트레스와 부정적 감정을 집에 와서 쏟아내는 것 같았다.

기원이에게서 보듯, 아이의 예민함을 전부 맞춰주는 것은 바람직한 방법이 아니다. 예민한 아이들은 살면서 보통 아이들보다 더 많은 좌절을 경험한다. 그러니 오히려 좌절을 견디는 힘을 키워주는 게 도움이 될 수 있다. 이런 힘은 소소한 좌절들에 부딪히면서 길러진다. 아침에 좋아하는 반찬이 없는 상황, 엄마가 이제 막 태어난 동생에게 젖을 먹여야 해서 자신을 안아줄 수 없는 상황, 유치원에 처음 가서 아직 나에게 호의적인 친구가 없는 상황, 이 모든 게 어떤 아이에게나 일어날 수 있는 일이다. 그런데 아이가 이런 좌절 상황에서 어떤 태도를 갖게 될지는 부모의 태도로부터 결정된다.

# 아이의 요구를 들어줄 수 없을 때
# 부모는 어떻게 할까

### 어쩔 수 없는 상황임을 분명히 말해준다

아이를 키우다보면 어쩔 수 없는 일이 너무 많다. 요구를 들어주기 어려울 때는 분명하게 말하는 것이 좋다. "엄마가 동생 젖을 먹여야 해서 안아줄 수가 없어"와 같이 말이다. 이때 엄마가 미안한 감정을 가질 필요는 없다. 예민한 아이는 엄마의 죄책감을 민감하게 알아채고 더 심하게 떼를 쓸 수도 있다.

### 좌절스러운 상황에 대한 부정적 감정을 읽어준다

아이가 느낄 좌절감, 속상함, 분노감을 엄마가 대신 말로 읽어준다. "기원이도 아직 어린데, 엄마가 동생 때문에 안아주지 못해서 너무 속상하겠다." "기원이도 불안한데, 엄마가 동생 젖 먹이느라 안아주지 못해서 동생이 미울 수도 있겠다." 아이가 불안이나 미움과 같은 감정을 갖는 것은 잘못이 아니다. 그런 감정을 행동으로 드러내 동생을 때리거나 엄마를 물거나 소리 지르는 것이 문제다. 감정은 말로 풀어서 표현해주면 항상 그 크기가 작아지고 다룰 만한 것이 된다. 아직 자기감정을 말로 표현 못 하는 아이에게 이렇게 해주면 자기감정을 이해하고 조절하는 힘을 갖게 된다.

### 행동을 제한한다

기원이 아빠나 할아버지처럼 아이가 문제 행동을 할 때 훈육하지 않으면 아이가 행동을 조절하는 법을 배우지 못한다. 유치원이나 학교에서처럼 행동이 제한되는 상황에 놓이면 크게 스트레스를 받고 학교에서 과격한 행동을 보이거나 혹은 집에 와서 분노를 폭발시킬 수도 있다. 하면 안 되는 행동을 반드시 가르쳐야 한다.

모든 아이는 예민하다

## 부모의 마음속 불안을 견딘다

기원이 아빠나 할아버지가 기원이에게 다 맞춰주는 마음에는 아이에 대한 불안이 숨어 있다. 아이가 좌절을 견디지 못하고 더 난리 치면 어떻게 하나 하는 불안이다. 이것은 아이에게 "너는 좌절을 스스로 견디고 조절할 힘이 없는 사람"이라는 느낌을 무의식중에 심어줄 수 있다. 예민한 아이는 좌절을 견디는 것이 다른 아이들보다 조금 더 어려울 뿐, 견딜 힘이 없지 않다. 아이를 믿고 옆에서 지켜보면 아이는 반드시 성장한다.

## 불안할 때
## 화내는 아이

진우는 초등학교 입학을 앞둔 만 6세 남자아이다. 엄마를 때리거나 폭언을 하고, 친구들과 놀이터에서 놀 때도 발차기를 하는 등 과격한 행동을 보여 병원에 왔다.

진우는 타고나길 몹시 까다로워 조리원에 있을 때부터 아이가 별안간 운다는 연락을 받아 엄마는 거의 쉬지 못했다. 엄마와 떨어지면 바로 울었고, 안아서 한 시간쯤 달래야 그쳤다. 안고 있으면 잠이 잘 들었지만, 아기 침대에 내려놓거나 작은 소리만 나도 깨서 울었다. 낮에도 조금만 불편해도 심하게 울었고, 잘 달래지지 않았다. 이상하다 싶을 만큼 목청이 크고, 뭔가 불편한 것 같지만 이유를 알 수 없었다. 너무 예민해서 환경이 바뀌면 더 우는 편이었고, 울다 지쳐서 잠들었다. 두 돌 지나서야 통잠을 자기 시작했

모든 아이는 예민하다

다. 가끔 외출하면 밖에서 더 심하게 울고, 사람들이 아기를 쳐다 봐서 곧 돌아와야 했다.

두 달간 모유 수유를 했는데 엄마가 젖이 많은 편이 아니었고, 아이도 젖을 물고만 있고 빨지는 않았다. 생후 2개월까지 엄마와 떨어져 있는 시간이 전혀 없었고, 울면 빨지 않더라도 젖을 물렸는데, 거의 15분 간격이었다. 잘 먹지 못해서 점점 체중이 줄어드는 듯해 2개월경 분유를 먹이기 시작했는데 먹는 양이 너무 적어 젖병과 젖꼭지도 바꿔봤지만 소용없었다. 30개월까지 엄마가 아이를 안고 달래느라 식탁에 앉아 밥을 먹어본 적이 없고 늘 서서 입에 털어 넣었다.

30개월 무렵 음낭수종 수술을 했다. 수술 후 아이가 안쓰러워서 부모는 아이가 해달라는 대로 해주고 훈육을 거의 하지 않았다. 원래 버릇이 없었는데 이후로 더 없어져서 부모를 때리거나 폭언을 하기 시작했다. 엄마에게 "야, 너, 집에서 나가, 죽을래?"라는 말을 하기도 했다. 원하는 것을 들어주지 않으면 종일 엄마 옆에 붙어서 "왜 안 되는 거야?"라며 짜증을 내다가 엄마가 무관심한 듯하면 "엄마 빨리 침대로 와서 꽁냥꽁냥 해! 빨리 안 와?"라면서 명령하듯 말해 엄마는 침대로 가서 아이를 안아줘야 했다.

4세 4개월경 처음으로 영어유치원에 다니기 시작했고, 폭력적인 모습은 더 심해졌다. 학습량이 많아 스트레스를 받았는지 유치원에 다녀오면 사소한 일에도 큰 소리로 화내고, "엄마 아빠한테 스트레스 푸는 거야"라고 말하기도 했다. 색종이 자르기가 잘 안 되면 "엄마, 왜 나만 안 되는 거야?" 하는 말을 분이 풀릴 때까지 하면서 발버둥 치고, 소리 지르고, 구르고, 방방 뛰었다. 유치원에서는 별문제가 없다고 들었으나, 유치원 버스에서 내리면서 태도가 바뀌어 아파트 단지 내에서 엄마를 보자마자 때리곤 했다. 친구 집에 놀러 가 친구 부모까지 있는 자리에서 아이는 엄마의 머리채를 잡아당기고 때리기까지 했다. 영어 유치원을 그만두고 숲 유치원에 다니기 시작하면서 학습에 대한 스트레스가 줄었고, 친구들과도 잘 지내며, 부모를 향한 폭언과 공격성도 좀 나아졌다.

진우 엄마 지영씨는 어려서 어머니에게 비난과 폭언을 들으면서 자랐다. 지영씨 어머니는 산후조리할 무렵부터 몸이 안 좋았는데, 평생 '내가 너 낳고 난 다음부터 아픈 거다'라고 말해서 지영씨는 늘 엄마에게 미안한 마음으로 살았다. 지영씨 아버지는 조금만 잘 못해도 때리는 사람이었고, 어머니는 잘하려고 노력하는 지영씨를 매일같이 비난했다. 엄마가 집에 오는 길에 어린 지영씨를 골목에 버리고 간 적도 있는데, 그때 혼자서 캄캄한 골목길을 걸어 집으로 돌아왔다. 학교에 들어가서는 예쁨받고 칭찬받기 위해 노력을 많이 했다. 지영씨는 '공부를 잘하지 않으면 또 버림받을 수 있다'는 두려움 때문에 공부에 매달렸고, 상도 많이 타오니까 집에서도 지영씨를 조금 예뻐해주는 듯했으며, 아버지도 지영씨를 덜 때렸다고 한다. 원하는 대학에 합격했을 때도 어머니는 지영씨를 칭찬해주지 않았고, 사귀는 사람을 데려올 때마다 못마땅해했다. 남자세 명을 어머니가 내리 반대해서 헤어진 다음에는 혼자 살겠다고 말하니 어머니가 그건 또 안 된다며 반대했다.

지영씨는 진우가 너무 까다로워 자기가 임신 중에 뭘 잘못했나 하는 생각을 많이 했다. 출산 후 1년 내내 산후풍처럼 온몸이 아프고 체력이 다 떨어진 것 같았는데, 아이가 잠자지 않고 맨날 우니까 안아줘야 하는 줄 알고 계속 안아줬다. 24개월 무렵 아이가 고열이 나면서 열경기를 두 번 했는데 놀란 나머지 지영씨에게 과호흡이 왔다.

진우가 음낭수종으로 수술을 받은 뒤 지영씨는 아이가 아픈 것이 전부 자기 잘못이라고 생각했다. 내가 죄를 많이 지어서 이렇게 됐고, 살면서 가장 큰 고통은 자식이 아픈 것이라던데 얼마나 잘못 살았으면 이렇게 큰 고통을 겪을까 싶었다. 자신의 학창 시절에 놀림받은 급우를 방관한 일을 비롯해 과거에 조금이라도 잘못한 일들이 다 떠올랐다고 했다. 그런 생각 때문에 진우를 단호하게 훈육하지 못하고, 아이가 폭언하거나 때릴 때도 참았다. 가끔 하지 말라고 제한해도 진우는 들은 척도 하지 않았다. 그러면 아프고 속상하며 자신이 너무 모자란 엄마같이 느껴졌다. 사람들 앞에서 지영씨를 때리려 하거나 "아이씨, 가버려" 같은 말을 하면 모멸감, 수치심이 느껴져 눈물이 났다.

진우 아빠가 보기에 진우 엄마는 여리고 착하며 헌신적인데 아이를 단호하게 가르치지 못하고 전전긍긍하는 모습이 안타까웠다. 버릇없는 아이를 고치려고 아빠가 나서봤지만 잘 안 되었다. 진우는 아빠가 무섭게 혼낼 때면 서러워하면서 큰 소리로 몇 시간씩 울기도 한다. 아빠도 아이 때문에 힘든 데다, 자신이 훈육을 잘 못 해서 생긴 일이 아닌가 하는 생각을 종종 했다.

진우는 긴장감, 불안감이 상당히 높고 정서적으로 불안정한 아이로 자기감정을 다른 사람들이 이해 못 할 방식으로 충동적이고 공격적인 행동으로 표출했다. 아이는 이 감정들이 치밀어 오를 때 조절하려고 부모의 도움을 원하는 것 같은데, 말로 표현하는 능력이 부족하다보니 쓰담쓰담해달라거나 과격한 행동으로 드러내는 듯했다.

이렇게 불안을 행동화하는 아이는 ①불안과 긴장, 분노감이 좀 줄어들 때까지 아이의 마음을 우선 보듬어주고 ②모호한 부정적인 감정들을 좀더 세분화된 말로 표현해주어서, 아이가 감정을 언어화하는 능력을 키우도록 해주고 ③다른 한편 감정을 행동으로 터트려서 다른 사람에게 폭언하거나 공격적인 행동을 해선 안 된다는 것을 가르쳐야 한다. 특히 엄마처럼 가까운 사람도 함부로 대해서는 안 된다고 타일러야 한다. 또 화를 내고 성질 부리는 것 외에 자기 마음을 표현할 다른 방법이 있다는 것을 알려준다.

그런데 진우 엄마는 본인이 부모로부터 비난과 정서적 학대를 당하다보니 자신감이 없고 모든 일을 자기 잘못이라고 생각하는 분이었다. 거기에 진우가 열경기와 수술을 하면서 아이가 아픈 게 자기 잘못이라 생각했고, 과잉보호하며 적절한 훈육을 하지 못했다. 자신의 복잡한 감정 때문에 부모로서의 단호함을 잊어버린 것이다. 또한 진우가 공격적인 행동을 보이면 제지하다가 어떤 때는 아이가 원하는 대로 허용하는 등 일관성 없는 모습을 보이면서 문제 행동을 강화하기도 했다. 아이는 이런 과정에서 관계의 주도권을 잡고 오히려 부모에게 함부로 하거나 지시를 내렸다. 그런데 부모와의 이런 관계는 아이에게도 불안과 불편감을 준다. 또한 엄마가 아이와의 관계에서 느끼는 위협감, 무력감, 모멸감, 미안함 등의 복잡한 감정과 어떻게 대처해야 할지 모르는 혼란감은 무의식중에 아이에게 전달되어서 자신이 나쁜 아이라고 느끼게 만든다.

아이들은 ①해도 되는 행동과 해서는 안 되는 행동의 경계가 분명하고 ②어떤 행동을 했을 때 칭찬받거나 혼나는지 명확하게 알 수 있으며 ③부모와 자신 사이의 경계가 뚜렷할 때 편안함을 느낀다. 예민하고 자신의 불안을 조절하기 어려워하거나 행동으로 표현하는 아이일수록 더 그렇다. 진우 역시 부모와의 관계에서 안정감을 얻고 있지 못하며 갈등하는 감정이 큰 것으로 보였다.

진우 같은 아이에게 명확한 한계 설정을 하고 부모로서의 지도력을 회복하려면 먼저 진우 엄마의 마음이 단단해지는 것이 중요하다. 그래야만 진우가 느끼는 폭발적인 감정들을 보듬어주고 안전하고 안정적인 환경을 만들어줄 수 있기 때문이다. 진우 엄마처럼 원가족과의 관계에서 있었던 부정적 경험 때문에 단호한 한계 설정이 어렵다면, 엄마가 정신치료나 상담을 받고 과거의 경험을 극복할 힘을 키우는 것도 좋다. 진우도 놀이치료를 통해서 감정을 조절하거나 받아들여질 수 있는 방법으로 표현하는 것을 배우면 도움이 될 것이다.

# 새를
# 무서워하는 아이

　지은이는 4세 2개월 여자아이다. 분홍 머리핀에 분홍 치마를 입고 빨간 구두를 신은 채 병원에 왔다. 언제인지 정확히 기억나지 않지만 아주 어릴 때부터 무서워하는 것들이 있었다. 새와 관련된 사진이나 그림, 뾰족한 이빨을 가진 바다 생물이나 물고기, 입속이 다 보이고 입안이 까맣게 칠해져 있는 그림을 무서워했다. 만 3세경 다니던 어린이집에서 하원할 때 줄을 서서 한 명씩 문을 나왔는데 한번은 친구들이 장난으로 우르르 쏟아져 나왔다. 지은이는 그게 무섭다며 어린이집 입구를 나오자마자 있는 놀이터 미끄럼틀 밑에 숨어 한동안 꼼짝않았고 이후로 몇 달 동안 미끄럼틀 밑에 있다가 진정되면 집에 갔다.

　만 3세경 동물원에 놀러 갔다가, 양 날개를 활짝 편 부리가 날

카로운 새를 본 이후 집에서도 거의 한 달 동안 안방에서 잘 나오려 하지 않고 거실에서 새가 그려져 있는 책, 부리가 뾰족한 이빨 그림, 상어, 거인, 검은색이 주로 있는 책, 입 벌린 동물이 있는 그림 등을 계속 치워달라고 했다. 곧 유치원도 안 가기 시작했다.

지은이는 똑똑하지만 낯선 환경이나 구체적으로 파악되지 않는 상황에서는 얼어붙어 논리적 생각을 잘 하지 못했다. 어린이집에서 아이들이 우르르 나오는 상황에 놓이거나 크고 부리가 날카로운 새를 봤을 때 다른 아이들도 무섭게 느낄 수 있지만, 곧 자신이 다치지 않는다는 사실을 알아차리고 불안을 조절하게 된다. 반면 지은이는 긴장이나 불안감이 유발되는 상황에서 자기감정을 인식하고 논리적으로 생각하기보다는, 외부 대상(예컨대 새와 관련된 모든 것)에 집중하면서 실제보다 더 큰 문제로 지각하며 피하려다 불안이 더 심해지는 듯했다.

지은이 친할머니 역시 벌레만 나와도 소리 지르고, 물가에만 가도 소스라치는 분이라고 했다. 지은이의 부모님도 평소 걱정이 많고 외부 자극에 민감한 편으로, 아이가 불편감을 호소할 때 새를 연상케 하는 책을 바로 치워주거나 유치원을 안 보내 아이의 회피 성향이 더 강화되는 듯했다. 부모님 모두 불안이나 불편함에 대응하기보다 피하는 편이어서, 아이가 불안감을 인식하고 스스로 완화하는 방법을 배울 기회가 부족해 보였다. 두 분 다 아이에게 따뜻하게 대하고 스킨십도 많이 하며 함께하는 시간이 많은 점은 정서적 안정감을 줄 수 있지만, 아이가 스스로 뭔가 끝낼 때까지 기다리거나 독려하는 면은 부족해 보였다.

## 양육에 자신감이 없는 엄마

지은이 엄마는 딸의 불안이 튀어나왔을 때 대범하게 넘기지 못하고 걱정이 사방으로 뻗어나가는 것이 고민이라고 했다. 엄마도 '초등학교에 가면 더 어려울 텐데 어떡하나, 이렇게 놔뒀다가 다른 문제가 더 생기면 어쩌나, 나는 어떻게 해야 할까' 하는 생각이 꼬리에 꼬리를 물고 떠올랐다. 또 불안이 높고 예민한 아이에게 공부를 시키거나 훈육할 때 자신이 없었다. 속으로는 '다른 아이들은 이맘때쯤 정리를 잘하는데 왜 우리 애는 싫어할까. 기본적인 건데 안 잡아줘도 되는 걸까'라는 생각이 들지만 단호하게 말하는 것을 무척 어려워했다. 얼마 전에는 짧은 치마에 레깅스를 입혀서 놀러 나갔다가 아파트 광장에서 자전거를 타게 되었는데, 지은이가 "이거 입고는 자전거를 탈 수가 없어"라면서 울자, 미리 편한 옷차림을 해주지 않은 자신이 잘못했다는 생각이 들어 "미안하다"고 하고 집으로 뛰어가서 긴바지를 가져오기도 했다.

두 돌 때까지 외할머니가 근처에 살면서 지은이를 같이 돌봤는데, 외할머니는 지은이가 무서워하는 모습을 보이면 의연하게 대처하며 안고서 "괜찮아. 해치지 않아"라고 말씀하셨다. 엄마가 조용하고 차분한 성격인 데 비해 외할머니는 목소리도 크고 성격이 밝은 분이라서 노래를 계속 불러주고 인형놀이, 역할놀이로 눈높이에 맞춰 2~3시간씩 놀아주는데 그런 모습을 보면 자신이 모자란 느낌이 더 커진다고 했다. "일도 그만두고 아이를 돌보는데 왜 이렇게 힘들기만 할까? 어떻게 하면 아이의 마음을 잘 알아줄 수 있을까? 엄마가 처음이다보니 어려워요. 그냥 사랑을 주면 될 텐데, 잘해야 한다는 생각이 저를 힘들게 하는 것 같아요"라고 지은이 엄마는 말씀하셨다.

지은이 아빠는 일로 늘 바쁘지만 아이한테 신경을 많이 쓰고 몸으로 많이 놀아주며 친구처럼 다정하려고 노력하는 분이었다. 또 아이의 감정을 읽고 공감하려고 노력했다. 지은이도 아빠를 편안하게 생각하고, 엄마보다 아빠랑 노는 것을 훨씬 더 좋아했다. 아침에 출근할 때도 아빠가 지은이에게 인사를 안 하고 가면 속상해하고, 평소보다 1~2시간 늦게 퇴근하면 기다리다가 토라져 아빠를 한참 동안 외면한 채 뾰로통하게 굴었다. 아빠를 더 안전하고 편하게 생각하며 서운한 감정도 더 편안하게 표현하는 것 같았다.

### 특정 공포증은 왜 생기고 어떻게 도와줄까요?

자라면서 지은이처럼 특정 상황이나 대상에 대해 병적이고도 불합리한 두려움을 보이는 아이들이 있다. 이는 특정 공포증으로 진단되며, 전체 아동의 5~8퍼센트 정도가 경험할 만큼 흔하다. 우리나라 아이들을 대상으로 한 연구에서는 전체 아동청소년의 7.9퍼센트가 특정 공포증으로 진단됐다. 그중 동물에 대한 공포가 가장 흔했고, 자연 환경에 대한 공포, 주삿바늘이나 신체 손상에 대한 공포가 뒤를 이었다.8 특정 공포증이 있는 아이들은 생리 반응-인지 반응-행동 반응이 일치하지 않아서, 귀신에 대한 공포를 보이는 아이가 귀신영화를 좋아하기도 한다. 또한 자신의 공포가 과도하거나 비합리적이라는 사실을 인지하지 못해 일상생활에서 영향을 많이 받는다.

### 원인

여러 가지가 복합적으로 작용한다. 어릴 때부터 유난히 겁이 많고 새로운 일을 해보길 두려워하는 기질의 아이들에게서 흔히 발생한다. 지은이 할머니도 벌레나 물 같은 것에 대한 공포증이 있고 불안이 높았는데, 이런 가족이 있으면 더 흔하게 생긴다. 또 지은이가 동물원에서 큰 새를 보고 불안이 심해진 것처럼 일상에서 무서운 상황을 겪은 뒤 발생하기도 한다. 특정 공포증이 있는 사람에게서 편도체, 담창구, 뇌섬, 시상과 소뇌를 포함하는 뇌신경 회로가 일반인보다 더 과하게 활성화된다는 연구도 있다.9

### 돕는 방법

첫째, 노출치료를 포함한 행동치료의 접근이 도움이 될 수 있다. 특정 공포증은 나이가 들면서 자연히 해결되는 경향이 있다. 따라서 무서워하는 대상을 피할 수 있으면 피하는 것도 괜찮다. 증상이 심해 학교생활이나 일상에 장애를 초래한다면 무서워하는 대상에 대해 점진적으로 강도를 높이며 노출시키는 체계적 탈감작

법systematic desensitization이나 부모 혹은 친구들이 무서워하는 대상과 접촉하는 것을 지켜보게 해서 안심시키는 모델링과 같은 행동치료를 할 수 있다. 지은이라면 작은 새 그림 → 큰 새 그림 → 독수리 그림 → 새 인형 → 움직이는 새 인형 → 새가 나오는 영상 → 실제 새 순서로 강도를 높여가면서 노출해 새를 덜 무서워하게 하는 것이다. 이런 노출치료가 잘 되지 않거나 그 과정에서 불안이 증가하면 이완요법이나 불안을 감소시키는 약물을 사용할 수 있다. 최근에는 가상현실을 이용한 노출치료 연구도 조금씩 진행되고 있다.

걱정이 많은 아이를 위한 최선의 선택은 설득하려 하지 말고 새로운 일을 시도해보게 하는 것이다. 아이마다 두려움에 맞서는 속도가 다르고 필요로 하는 시간도 다르다. 그렇지만 아이가 두려움에 맞서 결국 극복해내려면 지속적인 경험이 필요하다.

둘째, 아이와 부모의 불안을 다독이는 것이 중요하다. 만약 부모 자신에게 정서적 안정감이 없거나 양육에 대한 자신감이 없다면 아이의 마음을 다독여주는 것이 어려울 수 있다. 지은이 엄마도 스스로가 부족하며 자기 엄마보다 못하다고 여기면서 오히려 아이의 마음을 잘 읽어주지 못하고 있었다. 이럴 때는 놀이치료와 부모 교육을 함께하길 권한다. 지은이가 놀이치료를 하고 엄마도 매주 놀이치료 선생님과 상담하면서, 지은이 엄마는 본인의 불안이나 죄책감에 대해서 되돌아볼 기회가 많았다. "제 마음에 대해 알았다고 해서 제 마음이 뜻대로 되는 건 아니에요. 그래도 이전보다는 아이의 마음을 더 잘 이해하고, 좀더 단호하게 훈육할 수 있게 된 것 같아요. 저랑 아이의 문제를 구별해서 생각할 수 있게 되었다고 할까요?"라고 말씀하시기도 했다. 지은이도 놀이치료를 하면서 스스로를 위안하는 능력이 많이 자랐다. 이 능력은 한번 갖게 되면 다른 불안한 문제가 생겼을 때도 스스로를 다독이며 조절할 수 있게 된다.

## 경쟁에서 지는 것이
## 두려운 아이

　장현이는 초등학교 4학년생 남자아이다. 과제를 항상 완벽하게 해가고 반에서 1등을 하는 것에 집착한다. 예전에는 게임 혹은 시험에서 지거나 결과가 좋지 못하면 진정이 안 될 만큼 울었으나 이제 우는 것은 많이 줄었다. 그래도 여전히 경쟁에서 지는 것을 힘들어하고, 게임이나 놀이를 할 때도 가위바위보로 승부나 순서를 결정하자고 하면 본인이 질까봐 거부하곤 한다. 과제를 마치지 못했으면 아침에 등교를 안 하려 하고, 학교에서 발표할 때도 완벽하게 준비되지 않으면 "저 발표 못 하겠어요" 하면서 울기도 했다. 발표와 수행평가 때마다 "선생님 저 잘했어요? 저 1등이에요?"라고 확인했다. 그러다보니 친구들이 장현이를 불편해하면서 점점 멀어졌다.

장현이는 "내가 가장 행복한 것은 시험을 잘 봤을 때다, 나는 맨날 시험을 잘 보는 공상을 한다, 내가 제일 걱정하는 것은 시험 점수다, 나이를 더 먹으면 하던 일을 멈추고 쉴 것이다, 나는 공부를 잘하고 싶다. 첫 번째 소원은 모든 시험에서 만점 받는 것, 두 번째 소원은 좋은 대학에 가는 것"이라고 해서 성적에 대한 압박감이 심하고, 특히 학업에서 실패하는 것에 대한 두려움이 컸다.

장현이는 지능이 높은 편이지만, 불안이나 기분 상태에 따라서 시험 결과가 달라졌다. 만점, 1등과 같이 높은 기대 수준을 설정하며, 사소한 좌절에도 자존감에 상처를 입고 부적절감과 무기력감, 우울감을 경험하는 듯했다. 실수나 실패에 대한 두려움이 커서 불안을 유발하는 상황은 최대한 피하려고 했다.

또 있는 그대로의 자기 모습에 만족하지 못하고 다른 아이들과 끊임없이 비교했다. 주변 사람들로부터 지지받고 싶은 욕구가 강해 타인의 말이나 행동에 민감하게 반응했다. 심지어 칭찬이나 인정이 없으면 비판으로 받아들이고 분노와 좌절을 느꼈다. 실패나 좌절을 견디는 인내력이 낮고, 예상치 못한 상황에 대한 대처 능력도 미흡한 데다, 주의 전환의 어려움 등으로 인해 기대한 만큼 결과를 얻지 못하면 수용 못 하고 울거나 짜증으로 표현하곤 했다.

이 때문에 친구들 사이에서는 장현이를 은근히 밀어내는 분위기가 있었고, 대인관계의 좌절은 아이의 고립감과 소외감, 자기 부적절감을 더 악화시키는 듯했다. "나는 친구가 나를 뛰어넘을까봐 두렵다"는 말을 하기도 하고, 학교를 묘사하는 그림에서는 선생님이 큰 손가락으로 지적하고 자신은 우는 장면을 그리기도 했다.

　아이들은 때때로 자신을 친구와 비교한다. 자신이 갖지 못한 것을 친구가 갖고 있거나, 친구가 자신보다 뭔가를 더 잘할 때, 친구가 선생님이나 또래들에게 더 큰 관심을 받을 때 질투를 느끼기도 한다. 부러움과 질투, 또 경쟁에서 이기고자 하는 욕구는 더 열심히 할 수 있는 에너지를 주고, 활동에 적극적으로 참여할 원동력이 된다. 하지만 과도한 승부욕은 아이를 성공에만 매달리게 만들고, 또래관계를 어렵게 하며, 정서적·사회적 성장을 방해한다. 우리 사회가 아이들을 일렬로 세우다보니 이런 일은 흔하다.

　그렇지만 비교와 경쟁을 견디고 부러움과 질투심을 조절하는 것은 정상적인 아동청소년기의 발달 과제이기도 하다. 내가 모든 시험에서 1등을 할 수는 없고, 모든 과목을 잘할 수도 없으며 세상에 나보다 잘하는 아이도 많다는 것을 배워가야 한다. 이 모든 것과 상관없이 나는 그럭저럭 괜찮은 사람이고, 부모님이나 주변 사람들에게 사랑받을 만한 존재임을 깨닫는 것이 필요하다. 장현이와 같은 아이들은 질투심, 경쟁심을 조절하는 능력을 키우고, 이를 좀더 노력하는 것으로 승화시키면 엄청난 성과를 내기도 한다.

　그러면 부모는 어떻게 도와야 할까?

　첫째, 부모 자신이 경쟁에서 지는 것이나 실패하는 것을 두려워하지 않는 마음을 가져야 한다. 작은 실패를 해보고 극복한 사람은 다음에 다른 실패에 부딪혀도 잘 극복할 수 있다. 경쟁에서 져본 적이 있는 사람은 지는 것을 두려워하지 않고 자기 길을 갈 수 있다. 부모가 아이들의 실패에 일희일비하지 않으면, 아이들도 지는 것을 더 편안하게 받아들인다.

둘째, 아이의 행동이 아니라 감정에 관심을 기울이는 것이 좋다. 경쟁심이나 질투심, 시기심은 조절하기 어려운 감정으로, 아예 없앨 순 없다. 시험을 친구보다 못 봤다고 소리 지르는 아이의 행동을 비난하기보다는 좌절감, 상처, 혼란에 공감해주자.

셋째, 아이의 감정에 이름을 붙여주자. "정말 잘하고 싶었는데 희섭이보다 성적이 나빠서 질투가 나는구나. 이기고 싶었는데 말이야"라며 그 감정을 구체화해주는 것이다. 그러면 아이도 "네, 제가 희섭이보다 더 열심히 했는데 속상해요"라며 자기 마음을 말로 표현할 힘을 키우고 더 잘 조절하게 된다.

넷째, 아이가 잘하는 것을 찾아준다. "장현이가 퍼즐을 정말 잘 맞추더라. 비슷한 퍼즐이 많아서 엄청 헷갈리던데 마지막 퍼즐 조각을 맞출 때까지 집중력과 인내심이 대단했어"와 같이 아이의 장점이나 노력한 것을 찾아준다. "지난번 토론대회에서 희섭이한테 져서 속상했는데도 진심으로 축하하는 모습이 멋진 것 같아"와 같이 승부 결과를 담담히 받아들이는 모습을 격려해주는 것도 좋다.

다섯째, 부모 자신과 다른 사람의 장점, 사소한 성취를 찾는 모습을 아이에게 보여주자. "엄마는 이번에 크루아상 만드는 법을 배웠어. 이거 세 번 만에 만든 건데 너무 잘했지? 엄마는 빵 만드는 것도 금방 배우는 것 같아"와 같이 말이다. 부모가 자신과 다른 사람의 작은 성취에 대해 칭찬하고 의미 부여하는 모습을 보면서 아이도 경쟁심을 내려놓고 자신의 소소한 성취에 대해 의미를 부여할 수 있게 된다.

여섯째, 부모가 실패를 경험했거나 경쟁에서 졌을 때 느낀 감정에 대해 이야기하는 것도 도움이 된다. 부모 자신이 친구나 주변 사람들에게 부러움과 질투를 느꼈던 순간과 그때 느낀 힘든 감정을 얘기하고, 그렇지만 그 순간들을 극복하고 성장해온 것을 말해주면 아이들도 자기 마음을 돌아볼 것이다.

## 머리카락을 뽑는 아이

초등학교 1학년생 예준이는 머리카락을 뽑는 것 때문에 병원에 왔다. 예준이는 어려서부터 예민하며 유치원에서 선생님께도 종종 고집을 피웠고, 본인이 원하는 것은 무조건 해야 했다. 그러다보니 또래들이 예준이를 피하기도 했다.

유치원에 다니기 시작할 무렵부터 강박 증상이 생겼다. 집 밖에 있는 화장실은 더럽다며 싫어해 유치원에서 소변을 참다가 바지에 실수하기도 했다. 찝찝한 것을 참지 못해 손에 뭐가 조금이라도 묻은 것 같으면 반복적으로 씻고, 집에 오면 손발을 바로 씻었다. 그러다보니 항상 손이 터 있었다. 선을 따라 가위질할 때도 정확하지 않으면 몇 번이고 다시 했다. 길을 걸을 때는 보도블록의 끝부분을 밟으면서 지나갔고, 횡단보도를 건널 때는 흰 부분만 밟으면서

모든 아이는 예민하다

걸었다.

초등학교에 입학한 후에도 감정 기복이 있고, 고집을 세게 피운다는 이야기를 들었다. 이 때문에 선생님에게 여러 번 지적을 받았다. 또 눈썹과 머리카락을 뽑기 시작했다. 선생님이 다른 친구들을 야단칠 때면 자신도 혼날 것 같다면서 눈썹과 속눈썹을 뽑았다. 눈썹이 거의 없어져서 엄마가 지적했더니 이번에는 귀를 계속 만지고 파서 귀 안에 상처가 생겼다.

예준이 아빠도 하루에 방을 세 번 닦아야 할 정도로 결벽증이 있고, 아이와 잘 놀아주지만 심하게 혼낼 때도 있었다. 예준이 엄마도 감정이 오르락내리락하는 편이었다. 예준이가 고집 부리는 것을 잡으려고 엄하게 대하다보니 아이는 엄마를 무서워하는 경향이 있었다. 아이는 "엄마는 맨날 앵그리해요. 특히 공부나 숙제를 안 하면요"라고 말했다. 가족을 그려보라고 했더니, 방망이를 들고 자신을 깨우는 모습으로 엄마를 표현했다. 학교에서뿐만 아니라 집에서도 지적을 많이 받으면서 속상해하고 자신감도 떨어져 있는 것 같았다.

예준이 엄마는 '내 삶에서 가장 행복했던 때는 예준이가 태어난 날' '내 인생에서 가장 중요한 일은 예준이 잘 키우기'라고 말씀하는 등 좋은 엄마가 되려고 노력을 많이 하셨다. 그렇지만 유치원이나 학교에서 아이가 지적을 받자 걱정과 불안이 높아졌다. '나를 가장 화나게 하는 것은 내 아이에 대해서 남들이 평가하는 것'이라는 말을 하기도 했다. 이렇게 주변 사람을 의식하며 예준이의 행동을 주의시키고 제한하자 아이는 스트레스를 받고 늘 긴장하는 듯했다.

머리카락이나 눈썹을 뽑는 아이들은 머리카락이나 눈썹이 뽑혀나오는 순간 시원함을 느낀다고 말한다. 예준이도 강박 증상 때문에 불안하거나, 학교와 집에서 지적을 받아 긴장될 때 눈썹이나 머리카락을 뽑으면 시원하다고 했다. 하지만 시원한 느낌은 잠깐이고, 불안과 긴장이 금방 다시 올라와 계속 뽑게 되었다. 하지 말아야 한다는 것을 아는데도 자꾸 뽑는 게 싫었고, 눈썹이 다 없어져서 친구들이 놀리는 것도 싫은데 안 뽑을 수가 없었다.

# 모발뽑기장애는 왜 생기고
## 어떻게 호전되나요?

모발뽑기장애(발모광)는 반복적으로 머리카락을 뽑는 행동이 특징인 질환이다. 아이들은 머리카락뿐 아니라 신체의 어느 부위에서든 모발을 뽑을 수 있다. 특정 부위의 머리카락을 뽑아 원형탈모처럼 보일 수도 있고, 두피 전체에 짧고 손상된 머리카락이 정상적인 머리카락과 섞여 있기도 하다. 눈썹이나 속눈썹이 거의 없어지는 경우도 있다. 모발뽑기장애는 2013년에 DSM-5가 개정되면서 강박 관련 장애에 포함되었다.

머리카락이나 눈썹을 뽑는 아이들은 예준이처럼 시원하다고 한다. 머리카락을 뽑기 전에 불안감, 긴장, 또는 지루한 감정이 심해지고, 뽑은 후에는 다행감, 만족감, 해소감을 느낀다. 모발뽑기장애가 있는 아이들은 대개 피부 뜯기, 손톱 물어뜯기, 입술 씹기 등 다른 신체 일부에 집중된 반복행동body-focused repetitive behaviors을 동반한다.

### 왜 생기나요?

이유는 명확히 밝혀지지 않았다. 정상 발달하는 아이들에 비해 전두엽, 조가비핵, 소뇌의 용적이 감소되어 있었고, 왼쪽 선조체, 왼쪽 해마 - 편도체, 보조운동피질, 전두피질, 대상피질의 회백질 밀도가 증가한 것으로 보고되어,[10] 다른 강박 관련 장애처럼 생물학적 원인에 의한 것일 가능성이 높다. 그러나 25퍼센트 정도에서는 스트레스처럼 환경적 요인이 있을 때 증상이 시작되는 것으로 보고된다.

### 시간이 지나면 좋아지나요?

모발뽑기는 영아기에도 관찰될 수 있으나 전형적으로는 초기 발달 단계에서 해소된다. 5세 이전에 주로 나타났다가 대개 저절로 사라지며, 이는 일시적인 '습관'으로 간주될 수 있다. 청소년기에 가장 많이 발병하고, 그 후에 생기기도 한다. 아동기 모발뽑기장애는 비교적 양성이고 저절로 좋아지며 증상도 완전히 소멸되는 데 비해, 청소년기 이후에 발병한 것은 치료하지 않으면 악화와 호전을 반복하며 만성적으로 되고, 생활에 대한 영향도 심한 편이다. 아동기 모발뽑기장애가 청소년기 이후까지 지속되는 것 같지는 않다.

## 어떻게 도와줄까요?

우선 긴장을 풀 다른 방법을 찾아주자. 아이들은 손가락으로 모발을 뽑는 순간의 감촉을 느끼면서 마음을 안정시키는 수단으로 여길 수 있다. 무조건 뽑지 말라고 하면 자기감정을 달랠 수단을 빼앗는 셈이 된다. 스트레스볼, 피젯큐브, 피부에 비빌 수 있는 롤러같이 손으로 뭔가를 만지거나 누르면서 긴장을 풀 방법을 찾아주면 머리카락을 덜 뽑게 하는 데 도움이 된다.

항우울제와 같은 약물치료나 습관반전 훈련 등의 인지행동치료도 도움이 된다고 알려져 있다.

모든 아이는 예민하다

# 청소년이 된 예민한 아이

## 제 4 부

# 예민한 아이들이
# 청소년이 되면

예민한 아이들도 자란다. 청소년이 되고, 대학생이 되고, 또 어른이 되어간다. 청소년기에는 뇌와 마음에 많은 변화가 일어난다. 이때 뇌는 '시냅스 가지치기'를 통해서 뇌 조직과 신경회로를 더 정교화하는 작업을 한다. 이전 시기에 활발하게 연결되었던 신경망들 가운데 많이 사용하던 뇌신경 회로는 더 단단하게 남고, 거의 사용하지 않는 것은 제거된다. 청소년기에는 감정을 담당하는 변연계의 발달이 먼저 완성되고, 전두엽 기능도 본격적으로 발달하면서 자기조절 능력이 향상되기 시작한다. 물론 아직 전두엽의 억제 기능이 상대적으로 부족해서 심한 불안이나 감정 기복을 나타낼 수도 있다.

또한 청소년기는 아동기에서 성인기로 넘어가는 과도기다. 신체적으로 점점 성인에 가까워질 뿐 아니라, 인지 능력도 성인과 비슷해진다. 주변 사람들과 비교해서 자신의 위치가 어느 정도인지 판단할 수 있을 뿐 아니라, 부모와 주변의 모든 사람으로부터 독립된 개인으로서 자기 존재에 대해 인식하기 시작한다. 동시에 아직 아동기의 생각과 행동을 버리지 못하고 보호받기를 원하기도 한다. 성인으로 성장하는 와중에 겪는 신체적·인지적·감정적 변화, 주변 사람들과의 관계 변화, 또래들과의 비교, 그리고 성장 과정에서 경험하는 일 가운데서 성취감을 느끼기도 하지만 때로는 시련과 좌절을 맛본다. 이런 과정을 통해서 자신에 대한 느낌self-concepts과 자존감self-esteem, 그리고 이 모든 느낌을 통합한 자아정체성을 확립하게 된다.

우리나라에서 청소년기는 공부량이 폭발적으로 늘어나며, 아이들이 시험을 보고 경쟁하는 시기이기도 하다. 사춘기의 또래관계가 더욱더 미묘하고 복잡해지면서 괴롭힘이나 따돌림을 경험하는 아이도 많아진다. 그만큼 스트레스가 엄청나게 크다는 뜻이다. 또한 그 안에서 아이들은 가족, 학교, 사회와의 관계를 새롭게 정립해간다.

뇌와 마음이 자라면서 아이들의 기질과 성향도 조금씩 변한다. 예민한 아이들도 마찬가지여서, 아동기의 불안은 사춘기 초기까지는 높아지다가 성인기 초기에 들어서면 감소하기 시작한다. 학업 성취가 높을수록 더 빠르게 호전되는 경향이 있고, 학습 장애나 행동과 정서 문제 등 다른 정신 건강 문제가 동반되면 호전 속도가 늦는다는 연구도 있다.[1] [2] 부모나 교사로부터 지지를 받고 학교에 소속감을 느끼면 불안이 더 빠르게 호전되며, 반대로 학교에서 따돌림이나 괴롭힘을 당하면 더 심해지기도 한다.[3]

또 아이들이 자라면서 불안의 형태는 바뀌기도 한다. 예민한 아이들 가운데 초등학교에 들어갈 무렵을 전후해 분리불안과 공포증을 보이는 경우가 많다. 그러다가 청소년기에 들어설 무렵 주로 경험하는 불안이 또래나 학교에서의 사회적 관계와 관련된 것으로 바뀌고, 청소년기 후반부에 공황장애가 생기기도 한다.[4] 어려서 불안이 높고 예민한 기질을 가졌던 아이가 청소년기에 접어들면서 우울증과 같은 다른 정신 건강 문제를 겪기도 한다.[5]

예민한 기질을 타고난 아이들은 청소년기에 자신이 또래와 다르다는 것을 알아차리기 시작한다. 이 아이들은 어디서나 쉽게 눈에 띄기 때문에, 세상에 맞추지 못하는 것에 대해서 압박을 받기 시작한다. 특히 지금 대한민국은 남들과 조금이라도 다른 사람들을 있는 그대로 받아들여주는 사회가 아니다. 이 때문에 예민한 아이들은 자신이 세상에서 사랑받는 성향을 가진 게 아님을 깨닫고 상처받기도 한다. 영화 「위대한 쇼맨」의 OST '이게 바로 나야This is me'의 가사처럼 "사람들은 내 모습이 보기 싫다고 눈에 띄지 말라고 하지, 내 모습을 부끄러워하라고 하지"라는 압박을 받는 것이다. 그런 압박 속에서 아이들은 위축되거나 상처 입기도 한다. 그렇지만 청소년기를 지나면서 자신의 예민함을 조절하고, 주변 환경과 사람들에게 좀더 맞추며, 예민함을 세상을 살아가는 데 장점으로 활용하는 법을 배운다. 그리고 세상을 향해서 당당하게 "이게 바로 나야"라고 말할 수 있는 힘을 얻는다.

그런데 이는 매우 힘든 과정이기 때문에 청소년기의 예민한 아이들에게는 특별한 도움을 줘야 한다. 뮤지컬 「레드북」에 나오는 '나는 나를 말하는 사람'이라는 노래는 남들과 다른 존재여서 사랑받거나 이해받지 못하는 자신을 알아봐줄 사람을 기다렸지만 결국 세상에 그런 사람은 없다는 것을 깨달아가는 주인공의 이야기다. 그리고 "누군가에게 이해받지 못해도 아무도 나를 사랑하지 않아도 나는 나로서 충분해"라고 스스로를 받아들이면서 노래는 끝난다. 예민한 아이들도 청소년기에 누군가 자신의 섬세한 감수성을 이해하고 받아들여주지 않을까 기대하면서 또 좌절하면서 그 시절을 통과한다.

이 시기의 아이들은 부모에게 심리적으로 의존했다가, 자신을 다 이해해주지 못하는 부모에게 분노했다가, 학교와 사회에서 받은 상처를 털어놓았다가, 정서적으로 독립하고 싶어하는 등 복잡한 심정을 가진다. 세상에 대해서도 마찬가지다. 자신도 어쩌지 못하는 타고난 기질을 '별나다'는 말로 비난하는 세상에 상처받았다가도, 있는 그대로의 모습으로 사랑받고 싶어한다. 이럴 때 부모가 언제나 같은 자리에서 아이를 품어준다면, 「레드북」의 주인공 안나처럼 남들과 조금 다른 자신의 모습을 받아들이고 세상에서 당당하게 살아가는 어른으로 자라날 것이다.

## 의자를 손소독제로
## 닦는 아이

　현민이는 어렸을 때부터 홀수에 맞춰 걸음을 걷거나 자신이 만든 종이접기 모형과 개인 물품을 일정하게 배열해야 하는 등 나름의 규칙과 방식을 지켜왔다. 2020년 초 코로나 바이러스 유행에서 몇 개월이 지나고 대면 수업을 시작하면서 '코로나에 걸리면 죽을 것'이라고 생각해 학교에서 단체 급식 먹기를 거부하고, 줄을 서는 상황을 피하며 반 친구들과 일절 이야기를 나누지 않았다. 중학교 3학년인 현재까지도 어둠을 무서워하고 불을 켜둔 채 자며, 날파리를 무서워하고 병원에서 주사 맞을 때도 무서워서 크게 울며 특히 치과 검진은 받지 못한다. 소독하기 전에는 어떤 물건도 만지지 않았고, 문고리도 못 만져 매번 다른 사람에게 문을 열어달라고 해야 했다. 진료실에 처음 올 때도 팔짱을 끼고 의자를 소독약으로 닦아줄 것을 요구했다.

찬솔이는 손을 너무 자주 씻고, 자기 손이 깨끗한지 엄마에게 계속 물어보는 4세 여자아이였다. 아기 때부터 예민해서 매일 밤 대여섯 번은 깨고, 낮잠도 잘 안 자며, 음식도 조금씩 먹었다. 엄마가 잠시라도 없으면 많이 울었다. 부모님이 맞벌이여서 8개월 때부터 어린이집에 다니기 시작했는데, 12개월까지 어린이집에서 울음이 통제가 안 될 정도였다. 30분마다 울어 어린이집에서 엄마에게 아이를 데려가달라고 전화가 오는 날도 많았다. 3세부터는 자기 손이 깨끗한지 엄마에게 반복적으로 물어보기 시작했다. 손이 책상에 살짝만 닿아도 "이거 깨끗한 거야?" "나 손 입에 넣어도 상관없어?"라며 확인하고, 열 번에 세 번 정도는 손을 씻었다. 또 소변을 보고 나서 엄마에게 닦아달라고 하기 시작했다. 손 씻어야 하는 게 싫다고 하고, 변기 뚜껑을 만지는 것도 대신해달라고 했다. 유치원에서도 의자에 조금이라도 뭐가 묻어 있으면 잘 앉지 않으려고 했다. 전반적인 유치원 생활은 잘하고 또래들과도 잘 어울렀다.


## 강박증은 왜 생기고 어떻게 치료하나요?

현민이와 찬솔이는 모두 강박증이다. 자기 의지와 무관하게 어떤 생각이나 충동, 장면이 침투적이고 반복적으로 떠오르는 강박사고와, 그런 사고에 따라 일어나는 반복적 행동인 강박행동을 보이는 것이 특징이다. 예를 들어 현민이가 다른 사람이 만진 문고리에 손을 대면 코로나에 걸릴 것 같다는 생각이 반복해서 떠오르는 것이 강박사고이고, 이로 인한 불안을 없애기 위해 반복해서 손을 씻는 것은 강박행동이다. 강박행동은 강박사고나 이로 인한 불안, 괴로움을 예방하거나 감소시키고, 또는 두려운 사건이나 상황의 발생을 방지하려는 목적으로 나타나지만, 이로써 잠깐 편안해질 뿐 불안이 다시 올라오므로 불안을 낮추는 근본적인 해결책은 되지 못한다.

현민이와 찬솔이처럼 아이들에게서 가장 흔한 강박사고는 오염에 대한 두려움이다. 그 외에 자신이나 가까운 사람이 아프거나 다치지 않을까 하는 두려움, 끔찍한 재앙이 일어날 것 같은 걱정, 불행과 연관된 숫자 생각, 집안 물품이 안전한지에 관한 걱정, 특정 단어·소리·음악이 계속 머릿속에 떠올라 다른 생각을 하지 못하게 하는 것, 대칭이나 균형 또는 정확성에 대한 충동 등이 있다. 가장 흔한 강박행동은 지나치게 손을 씻거나 혹은 깨끗이 하는 것이다. 피부가 닳도록 목욕하기, 옷 갈아입기, 청소하기, 소변, 침 등의 배설물이나 세균과 바이러스와의 접촉을 피하기 위한 회피행동 등이다. 그 밖에 점검하기, 숫자 세기, 반복하기, 만지기, 확인하기, 정돈하기 등이 있다.

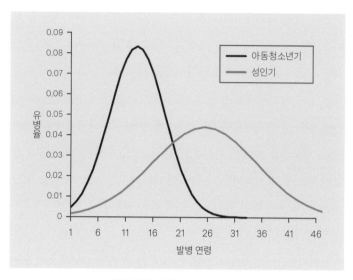

발병 연령에 따른 강박증의 두 유형

아이들도 걸리나요?

아동에게서도 강박장애는 흔히 있고 성인과 증상도 유사하며 진단 기준은 동일하다. 하지만 어릴수록 자신의 강박사고나 강박행동이 지나치고 불합리적이라는 것을 잘 모르며 어른보다 더 완고하게 강박사고에 매달리거나 강박행동을 하는 경향이 있다. 강박증의 전체 유병율은 1~3퍼센트인데, 학령전기인 10~12세, 초기 성인기 이렇게 두 연령대에 많이 생긴다.[6]

연구에 따라서는 아동청소년기 강박증이 성인기 강박증과 비슷하다고도 하고 다르다고도 하는데, 일반적으로 학령전기와 사춘기 이전에 생긴 강박증은 성인 강박증과는 다른 것으로 생각된

모든 아이는 예민하다

다. 찬솔이처럼 원래 예민한 기질을 가지고 있는 경우가 많고, 치료하면 빠르게 좋아지는 경향이 있다. 사춘기 이후에 발생한 강박증은 성인의 강박증처럼 상당 기간 지속되고 적극적인 치료가 필요하다고 여겨진다.

### 왜 생기나요?

과거에는 강박증이 부모의 엄격한 통제나 규율과 같은 양육 방법의 문제, 환경적 요인과 관련 있다고 봤다. 그러나 최근 뇌영상 연구가 활발히 이뤄지면서 강박장애는 뇌 회로, 특히 전두엽에서 연결되는 피질-선조체-시상-피질 뇌 회로의 이상과 연관되는 것으로 판단한다.

세균이나 바이러스 감염 이후에 강박증이 급격하게 발생하는 경우가 있는데, 이는 세균이나 바이러스와 싸우는 과정에서 만들어진 항체의 일부가 기저핵(선조체가 여기에 속한다)을 공격해서인 것으로 여겨진다.

### 어떻게 치료하나요?

강박증은 약물치료와 인지행동 치료로 호전될 수 있다.

어린아이에게는 대개 행동치료를 먼저 해보도록 한다. 행동치료는 '노출과 반응 예방'으로 이뤄진다. 환자가 두려워하는 물건이나 상황에 직접적으로나 상상으로 천천히 노출시킨 다음, 강박행동을 하지 않고 시간을 보내도록 함으로써 이를 줄여나간다. 예컨대 찬솔이에게 우선 손을 씻는 횟수를 기록하게 하고, 책상이나 변기 뚜껑을 만졌을 때 바로 손을 씻지 않고 기다려보게 하는 것이다. 처음에는 더러운 게 묻었을 것 같고, 몸이 아파질 것 같고, 큰 병에 걸릴 것 같지만 그런 일이 일어나지 않고 불안도 줄어든다는 것을 경험하면 강박 증상은 약해지기도 한다.

강박 증상이 심하고 일상에 영향을 많이 줄 때는 선택적 세로 토닌 재흡수 억제제와 같은 약물치료가 도움이 될 수 있다. 약물 은 보통 3~4주쯤 지나야 효과가 나타나며 개인에 따라 효과나 부작용이 다를 수 있어 아이에게 맞는 약을 찾아가야 한다.

### 가족은 어떻게 도울까요?

우선 아이의 불안한 마음을 읽고 거기에 공감해주는 것이 중요 하다. 더불어 아이가 강박행동을 할 때는 관심을 보이지 않거나 무시하는 것이 좋다. 찬솔이처럼 변기 뚜껑을 열어달라고 하거나, 문고리를 소독 티슈로 닦아달라고 할 때는 아이가 너무 불안해하 지 않는 이상 잠깐 기다리도록 하거나 아이가 직접 하도록 권유해 본다. 가끔 부모님이 더 불안해하면서 아이가 말하기도 전에 미리 문고리를 닦아주거나 주변을 소독해주는데, 이것은 강박증을 더 악화시킬 뿐이다. 아이가 부모님께 "문고리를 잡았다고 해서 코로 나에 걸리지는 않겠죠" 하고 계속 물어본다면, 두세 번쯤 대답해 준 후에는 "엄마가 두 번 대답했는데 같은 질문을 또 하네. 엄마도 일해야 해서 이제 그만 대답할게"라고 해도 된다.

# 수능시험을 생각하면
# 숨이 안 쉬어지는 아이

용훈이는 수능시험을 잘 못 볼까봐 불안해서 병원에 왔다. 고등학교 2학년 기말고사 후에 담임 선생님께 우리 학교에서 SKY 가려면 10등 안에 들어야 한다는 이야기를 듣고부터 숨이 차고 가슴이 답답해지기 시작했다. 처음에는 10분 정도 지속된 증상이 점점 더 심해지고 시간도 길어졌다. 어떤 때는 어지러워 이러다 쓰러지겠다는 생각도 들었다. 고등학교 3학년에 올라가 3월 모의평가에서 전교 1등을 하면서 갑자기 불안은 더 심해졌다. 그다음 시험을 못 볼까봐 걱정되고, '수능까지 내가 버틸 수 있을까?' 싶었다. 교실에서 아이들이 공부하는 모습을 보면 가슴이 답답해서 조퇴를 하기도 했다. 수능 한 번에 인생이 결정된다는 것이 너무 무서웠고, 시험장 문 앞에서 발이 땅에 붙어 못 들어가는 꿈에 시달리기도 했다.

　용훈이는 어려서부터 아토피가 있고 계속 안아줘야 하는 예민한 아이였다. 고집 세고 계획대로 안 되는 것을 힘들어했다. 학업에 관한 한 계획을 세우고 성실하게 지켜 성적이 좋은 편이었다. 아이스하키, 스키, 축구, 수영 등 다양한 스포츠를 했는데 항상 어렵지 않게 1등을 하고, 바이올린 콩쿠르에서 상도 받았다. 공부, 예체능, 또래관계 등을 다 잘하면서도 늘 못할까봐 전전긍긍했다. "엄마랑 가족들은 성적에 대한 압박을 안 주시는데 저 스스로 스트레스를 많이 받아요" "공부도 운동도 음악도 제가 하고 싶은 것을 다 시켜주셨는데, 거기에 보답해야 하는데, 수능을 망치면 어떻게 하죠?" "사람들이 정해놓은 성공이라는 것이 있고, 그게 수능시험장에서 다 결정된다는 게 압박감으로 다가와요"라고 말했다.

　용훈이는 모든 면에서 좋은 성과를 내기 위해 늘 고군분투하면서 완벽한 존재가 되어야 한다고 생각하며 살아온 것 같고, 성과 없이도 자신이 가치 있는 존재이며, 주변 사람들에게 있는 그대로 받아들여질 수 있다는 것에 대한 확신이 부족해 보였다. 고등학교 3학년이 되고 처음 치른 모의평가에서 이전보다 더 우수한 성적을 받으면서 자신의 노력에 대한 뿌듯함과 기쁨, 보람을 느끼면서 동시에 앞으로의 시험에서도 그 이상을 달성해야 한다는 압박감, 스스로 설정한 기준이나 목표에 이르지 못할 것에 대한 불안감에 압도되었다. 늘 주변의 반응을 살피다보니, 일상에서 내적 긴장 및 각성 수준이 높아지고, 이런 게 공황이 나타나는 원인이 되

　　　　　　　　모든 아이는 예민하다

는 듯했다. 완벽주의는 발전과 성취를 위해 노력하는 바탕이 될 순 있지만, 정서적 불안과 긴장이 어느 수준을 넘어서면 용훈이가 그런 것처럼 지적 잠재력이나 실제 수행 능력을 충분히 발휘하지 못하게 만들기도 한다.

용훈이는 수능시험을 끝까지 못 볼까봐 걱정했고, 시험을 보다가 공황 증상이 와서 같은 교실의 수험생들에게 피해를 줄까봐 염려하기도 했다. 그래서 수능시험 원서 접수를 하면서 보건실에서 따로 시험을 볼 수 있도록 해달라고 요청하기도 했다. 그렇지만 막상 수능시험 당일에는 공황 증상 없이 잘 마무리했고, 원하는 대학에도 합격했다. 대학교 1학년 초반에는 처음 만나는 사람이 많은 곳에서 공황 증상이 오기도 했지만, 어느 때부터인지 자신도 모르게 증상이 사라져 지금은 대학생활을 잘하고 있다.


## 공황장애에는 어떻게 대처할까요?


외부에 아무 위협이 없는데도 숨이 안 쉬어지고, 가슴이 두근거리거나 어지럽거나 하는 등 다양한 신체 증상과 함께 심한 불안과 두려움이 갑자기 발생하는 것을 공황발작이라고 한다. 대개 10분 이내에 최고조에 이르고, 20~30분, 길어도 한 시간 이내에 사라진다. 하루에 여러 번 나타나는 아이도 있고, 며칠에 한 번 생기기도 한다. 숨이 너무 차거나 심장이 너무 빨리 뛰어서 마치 곧

죽을 것 같지만, 실제로 신체 건강이 위태로워지거나 죽는 경우는 없다. 공황장애는 이러한 공황발작이 반복해서 나타나고, 발작이 다시 생기면 어떻게 하나 하는 두려움으로 일상생활에도 지장을 주는 질환이다.

공황장애는 매우 흔해 평생 동안 공황장애를 한 번이라도 겪는 사람은 100명 중 1~4명 정도다. 아동청소년에서는 0.5~5퍼센트가 공황장애를 앓고 있다.7

### 왜 생기나요?

원인은 정확히 알려져 있지 않지만, 유전적·심리사회적 요인이 함께 작용하는 듯 보인다. 중추신경계의 신경화학적 물질이 호흡을 자극하고 산염기 균형과 관련된 호흡 관련 물질 등이 공황발작을 일으킬 수 있다. 이러한 물질들의 균형이 깨지고, 신경계가 일반적인 자극에 과다하게 반응하면서 공황발작 증상이 나타난다.

신체 증상에 대한 불안 민감도가 높은 경우 외부에서 오는 위험 자극과 함께 몸에서 일어나는 이러한 변화를 과도하게 위협적인 것으로 인식하면 공황발작이 유발된다.8 행동 억제는 낯선 상황이나 사람을 대할 때 아이의 행동이 전반적으로 위축되는 정도를 나타내는 기질적 요소인데, 이 성향이 높은 아이들은 공황장애가 발생할 가능성이 높다는 보고들이 있다.9 심리적인 문제만으로 공황장애가 생기는 것은 아니지만, 스트레스를 받았을 때 공황발작의 빈도나 강도가 증가할 수도 있다. 특히 우리나라에서는 용훈이처럼 고등학교 3학년 때 처음 공황 증상을 보이는 아이들이 있고, 이는 지속되거나 혹은 사라지기도 한다.

## 어떻게 치료하나요?

우선 아이와 부모가 공황장애의 특성을 잘 이해하는 것이 중요하다. 이는 적절히 치료받으면 70~90퍼센트의 환자가 상당한 호전을 볼 수 있다. 공황발작이 올 때는 죽을 것 같은 느낌이 들지만 정작 공황발작 때문에 죽는 사람은 없다는 점을 이해하면 예기불안이 줄고 공황장애를 조절하는 데 도움이 된다.

공황발작이 올 때 대처할 방법을 미리 생각해두면 좋다. 의자에 앉거나 침대에 누워 편안한 자세로 천천히 복식호흡을 한다. '그래 봤자 다 지나가. 잘못되지는 않아'라며 스스로에게 안심시키는 말을 한다. 병원에서 항불안제를 처방받아서 가지고 다니다가 공황발작이 올 것 같을 때, 혹은 시작되자마자 먹는 것도 좋다. '공황발작이 와도 약을 먹으면 돼'라며 약을 가지고 다니는 것만으로도 예기불안이 줄어 공황장애를 견디는 것이 편해졌다고 하는 아이도 많다.

이완 훈련과 바이오피드백, 인지행동치료도 아동청소년의 공황장애에 도움이 된다. 공황발작을 경험하고 나면 다시 그런 일이 일어날까봐 두려워서 사람이 많은 곳이나 공황발작이 일어났던 곳을 자꾸 피하며, 이런 일이 반복되면 일상생활이 어려워진다. 공황장애가 있는 아이들은 사소한 신체 증상이나 주변의 사소한 사건들에도 크게 영향을 받는다. 이런 부분에 대한 인지행동치료를 하면 도움이 된다.

증상이 심할 때는 선택적 세로토닌 재흡수 억제제와 같은 항우울제를 복용할 수 있다. 항불안제는 효과가 좋고 빠르기 때문에 흔히 항우울제와 함께 처방된다. 대개 8~12개월 동안 투약할 것을 권고하지만, 짧게는 6개월에서 길게는 수년 동안 복용하기도 한다.

# 한 문제도 틀리면
# 안 되는 아이

유진이는 초등학교 1학년 때부터 100점을 못 맞은 적이 한 번도 없는 아이였다. 학교에서 하는 받아쓰기나, 학원에서 보는 시험에서 항상 만점을 받았다. 중학교 입학 후 전교 1등을 놓친 적도 없었다. 중학생 때 수학경시대회, 영어경시대회, 피아노대회, 영어토론대회 등 전교생 앞에서 주는 상은 다 받았다. 이런 성과는 고등학교에 올라가서도 계속돼 이과생인데도 글쓰기대회에서까지 모든 상을 유진이가 독차지했다. 유진이가 사는 A시에서는 2006년생 중 가장 공부를 잘하는 아이로 엄마들 사이에서 유명했다.

유진이는 어려서부터 스스로 공부하고, 무엇이 부족하니까 어떤 학원을 알아봐달라고, 무슨 과목 과외를 하고 싶다고 정확하게 요구해서 엄마가 공부시키기 편했다. 그렇지만 시험 날짜가 다가오면 안절부절못하고 잠이 안 온다면서 울고, '이번 시험은 망칠 것 같다'고 징징거려 부모가 '못 봐도 괜찮아'라고 늘 달래줘야 했는데, 막상 시험을 보면 늘 만점을 받고 1등을 했다.

고등학교에 입학하면서는 공부와 성적에 지나치게 예민해 종종 우울해했다. 자는 시간, 먹는 시간을 제외하고 1분 1초를 아끼며 모두 공부하는 데 쏟아부었다. 집에서 학교까지 걸어서 20분 거리인데도 시간이 아깝다며 자가용으로 등하교하고, 하교 때는 엄마가 도시락을 챙겨와서 차로 이동하는 사이에 밥을 먹고 학원에 도착하자마자 공부를 시작했다. 계획한 양만큼 끝내지 못하면 울기도 하고, 문제집을 풀다가 열 문제 중 아홉 개를 맞혀도 한 개가 틀렸다면서 화내며 그 장 전체에 엑스를 쫙 그어버렸다. 시험 보기 전에 잠을 잘 못 자고 부모님에게 짜증이나 화를 냈다. 이 무렵부터 모든 과목에서 1등급을 받아야 한다는 강박이 생겼고, 실제로 고등학교 1~2학년 내내 전 과목 시험과 수행에서 만점을 받았다.

유진이는 초등학교 1학년 때부터 한 번도 빠지지 않고 반장을 했는데, 고등학교 3학년 담임 선생님이 야간자율학습에 참여하지 않는 사람은 반장을 할 자격이 없다면서 선거에 출마하지 못하게 했다. 그동안 완벽하게 쌓아온 포트폴리오에 금이 가는 느낌이 들면서 갑자기 공부가 하기 싫어지고 집중도 안 되며 뭘 해도 잘 안될 것 같았다. 공부하다가 한 문제에서 막히면 그 과목은 망했다는 생각이 들고, 그동안 공부한 게 다 헛수고였다는 생각이 들면서 불안해졌다. 그러면서 우울하고 무기력하며 재미있는 것이 없고 죽고 싶다는 생각도 들었다. 자신은 한순간도 제대로 집중하지 않으면 안 된다고, 뭔가 잘 안 되는 느낌이 들면 죽고 싶어진다고 했다.

유진이 아빠는 무던하고 다른 사람들과 두루두루 잘 지내는 분이었다. 자기주장을 강하게 하지는 않으나, 포기하지 않고 조용히 자기 고집을 유지하는 편이었다. 유진이는 아빠가 성실하고 정의로운 사람이며 매 순간 최선을 다하고, 도덕적인 면에서 자신은 아빠와 많이 닮았다고 했다. 하지만 너무 인간의 긍정적인 면만 보려 한다면서 "아빠는 인간의 불완전함을 수용하는 능력이 부족한 것 같아요"라고 했다. 그래서 유진이가 느끼는 불안, 우울감을 아빠한테는 말하기가 어렵다고 했다.

유진이 엄마는 밖에서는 친절한 사람이나, 집에서는 감정적이고 기복이 있었다. 쉽게 놀라는 편으로, 초인종 소리만 나도 '악' 소리를 지른다고 한다. 유진이는 엄마가 갑자기 소리 지르는 데 항상 스트레스를 받았다. 유진이가 고3에 올라가 힘들어하자 엄마도 매 순간 불안해졌다. 유진이 기분이 조금이라도 안 좋은 것 같으면 '내가 무슨 실수를 했나' 싶어 생각이 많아지고, 밤이면 유진이에 대한 죄책감, '어느 부분에서부터 내가 잘못 키운 걸까'와 같은 생각이 많아져서 힘들다고 했다.

유진이는 자기 자신에 대해서 조그만 실수도 용납하지 못하는 완벽주의자로, 상상을 뛰어넘는 기준을 스스로에게 요구한다. 이 기대는 너무 높고 또 불가능한 것이어서, 고등학교 3학년이 될 때까지 이것을 충족시키면서 살아왔다는 게 신기할 정도다.

　이런 완벽주의에는 유진이의 타고난 예민함과 더불어, 학업 성과를 무엇보다 중시하는 집안 분위기, 인간의 불완전함을 받아들이는 능력이 부족한 아빠의 성향, 감정 기복이 심하고 예민한 엄마의 양육 방식 등 다양한 요인이 얽혀 있다. 대한민국 교육제도와 입시제도가 청소년의 완벽주의에 미치는 영향도 많다. 학생부 종합전형이라는 입시제도가 고등학교 3년 내내 단 한 번의 실수 없이 완벽하도록 아이들에게 강요하고 있는 것이다. 진료를 하다보면, 이런 입시제도와 사회 분위기에서 살아남아 좋은 학교에 진학한 아이도, 원하는 학교에 진학하지 못한 아이도 모두 완벽주의의 희생양이라는 생각이 든다.

　어떤 이유에서든 일단 완벽주의에 한번 빠지면 벗어나기 쉽지 않다. 유진이처럼 완벽주의가 학업 성취에 도움이 되었던 경우는 더하다. 하지만 완벽주의는 반드시 실패하고 좌절되기 마련이다. 유진이가 고등학교 3학년 때 그랬던 것처럼 말이다. 정신건강의학과 의사 장형주는 『어린 완벽주의자들』[10]에서 '완벽주의자는 존재하지 않는 것을 갖고자 한다는 점에서 예정된 실패자다'라고 말하기도 했다. 완벽주의자들은 작은 좌절에도 취약하다. 성장 과정에서 소소한 좌절을 수없이 경험해온 아이들과는 달리 좌절을 견디는 힘을 갖고 있지 못한 탓이다. 완벽주의가 깨지는 순간, 자신이 원하는 완벽이 세상에 없다는 것이 드러나는 순간 유진이처럼 무너지기도 한다.

여기서 벗어나려면 우선 내 마음에 완벽주의자가 살고 있고, 그것이 나를 힘들게 하고 있다는 점을 인정해야 한다. 많은 완벽주의자는 이런 성향이 자기 삶을 지탱하는 원동력이라거나 성공의 이유라고 생각해 완벽주의가 이뤄지지 못한다거나 자기 마음을 갉아먹고 있다는 사실을 인정하지 못한다.

또한 자기 모습을 있는 그대로 받아들여야 한다. 나도 완벽한 사람이 아니고 실수나 실패를 할 수 있으며, 그럼에도 불구하고 나름 괜찮은 사람이라고 생각할 수 있어야 한다. 그런데 완벽주의자들에게는 이게 너무 어렵다. 이들의 마음속에 있는 '완벽하지 않은 인생은 가치가 없다' '내가 완벽하지 않으면 사람들이 나를 싫어할 것이다'와 같은 신념들과 싸우는 것은 힘든 일이기 때문이다.

유진이는 원하던 대학에 진학하지는 못했지만, 다른 대학의 원하던 학과에 합격했다. 대학에 입학한 후에도 예전처럼 열심히 공부하다가, 성적이 생각만큼 안 나오는 것에 좌절했다가, 우울해서 전부 손을 놓겠다고 했다가, 또다시 노력했다가 하면서 지금도 열심히 완벽주의와 싸우는 중이다. 한번 넘어졌다가 일어나본 적이 있는 사람은 다음에 넘어졌을 때 어떻게 일어나야 하는지를 안다. 실패를 견뎌본 사람은 다음번에 실패를 마주치는 것을 덜 두려워하기 때문에 새로운 일에 더 잘 도전할 수 있게 된다. 시간은 걸리겠지만 지금과 같은 과정을 통해서 유진이가 좀더 성숙하고 자신을 사랑하는 어른이 될 것이라고 믿는다.

# 실패에도 꺾이지 않는 마음을 가진 아이로 키우는 법

### 기본적인 신뢰가 중요하다

꺾이지 않는 마음, 절망과 좌절 속에서도 아이가 버티게 하는 힘은 할 수 있다는 믿음에서 나온다. 그리고 이런 믿음은 바로 부모의 믿음에서 출발한다. 아이가 처음으로 걷고 숟가락질하고 새로운 것을 배울 때마다, 부모가 방법을 알려주고 스스로 할 기회를 주며 잘하고 있다고 격려해준 경험 말이다. 이런 경험은 아이에게 내재화되어, 스스로를 믿고 응원하는 꺾이지 않는 마음이 된다.

### 과정을 격려하는 칭찬과 피드백이 중요하다

아이들의 행동이나 성취에 대해 언급할 때는 타고난 재능보다 아이가 노력한 과정을 가지고 피드백하고 격려하는 것이 좋다. 노력을 통해서 언제든 새로운 것을 배우고 성장할 수 있다는 신념을 갖는 것이 중요하기 때문이다. 또한 이전에 비해 발전한 점을 언급해주고, 아이가 계획을 세우거나 새롭게 시도했거나 실수를 고치려 노력하고 있는 점에 대해서 칭찬해주면 아이에게 큰 힘이 된다.

| | |
|---|---|
| 재능이나<br>결과에 대한 칭찬,<br>피드백 | 너는 정말 타고났구나! 대단한데.<br>참 잘했어. 굉장한 재능이구나.<br>우리 반에서 네가 한 것이 제일 깔끔하네.<br>성적이 올랐으니까 상을 줘야겠다.<br>역시 아빠 닮아서 농구를 잘하는구나. |
| 과정에 대한 칭찬,<br>피드백 | 너는 정말 노력을 많이 하는구나! 대단한데.<br>참 잘했어. 정말 애를 많이 썼구나.<br>지난주보다 훨씬 깔끔해졌는데.<br>네가 시도한 방법이 참 효과적이야.<br>슛할 때 실수하는 것을 고치려고 노력하는 게<br>좋아 보여. |

**끝까지 노력해서 완성하는 순간을 함께한다**

아동청소년기에 힘든 일을 완수해낸 경험은 미래에도 무슨 일이든 끝까지 해내도록 마음의 근육을 키우는 최선의 방법이다. 일단 시작한 일은 어렵더라도 끝마치도록 가르친다. 대신에 아이가 그 일을 하기 위해 노력하는 과정을 지켜보고 격려해준다. 어떤 일을 끝내려면 많은 노력을 기울여야 하지만, 일단 완성을 경험하면 마음속에 '나는 어려운 역경도 극복할 수 있는 사람'이라는 정체성을 갖게 된다.

심리학자인 로버트 아이젠버거는 조금씩 어려운 과제를 부여받고 이에 대해 긍정적인 피드백을 받으며 성장한 아이들은 '학습된

근면성'을 갖게 된다고 했다. 이 근면성이 '나는 어떤 어려움도 극복할 수 있는 사람'이라는 생각의 바탕이 되는 것이다.[11]

### 실패를 함께 극복한다

어려움을 이겨내고 성장하는 능력만큼 중요한 것이 실패를 극복하는 능력이다. 누구나 자라면서 실패를 경험한다. 요즘처럼 경쟁적이고 아이들에게 많은 것을 기대하는 상황에서는 더욱 그렇다. 그렇지만 실패하지 않는 완벽한 사람보다는 실패를 극복해본 적 있는 사람이 더 강하다. 또 실패해본 사람만이 다음에 넘어지는 것을 두려워하지 않고 이에 대비해서 계획을 세울 수도 있다.

이렇게 키우려면 아이가 넘어지는 순간에도 누구나 넘어진다고, 넘어졌어도 많이 울지 않고 툭툭 털고 일어나는 너는 이미 훌륭한 사람이라고 부모가 말해줘야 한다. 실패를 통해서 내일의 내가 오늘의 나를 넘어설 수 있다는 것을 얘기해주자.

### 부모 자신의 인생에도 열정과 끈기가 필요하다

아이에게 꺾이지 않는 마음이 생기려면 먼저 부모가 자기 인생에 대해 열정과 끈기를 갖는 것이 중요하다. 아이는 부모의 말보다 표정이나 행동, 삶에 대한 태도를 보면서 자란다. 부모가 자기 일에 최선을 다하고 어려움을 이겨내며 실패를 극복하면 아이들은 자기도 모르는 사이에 부모의 태도를 본받는다.

# 관계를
# 되새김질하는 아이

    고등학교 때 나는 시를 무척 좋아했다. 특히 좋아한 작품은 윤동주 시인의 「서시」였다. "하늘을 우러러 한 점 부끄럼 없기를 잎새 이는 바람에도 나는 괴로워했다"를 읽으면서, 나라를 되찾는 일에 더 많은 힘을 보태지 못하는 것에 대해 안타까워하고, 살면서 도덕적으로 한 점의 부끄러움도 없고자 하는 시인의 맑고 투명한 영혼에 감탄했다. 다른 한편 계속 저렇게 살면 너무 힘들겠다는 생각도 했다. 내가 혹시 부끄러운 일을 한 것은 아닌지, 다른 사람에게 피해를 주거나 싫어할 만한 일을 한 것은 아닌지, 바람이 불 때마다 돌아보고 되새김질한다면 삶이 얼마나 힘들까? 예민한 성향을 타고난 아이들 일부는 이렇게 끊임없이 자기 행동을 반추하고 반성한다. 재형이도 그런 아이였다.

재형이는 친구들 눈치를 많이 봤다. 주변 사람들이 자신에 대해서 어떻게 생각할지 늘 걱정했다. 원래도 자기 의견을 강하게 내세우지 않고 친구들과 잘 지내려 노력하며 가능한 한 친구들에게 맞추는 편이었는데, 중학교 1학년 때 따돌림을 당한 이후로 더욱더 친구들 눈치를 보게 되었다. 중학교 입학 후 얼마 지나지 않아 초등학교 때 친했던 친구가 재형이 뒷담화를 하며 따돌렸고, 재형이는 큰 충격을 받았다. 이 때문에 친구들과 같이 있을 때 자신이 했던 말을 하나하나 되새기면서 혹시 말을 너무 많이 한 것은 아닌지, 친구들이 싫어할 만한 말을 한 것은 아닌지 생각했다. 또 친구가 하품한 것이 자기가 지겨운 얘기를 해서 그런 것은 아닌지, 친구가 웃은 게 자신이 뭘 잘못해서 그런 것은 아닌지 생각하는 버릇이 생겼다. 그러다보니 항상 긴장하고, 주변 반응에 따라 쉽게 불안해져 친구들을 만나기 전부터 미리 염려하게 되었다. 만나고 나서는 내가 이렇게 했으면 좋지 않았을까 계속 후회하고 미안해했다. 부당한 일을 당해도 화를 못 내고, 어려운 부탁을 받아도 거절하지 못했다.

'내가 가장 행복할 때는 친구와 놀 때'라고 하는 등 긴밀한 교우관계를 상당히 중시했다. 그러나 그만큼 관계가 멀어지거나 친구로부터 거절당하는 상황에서는 불안해하고, 상대방의 사소한 말과 행동에도 민감하게 반응했다. 친구들이 "그런 것도 몰라?"라며 핀잔주거나, 가벼운 농담을 하거나, 오늘은 같이 놀 수 없다고 하면 상처받고 수치심을 느꼈다. "잘 웃어주는 친구가 좋다. 편하니까"라면서 자신에게 호의적인 태도를 보이는 친구들에게는 의존하려 하고, 친구들과 멀어지는 것 같으면 심리적 고통을 크게 느꼈다. "나를 슬프게 하는 것은 외로움이다"라고 말하기도 했다. 자존감이 낮고 자기비하도 심한 듯했다.

재형이는 아기 때부터 분리불안이 심했고, 유치원에 처음 갈 때도 엄마와 떨어지는 것을 힘들어해서 많이 울었다. 자라서는 또래와의 분리에 대해 정서적 불안을 겪는 것으로 미루어 중요한 사람과의 관계에 영향을 많이 받는 듯했다.

### 자신과 타인을 돌아보는 능력

예민한 기질 때문에 재형이처럼 자신의 행동, 생각, 관계를 끊임없이 되새김질하는 아이들이 있다. 사실 '자신을 돌아보고 바라보는 것'은 성장하면서 배우고 획득해야 하는 능력이다. 자기를 점검하면서 긍정적인 부분을 강화하면 성장이나 발전을 이룰 것이고, 그렇지 않은 부분은 극복하고 다루는 방법을 알게 되어 앞으로 일어날 실수를 줄일 수도 있다. 또한 자신을 돌아보는 능력은 다른 사람들의 마음을 바라보고 이해하는 능력의 바탕이 되기도 한다.

그래서 재형이와 같은 아이들이 이런 능력을 잘 활용하고 대인관계의 불안을 조절하도록 도와주는 것이 필요하다. 관계에서 오는 불안은 내 말과 행동을 곱씹는다고 해서 없어지지 않는다. 나에 대한 평가는 사람마다 다를 수 있고, 같은 사람의 평가라도 오늘과 내일이 다를 수 있다. 다른 사람이 내게 무심하게 대하는 것은 내가 싫어서가 아니라, 그 사람한테 다른 사정이 있어서일 수도 있다. 그렇지만 재형이처럼 관계에 매달리는 아이들은 남의 시선을 지나치게 의식하고, 남들이 나를 어떻게 생각하는지 계속 확인하려 하며, 자신의 행동을 끊임없이 반성한다. 다른 사람들을 지나치게 의식하기보다는 스스로를 믿어야 한다.

다른 사람들을 의식하는 것은 오히려 상대방을 불편하게 할 수 있다는 점을 알려주는 것도 중요하다. 내가 상대를 불편하게 생각하면 상대 역시 나를 대하기 조심스러워할 수 있다. 상대방도 자신을 편히 생각하고, 안정감 있게 대하는 사람을 더 좋아할 가능성이 높다. 또 가끔은 내가 상대방을 의식하고 눈치 보는 것을 보면 더 놀리거나 이용하려는 사람도 있다. 요즘 우리나라 중고등학교에서는 다른 사람을 의식하지 않고 혼자서도 잘 노는 아이를 또래들이 최고로 꼽는 경향도 있다.

**대인관계에서 자신감 있는 아이로 키우려면**

아이가 다른 사람의 시선을 끊임없이 신경 쓰거나 자기 행동에 대해서 반추하지 않고 흔들림 없는 자신감을 가지려면 아이 자신의 노력이 가장 중요하겠지만, 부모 역시 단단함을 보여주는 것이 도움이 된다.

재형이 엄마는 자기감정을 크게 드러내지 않고, 주어진 역할에 최선을 다하려고 애쓰는 분이었다. 그렇지만 전반적으로 에너지 수준이 낮고 삶에 대한 흥미가 별로 없어 보였다. '아이를 키우는

것이 세상에서 제일 힘든 일 같다'며 양육에 자신없어 했고, "아이
가 불안한 건 제가 어떻게 할 수 있는 일이 아니라 시간이 지나야
만 괜찮아지는 거 아닐까요?" "어떤 때는 귀찮아요. 자꾸 저한테
의지하니까요"라면서 재형이의 불안과 또래관계에서의 좌절을 지
켜보는 것을 힘들어했다. 재형이 엄마에게는 "그 상황에서는 그럴
수도 있었겠다"라는 말로 재형이가 겪었을 상황과 행동에 공감하
는 반응을 해주면서, 재형이가 불안해하는 상황에서도 흔들리지
않는 단단함을 보여달라고 말씀드렸다. 아이의 불안과 좌절을 함
께 견디는 엄마의 단단함을 아이가 내면화할 것이다.

# 모든 문제를
# 자기 탓이라고 하는 아이

수민이는 우울증을 앓아 병원에 온 중학교 2학년생 여자아이였다. 초등학교 2학년 때 사업에 문제가 생기면서 아빠가 한 달간 집에 안 들어온 일이 있었다. 당시에 언니가 수민이에게 아빠 험담을 했는데, 수민이는 무슨 말인지도 모르고 고개를 끄덕였다고 했다. 그런데 그 모습을 아빠가 봤고, 그날 저녁 집을 나가서 한 달 동안 들어오지 않았다. 수민이는 '언니가 아빠를 욕하는데, 내가 동조해서 아빠가 집을 나갔다. 아빠가 집 나간 건 내 잘못이다'라고 생각했고, 그날 이후 내내 우울했다고 한다. 자신이 잘못하면 아빠가 또 집을 나갈 것 같다는 생각에 위축되었고, 스트레스를 받으면 두통, 복통, 설사를 일으키기도 했다.

언니의 고등학교 문제로 수민이도 초등학교 6학년 때 전학을 했는데, 바로 코로나가 터져서 학교를 일주일에 한 번만 갔다. 낯을 많이 가리고 사람을 경계하는 편인데, 코로나 때문에 가끔 가는 학교에서 낯선 아이들과 어울리려니 힘들고 불편했다. 중1 여름 무렵 우울감이 악화되며 예민해지기 시작했다. 엄마가 뭘 시키면 화나 짜증을 냈으며, 이 때문에 엄마가 혼을 내자 갈등은 더 심해졌다. 한번은 엄마에게 "내가 죽으면 돼?" "차라리 죽여줘, 왜 낳았어?"라며 극단적인 말까지 했다. 그러고 나면 자신 때문에 가족이 힘들어한다는 생각에 우울감은 더 심해졌다.

우울증 치료를 받기 시작하고 가족들과 예전 일에 대해 얘기하다가, 초등학교 2학년 때 아빠가 집을 나간 것은 자기 때문이 아님을 알게 되었다. 사업이 망하고 집안 형편이 어려워진 게 이유였다. 부모님이 수민이에게 자세한 사정을 설명하지 않아 수민이는 자기 탓을 하며 5년 내내 많이 불안했다고 했다. 엄마 역시 수민이가 그 일을 왜 이제야 말했는지 모르겠다며 속상하다고 했다.

수민이는 아빠가 집을 나간 사건과 관련된 것 말고도 주변에서 벌어지는 일이 자기 때문이라는 생각을 많이 했다. 엄마의 목소리 톤이 조금만 바뀌어도 "엄마, 나 때문에 화났어요?" 하고 물어보고, 친구의 기분이 조금만 안 좋아도 자기가 뭘 잘못해서 그런 것은 아닌지 걱정했다. 길에서 만난 친구 엄마가 뭘 물어보면 너무 긴장해서 생각이 안 난다며 대답을 못 했다. 학교 선생님이 자기가 아니라 다른 친구들을 혼내도 깜짝 놀라서 "잘못했어요. 큰 소리로 혼내지 마세요"라고 말하기도 했다.

수민이는 내면의 불안감과 긴장을 통제하고 억제하는 데 많은 에너지를 쓰다보니, 복잡하고 모호한 상황에 직면하면 여러 정보를 정리해 상황을 객관적으로 파악하는 것이 어려웠다. 친구의 기분이 안 좋거나 선생님이 야단을 치거나 아빠가 집을 나간 것에 대해 논리적으로 생각하기보다는, 부적절하게 자기 행동과 연관짓고, 혼자서 오랫동안 괴로워했다. 대인관계에서도 사람들이 자신을 어떻게 평가하는지에 지나치게 민감해 소소한 부정적인 반응이 나타나면 쉽게 기분이 상했다. 또 상황에 맞게 감정과 행동을 조절하는 데 어려움이 있어 긴장이나 불안 상황에서 부적절하게 화를 내는 패턴을 보였고, 이 때문에 필요로 하는 정서적 지지를 얻지 못해 거절당하는 등 악순환의 고리가 생기자 정서적 소외감과 고립감은 더 깊어졌다.

## 청소년 그룹 치료

마침 수민이와 비슷한 어려움을 가진 또래 여자아이들이 있어서 그룹 치료를 하게 되었다. 치료 시간에도 수민이는 자연스럽게 자기주장이나 의견을 내지 못했고, 다른 친구들이 수민이의 의견을 물어보면 곁눈질로 눈치를 살폈다. 의견을 내면서는 친구들 반응을 유심히 봤고, 반응이 별로 없으면 바로 말을 바꿨다. 특히 함께하는 활동이나 게임에서 본인이 속하는 팀이 지면 자기 때문이라고 생각하며 팀원들에게 "미안해"라는 말을 하기도 했다. 친구들이 '다 같이 하는 게임에서 진 것은 한 사람 탓이 아니다' '이건 네가 미안해할 일이 아니다'라고 말해주자 눈에 띄게 편안해하는 모습을 보였다. 자기 의견을 냈을 때 친구들이 잘 들어주며 좋은 아이디어라고 칭찬과 격려를 해주자 자신감도 생겼다. 회기가 거듭될수록 수민이는 자기주장을 잘했고 게임에서 져도 미안하다는 말을 하지 않았다. 10회기 정도의 짧은 그룹 치료였지만, 또래집단에서의 성공적인 경험은 수민이의 내면을 단단하게 만들어주었고, 학교에서도 좀더 자신 있게 자기 생각과 감정을 말로 표현할 수 있었다. 이는 앞으로 수민이가 맺어야 하는 더 넓은 사회적 관계에서도 도움이 될 것이다.

## 자신을 사랑하는 것도 노력으로 이뤄진다

대부분의 사람은 뭔가 나쁜 일이 생겼을 때 남 탓을 한다. 문제의 원인이 자신이 아니라 외부에 있다고 생각하는 것이 마음 편하기 때문이다. 이렇게 남 탓 하는 것을 투사projection라고 하는데, 당장은 불안과 죄책감을 피할 수 있다. 반면 예민한 아이들 가운데는 수민이처럼 모든 일을 자기 탓이라고 하는 경우가 있다. 이것은 내재화introjection라는 방어기제다. 투사에 비해서는 성숙한 방어기제라고 여길 수 있겠지만, 그렇지 않다. 분노와 불안을 속으로 꾹 눌러놓기만 한 상태이기 때문이다. 그렇게 억제하다보면 수민이처럼 우울해질 수 있고, 누른 감정이 어느 순간 폭발할 수도 있다. 문제가 생겼을 때는 이유가 무엇인지, 어떤 사람과 어떤 요건들이 관계됐는지 알아보고, 내가 잘 몰랐던 다른 이유는 없는지 찬찬히 살펴보며 잘못한 만큼만 반성하면 된다.

　나 자신을 사랑하고 나를 돌보고 내 편이 되어주는 것도 노력을 요구한다. 어릴 때부터 따뜻한 돌봄을 받고 자란 사람은 돌봄을 받는 데 익숙하고 또 자신을 향해 따뜻한 태도를 취하는 것도 조금 더 쉽다. 칭찬이나 보상을 편안하게 받는 데 익숙하고, 노력한 자신을 대견해하며 칭찬하는 데 인색하지 않다. 실패했을 때는 그럴 수도 있지, 다음에 더 잘하면 되는 거야라며 스스로를 토닥일 줄도 안다. 어릴 때부터 자신을 따뜻하게 대하는 훈련이 되어 있지 않다고 해도 자라면서 본인 노력으로, 또는 부모나 친구, 좋은 선생님을 만나면서 자신에게 좀더 너그럽게 대하는 것을 배울 수 있다. 어떻게든 자신을 더 사랑하고 돌보는 태도를 가질 수 있다면 예민한 아이가 세상을 살아가기는 더 쉬워질 것이다.

# 친구에게
# 집착하는 아이

　예진이는 유치원 때부터 또래관계를 늘 어려워하는 아이였다. 새로운 환경에 놓이는 것이나 새로운 사람을 만나는 것 모두 힘들어했다. 부모님이 맞벌이를 하면서 어린이집 돌봄교실에 들어가게 됐는데 방과 후 담임 선생님 말고 다른 선생님을 만나게 되니까 울며불며 인사를 안 하겠다고 했다. 어린이집에서는 선생님이 본인만 봐주기를 원했고, 친구들과 놀다가도 한 아이랑 조금 친해지면 그 애 이름만 계속 부르면서 따라다녀 종종 상대가 달아나게 만들었다. 주도적으로 놀이를 끌어가려 하고 제멋대로인 면이 있으며, 친구들에게도 "이렇게 해봐, 저렇게 해봐" 하고 시키니까 나중에는 아이들이 대답도 안 했다. 아이들이 예진이를 부담스러워하는 경향이 있다고 어린이집 선생님이 집에 연락해오기도 했다.

초등학교 입학 후 처음에는 서너 명의 친구와 친하게 지냈지만, 그중 유독 한 명에게 집착하는 패턴을 보였다. 엄마에게 자기한테는 절친이 없다며 절친을 갖고 싶다고 자주 말했다. 본인에게 관심을 갖는 친구 한 명이 생기면, 그 애를 너무 좋아하면서 계속 카톡을 하거나 전화했다. 친구에게도 "내가 너 절친이지?" 하고 우정을 재차 확인했다. 그러면 친구는 지쳐 떨어져나갔다. 친구가 조금만 제지하거나 지적하면 그 애가 나랑 안 놀아주려 한다고 생각하면서 확 물러나기도 했다.

중학교 입학 직후에는 단짝이 생기고 학교생활도 재밌다면서 잘 지내는 듯했지만 그 친구와 사이가 틀어지면서 다시 힘들어했다. 영어학원에서 친해진 아이가 있었는데, 같은 중학교에 배정받아 더 가깝게 지냈다. 예진이 엄마가 보기에 그 친구는 예진이를 같은 학교 친구 정도로 여기는 것 같았지만 예진이는 그보다 훨씬 더 좋아했다. 영어학원 셔틀 타는 장소도 일부러 바꿔서 그 친구랑 타고, 숙제도 만나서 같이 하자고 했다. 예진이가 친구에게 "네가 너무 좋다"는 표현을 자주 하자 친구는 부담스러워하며, 학교 상담 선생님께 예진이가 불편하다는 이야기까지 했다. 이 사실을 알게 된 예진이는 충격을 받았고 이후로 학교 수업도 잘 안 가고 말도 안 하며 밥도 안 먹고 그 친구를 만날까봐 식당에도 안 갔다.

예진이는 심리검사를 할 때 내내 우울하고 울적해 보였다. 간단한 과제를 수행하거나 질문에 답변하면서 '수치스럽다' '쪽팔린다' '망신이다'라고 표현하는 등 자기 자신에 대해서 부정적이었다. 또

검사 내내 실수할까봐 말을 자주 바꾼다거나, 과하게 사과하고 변명하는 등 다른 사람 눈치를 많이 봤다. 관심과 애정 욕구가 높은데 비해, 친밀한 관계가 없어서 외로워했다. 자신이 사랑과 인정을 받을 만한 존재라는 느낌 없이 자아상이 위축되어 있으며 외부 시선을 비판적으로 느끼고 거절이나 거부, 부정적인 피드백을 예상하면서 불안해하는 듯했다. '내가 가장 갖고 싶은 것은 사람' '나를 가장 슬프게 하는 것은 사람' '내가 가장 걱정하는 것은 내 사람들이 떠나가는 것'이라고 했다.

예진이 아빠는 학창 시절부터 한 번도 말썽을 일으킨 적 없는 모범적인 분이었다. 예진이가 잘못하거나 실수하면 바로 지적하고 수정해줘야 한다는 생각을 갖고 계셨다. 예진이의 안 좋은 점이 눈에 거슬리면 "너 왜 그래? 다시 한번 얘기해봐" 하면서 다그치고, 아이가 대답을 제대로 안 하면 점점 언성을 높이면서 잔소리를 길게 늘어놓았다.

예진이 엄마는 생활 패턴이 일정하고 규칙적인 분이었다. 남의 눈에 띄는 것을 싫어하고 표준에서 벗어나면 안 된다는 기준이 확고한데, 또래관계에서 겪는 어려움 때문에 예진이 선생님이나 친구 엄마들에게 연락이 오자 무척 힘들어했다. 또 문제가 생겼을 때 예진이의 감정을 먼저 들어주기보다는 아이의 행동을 지적하고 그 상황을 합리적으로 이해시키며 받아들이기를 강요했다. 이런 양육 방식은 예진이의 좌절감과 불안감을 더 고조시켰을 것이다.

## 친구에게 매달리는
## 아이를 돕는 방법

### 친구를 사귀고 싶어하는 아이의 마음을 인정해준다

친구에게 매달리는 아이는 그만큼 친구를 사귀고 싶은 마음이 크고, 또 외로움도 큰 것이다. 반면 친구들의 마음은 아이의 마음과 같지 않다. 예민한 아이들은 친구들이 자신을 그리 좋아하지 않는다는 것도 민감하게 알아차린다. 그래서 더 쉽게 좌절하며 상처받는다. 엄마는 그런 마음까지 이해해줘야 한다. "○○와 친하게 지내고 싶었는데, ○○는 예진이를 별로 안 좋아하는 것 같아 속상하구나" "친구들과 자꾸 멀어져서 외롭겠다" 하고 아이의 마음을 먼저 읽어주자.

### 친구 사이의 적절한 거리를 알려준다

우정은 동등하다고 생각하는 사람들 사이의 상호 관계다.[12] 그래서 친구가 되려면 서로 주고받는 마음이 비슷해야 한다. 한쪽이 일방적으로 마음을 준다고 해서 친구가 되진 않는다. 아이에게 이런 사실을 깨우쳐주는 것이 중요하다. 진료실에서 나는 아이가 친구에게 두 번 먼저 전화했으면, 그다음에는 친구가 전화할 때까지 기다리라고 말해준다. 가끔은 더 구체적으로 어떻게 친구를 대해야 하는지 가르쳐주기도 한다. 가정에서 부모가 아이와 친구 사이의 적절한 거리를 유지하는 법에 대해서 알려준다면 도움이 될 것이다.

### 혼자서도 잘 노는 방법을 찾아준다

친구는 내가 의지하거나 의존하기 위해서 만나는 사람이 아니다. 각자 독립적으로 잘 지내야 서로에게 좋은 친구가 될 수 있다. 그래서 친구들에게 매달리는 아이일수록 아이가 혼자서 재미있게 할 수 있는 다양한 활동을 찾아봐야 한다. 악기를 연주하거나 춤추거나 운동하거나 글을 쓰거나 그림을 그리거나 하는 등 아이가 혼자라고 느껴질 때 할 수 있는 활동들이 있으면 좋다. 또 그런 활동을 하면서 만나는 또래들과 얕고 넓은 관계를 경험하는 것도 좋다. 요즘에는 다들 혼자서도 잘 노는 아이를 친구 삼고 싶어한다.

## 부모를
## 미워하는 아이

　세진이는 아기 때부터 많이 예민했다. 초등학교 입학할 때까지 밤에 2시간마다 깨서 엄마를 찾는 바람에 엄마도 아이도 잠을 거의 못 잤다. 어린이집에서 적응은 잘했지만 낮잠을 자지 않았고, 어린이집을 다니기 시작한 다음부터는 손톱과 손가락 껍질을 물어뜯는 행동을 보였다.

　초등학교에 입학한 뒤 아이 방을 만들어주고 혼자 자는 연습을 시켰는데 많이 힘들어했다. 자기 방에서 잠들었다가도 부모님이 어디에 있는지 확인하고, 안방 문을 열고 물끄러미 바라보기도 했다. 엄마가 눈에 보이지 않거나 불안할 때면 울며불며 난리를 쳤다. 똑같이 달랬는데 어떤 날은 그치고, 어떤 날은 몇 시간씩 울어 엄마는 어디에 맞춰야 할지 몰랐다. 엄마는 "세진이 우는 소리를 듣다가 뇌가 너덜너덜해지는 것 같았어요"라고 말했다.

초등학교 6학년 때 학교에서 친구들과 장난쳤는데, 그게 친구들 부모와 학교 선생님에게 알려지면서 학폭위가 열리는 사건이 있었다. 학폭위에서는 서로 사과하고 잘 마무리했는데, 당시 부모가 세진이 편에서 이야기를 들어주기보다는 탓하는 투로 말해 아이는 상처를 입었다. 원래 굉장히 밝았는데 말수가 줄고, 표정이 어두워지고, 흥미로워하는 것도 없고, 무기력해졌다. "부모님이 동생은 잘 챙겨주면서 저는 그렇게 안 해주니까 제가 무가치한 사람 같았어요"라고 말했다. 죽고 싶다는 생각을 많이 했고 자살 시도도 했다. 아이가 우울하다고 하면 부모는 '잘못은 네가 해놓고 왜 우울하다고 티를 내냐'며 공감해주지 못했다. 아이가 상담받고 싶다고 하니 부모님은 "네가 힘들다 해서 옷도 사주고 해달라는 거 다 해줬는데 왜 우울하니?"라고 하셨다.

한번은 엄마가 세진이 방을 치우다가 다이어리를 발견했는데, 거기에 부모에 대한 온갖 욕이 다 적혀 있었다. 엄마와 아빠는 그걸 읽고 많이 울었다면서 "우리가 뭔가 잘못했으니까 아이가 그랬을 거라고 생각해요. 그걸 계기로 아이와 터놓고 이야기했는데, 그동안 우리 때문에 너무 힘들었대요"라고 하셨다.

불안하고 예민한 기질의 세진이는 안정적이지 못한 양육 환경에서 자랐다. 엄마는 우울감이 심했고, 아빠는 매일 자정이 넘어서 귀가했다. 부모님 사이가 나빠서 큰 소리로 싸우니 가정 내 불안감과 긴장감이 높았으며, 애정 욕구가 충족될 만한 상호작용이 부족했다. 세진이는 스스로를 취약하고 상처받은 존재로 인식하며, 주변에 대한 불만감도 높아 보였다. 그림을 그려보라고 하자 '피 흘려서 아파하는 사람' '엉덩이가 나무에 찔린 거인' '다리가 아파서 휜 여자 사람' '늑대 가죽을 벗긴 것' 등을 그려 내면의 손상을 암시했다. 집을 그리면서 '드라큘라가 사는 깜깜하고 무서운 집'을 연상하는 것으로 미루어 집안이 정서적으로 메마르고 어두운 분위기가 강한 것으로 여겨졌다. 엄마가 세진이의 다이어리를 발견한 후 아이와 대화하려고 노력하셨지만, 아이의 마음을 돌보기 위한 심리적 에너지가 크게 부족하며 정서적으로 불안정해 감정적인 양육이 많았을 것 같았다.

세진이는 한동안 병원에 안 오다가 고등학교 2학년이 되어서 5년 만에 다시 왔다. 여전히 집에 들어가면 우울하고 짜증이 난다고 했다. 엄마가 동생을 더 많이 돌보고 자신에게는 혼만 내는 것 같다고 했다. 가족 그림을 그리라고 했더니 강아지를 먼저 그리고 자신은 가족과 조금 떨어진 곳에 두었다. 부모님 사이의 갈등은 여전했고, 세진이는 자신만 가족들에게 이해받지 못한 채 겉돈다고 느끼고 있었다. 특히 세진이에게는 심리적으로 가장 중요한 사람이 엄마이며, 엄마의 사랑과 관심, 이해, 인정을 받고 싶은 욕구가 크지만, 엄마가 자신을 '나쁜 아이'라고 여기고, 자신을 사랑하지 않으며, 심리적으로 버려질지도 모른다는 두려움과 공포를 크게 느꼈다. 이런 상태가 나아질 수 있다는 기대 없이 만성적인 무기력감을 가지고 있었다. 기질상 욕구 좌절을 견디는 능력이 낮아서, 이런 불안감이나 두려움을 공격적인 말이나 행동으로 표출하기도 했고, 그러고 나면 드는 큰 죄책감 때문에 처벌이나 혐오 수준으로 자기 비난을 하기도 했다. '제일 걱정되는 것은 소중하게 생각하는 사람들과 멀어지는 것'이라면서도 욕구 좌절/불안감 → 짜증/분노 → 죄책감/우울로 이어지는 정서적 패턴 속에서 자기감정을 정확히 모르는 상태였다.

## 부모를 미워하는 아이를 대하는 법

### 아이가 부모를 미워하는 것은 정상적인 발달과정이다

아주 어린 아이들도 부모가 원하는 것을 못 하게 하거나 하기 싫은 일을 하라고 하면 "엄마 미워" 하면서 속마음을 표현한다. 부모는 아이를 사랑하고 돌보려고 최선을 다하지만, 아이가 원하는 것을 다 들어줄 순 없고 또 위험하거나 옳지 않은 일은 못 하게 한다. 그러니 아이들이 부모를 미워하는 마음을 갖는 것은 당연하다. 다만 부모의 속마음에 숨겨진 애정을 함께 느끼면, 아이는 지금 부모가 자신을 야단치고 있지만 그럼에도 자신을 사랑한다는 것을 알게 된다. 그리고 아이의 마음에도 미움, 분노, 서운함보다는 사랑과 신뢰를 갖게 된다.

### 부모에게 분노를 잘 표현할 수 있는 아이는 다른 사람에게도 분노를 잘 표현할 수 있다

부모에게 미움, 서운함을 말로 잘 표현하는 아이는 밖에서도 똑같이 표현을 잘한다. 부모에게 이런 감정을 표현 못 하는 아이는 학교나 사회에서 부당한 일을 당했을 때 자기 의견, 감정을 드러내지 못하게 된다.

부모에 대한 감정과 생각을 말로 할 수 있는 아이들은, 그런 마음을 인식하고 조절하며 표현하는 힘을 배우는 중이다. 예민한 아이들은 감정을 다듬어서 전하지 못하고 갑자기 터트리므로 이렇게 부정적인 감정을 가다듬어 표현하도록 해주는 것이 도움이 된다.

### 부모가 아이에게 먼저 손을 내밀어주자

아이들은 아직 자라는 중이다. 부모보다는 자기감정이나 생각을 정돈해서 표현하는 능력이 부족할 수밖에 없다. 이때 부모가 아이의 분노, 미움, 서운함을 보듬고 다독여주면, 아이도 부모의 마음을 조금씩 들여다보고 이해하려 노력하게 된다.

세진이는 약물치료와 상담치료를 시작했다. 세진이 부모님도 상담을 받으면서 아이의 마음을 이해하려고 노력을 많이 하셨다. 또 자녀의 마음에 공감하는 법이나 대화하는 법과 관련된 책도 많이 읽으셨다. "많이 내려놨어요. 아이가 말을 믿게 하는 것은 제가 말을 믿게 해서라는 생각이 들어 아이가 화낼 때는 저도 말을 줄여요. 그래서 트러블은 많이 없어졌어요. 제가 참으니까 아이가 훨씬 더 편하게 물어보기도 하고 자존감도 높아진 것 같아요"라고 말씀하셨다.

아이들 삶에서 부모는 가장 중요한 사람이다. 예민한 아이들에게는 더욱 그렇다. 예민할수록 위로와 안정감을 주는 누군가를 필요로 한다. 부모를 미워하는 아이일수록, 부모의 사랑을 더 많이 원하고 있을 수도 있다.

## 인스타그램 맞팔을
## 확인하는 아이

하윤이는 어느 순간부터 목도리도마뱀처럼 행동해왔다. 스스로 장점이 없는 사람이라 생각하고, 무시당하지 않으려고 항상 센 모습을 보이려 한 것이다. 최소한 공부라도 잘하면 또래들 사이에서 아예 무시당하진 않을 테니 공부를 열심히 하고 좋은 성적을 받으려고 노력했다. 그러다보니 도서관이나 교실처럼 하윤이를 아는 사람들이 있는 개방된 공간에서는 공부를 제대로 하기가 어려웠다. 지나가는 사람들이 '쟤 뭔가 엄청 어려운 거 할 줄 알았는데 알고 보니 되게 쉬운 거 하네'라면서 낮춰 볼 것 같았다. 수업 시간에 각자 문제를 풀라고 하면, 옆 친구들이나 선생님이 자신의 풀이를 보는 것에 압박감이 들어서, 혼자 있을 때 잘 다뤘던 문제도 잘 못 풀었다. 조별과제를 할 때면 좋은 모습을 보이고 싶어 혼자 어려운 부분을 도맡아 하면서 전전긍긍했다. 영상 편집이나 코딩 같이 해본 적 없는 과제를 할 때도 미리 연습해서 잘 아는 것처럼 말하곤 했다. 사실은 부족한 부분을 감추기 위해 더 세고 좋은 모습만 보이려는 자신이, 위험을 느끼거나 상대방을 위협할 때 목 둘레의 목도리를 펼치는 목도리도마뱀 같다고 느꼈다.

대학에 입학한 후에도 과 동기나 선배, 동아리 사람들에게 좋은 모습을 보이려고 애썼다. 공부도 관련 인터넷 강의나 원서를 찾아가면서 열심히 했고, 동아리의 궂은일도 도맡았다. 새터 준비반이나 학생회에도 꼭 참여했다. "진짜 옛날부터 남들이 나를 오해하면 어떡하지, 나를 싫어하면 어떡하지, 이런 생각을 꾸준히 했던 것 같아요. 너무 오래 그렇게 살다보니까, 지금은 딱히 그럴 이유가 없는데도 계속 그런 느낌을 받는 거예요. 저 혼자 만족하고 끝나면 되는데 자꾸 남의 평가가 신경 쓰이더라고요"라고 했다. 한번은 에어팟을 꽂고 있느라 친구 얘기를 못 들었는데, 그걸로 애들이 거만하다고 할까봐 걱정됐고, 친구의 기분이 나쁘면 내가 뭘 잘못한 건가 싶어 안절부절못했다.

동기들을 보면 인스타그램에 일거수일투족을 올리며 자기가 뭘 좋아하는지 세세한 것까지 얘기하면서 관심과 인정을 받는 것이 부러웠다. 그래서 하윤이도 인스타그램을 시작했다. 유명한 맛집, 예쁜 디저트, 읽고 있는 책이나 본 영화를 올리기 시작했다. "저도 제 생활이나 관심사를 공유할 수 있는 친구가 있으면 좋겠다는 생각이 들고, 실제보다 더 좋은 모습을 올려서 관심을 받고 싶기도 해요.""자존감이 좀 올라가서 혼자서도 만족할 수 있으면 좋겠는데 그게 안 돼요. 제 속마음조차 남들에게 인정받고 싶어하는 거 같아요. 제 존재감이 좀 드러나야 행복하다고 할까요?"

그런데 막상 인스타그램을 시작하니 자기가 팔로우를 했을 때 상대방이 맞팔로우를 해주는지, 언팔하지는 않는지 계속 신경 쓰였다. "기브 앤 테이크, 내가 상대방 입장에서 이해해주려고 노력했으니까 상대방도 그렇게 해야 한다는 생각에 애들이 맞팔을 안 해주면 나를 이해해주지 않는 것 같고, 현타 오고, 배신감 들고, 내가 만만하게 보이나 하는 생각도 들면서 세상이 미워져요. 그런데도 아예 포기하지 못하는 제 자신이 싫어요"라고 말했다. "제가 이렇게 예민하게 태어나 세상 살면서 여러모로 어려운데도 꿋꿋이 잘해왔고, 그러니 스스로를 인정하고 격려해줘야 하는데 그게 잘 안 돼요. 제가 한 건 남들에 비해서 아무것도 아니라는 생각이 자꾸 들어요."

하윤이는 기질상 겁이 많고 소심하며, 주변의 이목을 신경 쓰고 사회적 상황 속에서 긴장감을 늦추기 어려워했다. 실수나 거절에 대한 두려움, 자신의 약한 모습을 확인하는 것에 대한 불안감, 다른 사람들에게 비치는 자기 모습에 경계 태세를 보이며, 자신을 지키기 위해 강한 모습을 보이는 데 집착해온 것으로 여겨졌다. 이렇게 긴장이 지속되다보니 지치면서 외로움과 고립감도 느끼고 있었다.

집 그림을 그릴 때는 자신이 엄청난 부자가 되어 한강이 내려다

보이는 고층 아파트에 살고 있는 장면을 표현했다. "집 분위기는 굉장히 평화롭고 뭔가 야경에 취해 있어요. 자기 집에 대해서 자랑스럽게 느낄 거 같아요. 다른 사람들은 이 집을 부러워해야죠" "세월이 많이 흐르면 저는 아주 멋진 할머니가 돼 있을 거예요. 완전 백발인데 긴 머리에 선글라스를 끼고 쇼핑하러 다니는 유행에 뒤처지지 않는 할머니요"라고 말하기도 했다. 스스로 약하다고 생각하는 모습에서 벗어나 다른 사람들이 부러워하는 강하고 멋진 사람이 되고 싶어하는 마음이 느껴졌다.

## 상상의 청중

미국의 심리학자인 데이비드 엘킨드는 청소년기의 특징 중 하나로 상상의 청중imaginary audience이라는 개념을 제시했다.[13] 청소년기에 주변 사람들이 내 생각과 행동에 나만큼 관심을 갖고 있다고 생각하고 의식하는 것을 뜻한다. 주변 사람들을 무대 위의 자기를 바라보는 청중처럼 여기지만, 실제로 그들은 그 정도로 관심을 갖고 있지 않다는 점에서 '상상의' 청중이 된다. 하윤이가 도서관에서 공부할 때 주변 사람들이 자신을 쳐다볼 거라고 느끼는 것이 상상의 청중에 해당된다. 상상의 청중은 아이들의 자의식과 밀접하게 연관된다. 스스로 괜찮은 사람이라고 생각하는 아이들은 남들도 자신을 괜찮게 볼 것이라 여기고, 하윤이처럼 스스로 모자라고 약하다고 생각하는 아이들은 남들도 자신을 무시할까봐 걱정한다. 예민한 아이들은 다른 사람의 기분이나 감정에 대해 더 민감하기 때문에 남들이 나에게 관심이 많을 거라 생각하고 무시할까봐 걱정하며, 때로는 센 모습을 보이려 하는 것이다.

## 남이 나를 싫어해도 괜찮다

아들러 심리학을 설명하는 『미움받을 용기』라는 책에서 철학자 기시미 이치로는 자유와 행복은 타인에게 미움받는 것을 두려워하지 않는 데서 온다고 했다.[14] '남이 나에 대해 어떤 평가를 내리든 마음에 두지 않고, 남이 나를 싫어해도 두려워하지 않으며, 인정받지 못한다는 대가를 치르지 않는 한 자기 뜻대로 살 수 없'다는 것이다. 그런데 이렇게 남들의 시선을 신경 쓰지 않고, 스스로의 생각과 판단을 중시하면서 살아가는 마음이 자라는 데는 시간이 꽤 오래 걸린다. 아이 스스로의 깊은 성찰과 노력도 있어야 하고, 주변 환경과 성장 여건도 중요하다. 부모나 교사, 친구관계에서 누군가 아이의 모습을 있는 그대로 봐주고, 지금의 모습만으로도 충분히 가치 있다고 말해주는 경험을 한다면, 목도리도마뱀이 펼친 목도리를 접는 것처럼 아이가 좀더 편안하게 자기 자신을 발견하고 사랑할 수 있을 것이다. 그리고 하윤이가 말한 것처럼 "이렇게 예민한 아이로 태어나서 어려운데도 불구하고 꿋꿋이 잘해왔다"고 스스로에게 말해줄 수 있을 것이다.

# 불안이 신체 증상으로
# 오는 아이

성진이는 어려서부터 불안이 많은 아이였다. 아기 때부터 조그만 소리에도 깨서 울었다. 혼자 화장실 가는 것을 무서워하고, 부모와 떨어질 일이 있으면 20~30분씩 소리 지르고 울면서 그 자리에 드러눕기도 했다. 나뭇잎이 흔들리는 것만 봐도 오싹해하고, 그림책에서 귀신이 등장할 때면 겁에 질렸다. 천둥, 번개가 치면 부모에게 한달음에 달려왔다.

초등학교 입학 후에는 매일 아침 옷 입기 싫다고 울면서 학교를 안 가려 했고, 두통과 복통을 호소하기도 했다. 학교에서 「위기탈출 넘버원」 같은 프로그램을 보고 오면 악몽을 꾸고, 뉴스에서 일본의 쓰나미나 지진 소식이 나오면 우리나라에도 똑같은 일이 일어날까봐 불안해했다. 책이나 영화, 유튜브를 보며 쉬려고 해도 불안 때문에 집중이 잘 안 되었다.

성진이는 "불안 증상이 심해지면서 가끔은 숨이 잘 안 쉬어졌어요. 두통, 소화불량은 달고 살았고 먹은 것도 없는데 미친 듯이 구역질이 나기도 했어요. 잠도 잘 못 자요"라고 말했다. "'나를 키운 건 팔 할이 바람이다'라는 시를 국어 시간에 배웠는데요, 저를 키운 건 팔 할이 불안이었어요"라는 말도 했다. "누가 날 싫어하진 않을까, 시험 망하면 어떡하지, 입시에 실패하면 어떻게 해야 할까, 넘어져서 다치진 않을까, 엘리베이터가 고장나면 어떡하지, 길을 건너다 차에 치이진 않을까 등등 머릿속이 항상 불안으로 가득차 있어요" "제가 자유롭지 못하고 뭔가가 저를 붙들고 있는 것 같아요. 어둠에 붙들려서 빠져나오지 못하는 느낌이에요" "제가 힘든 것을 혼자서 다 끌어안고 있는 편이잖아요. 저 자신이 원망스럽고 그렇게 살아온 게 후회돼요. 학교에 가면 두통이 너무 심하고 피곤해서 보건실에서 누워 있어요. 응급실에 간 적도 있어요"라고도 했다.

성진이처럼 불안이 신체 증상으로 나타나는 아이들이 있다. 성진이는 맞벌이를 하는 부모와 돌 무렵까지 떨어져 조부모와 함께 살았고, 돌부터 만 5세까지는 조부모, 부모와 같이 살면서 조부모가 주 양육자 역할을 했다. 학교에 입학하기 직전에 조부모가 지방으로 이사 가자 며칠간 울면서 할아버지 할머니에게 유별난 애착을 보였다. "할머니, 할아버지는 화도 안 내고 제 마음을 알아주니까 좋아요"라고 말하기도 했다. 가족 그림을 그릴 때 조부모를 포함해 친척들까지 모두 묘사하면서 정작 엄마는 안 그렸고, 엄마 강아지가 새끼 강아지를 목욕시켜주는 그림을 보고 엄마 강아지가 새끼 강아지를 죽이려 한다고 해석했다. 이로 미루어 성진이 마음속에서는 엄마와의 관계가 무섭고 두려운 것인 듯했고, 억압된 분노나 화도 상당해 보였다. 가족 그림에서 아빠는 잠을 자고 있어서 자신을 보호하거나 안정감을 주는 대상이 아니라고 여기는 듯했다. 그림을 그리면서 주인이 버려 밥을 못 먹고 굶어 죽은 고양이 이야기를 만들었는데, 마치 자기 자신에 대한 이야기인 듯했다. 성진이 부모님은 검사 결과를 들으면서, 매일 퇴근하면 그날의 숙제와 준비물, 집안일을 챙기느라 아이의 마음을 돌보지 못한 것 같다며 속상해하셨다.

성진이는 자기감정을 적절히 표현하는 법을 배우지 못하고, 감정 표현 자체를 나쁜 것으로 생각하는 듯했다. 자연스러운 불만이나 분노도 꾹 누르면서 내면의 긴장감을 더하는 것 같았다. 그러다가 스트레스 상황에 놓이면 숨이 안 쉬어지거나, 두통과 구역감, 어지럼증 등의 신체 증상으로 나타나는 것 같았다.

## 불안을 신체 증상으로 표현하는 아이는
## 어떻게 도와야 할까요?

### 신체 증상은 의학적 평가 및 치료를 해야 한다

배나 머리가 아프고 숨이 잘 안 쉬어지는 신체 증상이 있을 때는 병원을 찾아 신체 질환에 대한 평가를 제대로 하는 것이 좋다. 실제로 숨어 있던 신체 질환을 발견할 수도 있지만, 검사를 제대로 해야 아이가 반복해서 신체 증상을 호소할 때 부모가 확신을 갖고 안정적으로 대할 수 있기 때문이다. 그런데 검사에서 특별한 이상이 없다는 것을 확인한 이후에도 계속 신체 증상을 호소하면서 검사를 하고 싶다는 아이들이 있다. 이럴 때는 필요한 검사를 다 했기 때문에 추가로 할 필요가 없다고 분명히 얘기하자.

### 복식호흡이나 이완 훈련을 가르친다

불안을 신체 증상으로 표현하는 아이들은 일반적으로 신체적인 긴장이 높다. 그래서 복식호흡을 포함한 이완 훈련이 도움이 된다. 병원에서 하는 바이오피드백은 체온, 호흡수, 맥박, 근육 긴장도 등의 자율신경계 반응을 컴퓨터 화면으로 보면서 이완 훈련을 하는 것이다. 자기 몸 상태와 이완 훈련의 결과를 바로 확인할 수 있어서 바이오피드백을 좋아하는 아이들이 종종 있다.

### 감정을 말로 표현하도록 돕는다

불안을 신체 증상으로 표현하는 아이들은 감정을 드러내는 것이 나쁜 것이라거나 안전하지 않다고 생각하곤 한다. 혹은 감정을 말로 하는 법을 배운 적이 없어서 어떻게 해야 하는지 잘 모른다. 그러니 아이들이 느꼈을 불안, 놀람, 분노, 당황스러움을 부모가 먼저 말로 표현해주어서 아이에게 감정을 말하는 것은 괜찮고 안전하다는 것을 보여주자. 가령 "방송에서 집에 불이 난 것을 보니까 우리 집에도 불이 날까봐 걱정되는구나" 하고 마음을 읽어주는 것이다.

## 부모가 자기감정을 말로 표현한다

아이가 자기감정을 말로 잘 표현하지 못하는 경우 그 부모도 자기감정을 언어로 표현하는 능력이 부족할 때가 많다. 감정을 드러내면 성숙한 사람이 아니라고 여겨졌던 유교 문화의 영향 아래서 자란 부모 세대는 더 그렇다. 하지만 아이의 신체 증상이 좋아지게 하려면 아이와 부모 모두 자신과 다른 사람의 마음을 읽고 언어로 표현하는 능력을 키우는 것이 가장 중요하다. 그런 능력이 자라면 설명되지 않는 신체 증상이 줄어든다.

## 일상생활을 유지하도록 돕는다

불안을 신체 증상으로 표현하는 경우 간혹 신체 증상 때문에 식사, 수면, 등교와 같은 일상생활의 리듬이 흐트러진다. 이것을 유지하도록 도와주는 것이 필요하다.

## 감정을 글로 써서
## 표현하는 것

지유는 어렸을 때 어두운 곳을 무서워해 영화나 뮤지컬 단체 관람을 가면 울곤 했고, 사고가 날까봐 에스컬레이터나 엘리베이터를 잘 못 탔다. 일본에서 지진이 나면 자기 집이 무너질까봐 걱정했고, 학교에서 전쟁에 대해 배우면 북한이 쳐들어올까봐 걱정돼 계속 인터넷으로 찾아보곤 했다. 불안이 올라올 때면 엄마나 선생님에게 괜찮은지 하루에도 몇 번씩 확인했다.

중학교 1학년생이 되면서는 학업에 대한 스트레스가 커졌다. 공부량에 비해 성적이 안 나오자 속상해했고, 공부할 때는 다 이해되는 것 같은데 시험 볼 때면 어떻게 해야 할지 모르겠다고 했다. 성적에 신경 쓰다보니 긴장하고, 그러니까 더 실수해서 성적이 안 나오는 것 같기도 했다. 주변 친구들은 자기보다 더 열심히 안 하는 것 같은데 성적이 잘 나오는 것처럼 느껴졌다. 완벽주의 성격인 아빠가 지유의 성적에 관심을 보이고 핀잔이나 잔소리하는 것을 들으면 불안감이나 긴장이 더 심해지는 듯했다. 감정 기복이 커지고 가족들에게 짜증도 자주 냈다. 학교에서 돌아오면 가방을 집어 던지고, 방문을 세게 닫거나 갑자기 거실에 나와 소리를 지르기도 했다. 지유는 부모님이 자신의 감정에는 관심이 없고 성적에만 신경 쓴다며 속상해했다.

지유는 무력감이 크고 우울하며, 걱정도 많아 보였다. 학업에 대한 욕심과 인정받고자 하는 욕구가 크고, 친구들과 잘 어울리고 싶다는 바람도 크며, 주변 평가에도 무척 예민하지만 스스로의 기대 수준에 미치지 못하는 데다 내성적인 성격으로 인해 좌절감과 열등감이 심한 상태였다. 어려움에 부딪혔을 때 적극적이고 긍정적인 태도를 취하기보다 막연히 주변 사람들이나 환경을 탓하면서 좌절감과 피해의식을 느끼는 듯했다.

지유 아빠는 전라남도 섬 지역에서 혼자 열심히 공부해 의사가 된 전형적인 자수성가형 인물이었다. 어려운 환경에서도 본인 노력으로 성공하다보니, 지유의 마음속 불안이나 좌절감, 노력해도 안 된다는 것을 잘 이해하지 못하셨다. "필요한 것을 다 해주는데 왜 공부를 안 하는지 모르겠어요"라는 말도 하셨다. 그리고 지유가 짜증 내거나 문을 쾅 닫는 행동 하나하나에 대해 지적하고 제지했다. 엄마는 지유의 감정이나 행동을 이해하려고 노력하지만, 겉으로 드러나는 문제 행동에 초점을 맞춰 객관적 설명을 하고 문제 해결을 하려 할 뿐 그 이면의 감정은 살피지 못하는 듯했다. 아이의 기질이 자신과 너무 달라 이해하기 어려웠고, 지유의 욱하고 짜증 내는 행동 때문에 계속 스트레스를 받고 있었다.

지유는 가족 내 갈등과 학교 적응의 어려움으로 고민하다가 자퇴하고 외국에 있는 학교로 갔다. 처음 외국 학교를 다니면서 많은 학습량을 소화하는 것이나 아이들과의 관계에 적응하는 것을 어려워했다. "의지할 사람이 없다보니 마음이 항상 불안하고 힘들었어요. 비밀 이야기도 못 하고, 마음대로 울지도 못하고요." 기숙사방을 같이 쓰는 한국인 친구의 눈치가 보여서 가족들과 화상 통화를 할 때 소리는 끄고 채팅창이나 카카오톡으로 이야기를 나눴다. 글로 써서 일어났던 일이나 감정을 전달하다보니 생각이 정리되고, 짜증과 화를 내지 않으면서도 감정을 세세히 알릴 수 있었다. 지유 엄마와 아빠도 지유의 생각이나 감정을 더 잘 이해하고, 위로와 격려를 더 잘할 수 있었다고 한다. "외국에서 살면서 엄마아빠랑 사이가 좋아졌어요. 그동안 아빠한테 감사할 줄 몰랐던 것 같아요"라고 말했다.

### 감정은 언어로 표현해야 조절할 수 있다

감정은 늘 힘이 세다. 아이들은 부정적인 감정이 휘몰아칠 때 자기감정에 압도된다. 아이들, 특히 청소년들이 감정을 말이나 행동으로 쏟아낼 때 부모는 압박감을 느낀다. 비난받고 있다는 마음에 화가 날 수도 있고, 상황이 통제되지 않는 것에 무기력함을 느낄 수도 있다. 그러면서 부모도 아이들을 지적하거나 비난하고 같이 소리 지르거나 행동으로 터트리기 쉽다. 겉으로 드러내지 않는 부모라고 해도 어쩔 줄 모르고 혼란스러워하거나 불안해하기 쉽다. 그런데 감정은 항상 이름을 붙여주고, 언어로 표현해줘야 다룰수 있는 것이 된다. 또 아이의 짜증, 남의 탓, 버릇없음에 대해서 비난하기 전에 그 마음속에 있는 불안, 막막함, 좌절감, 두려움, 외로움을 읽어주어야 속에서 일어나는 '진짜 감정'을 들여다볼 기회를 얻을 수 있다.

### 글로 쓰는 것은 감정을 표현하는 좋은 방법이다

지유 엄마는 지유가 소리 지르거나 울거나 짜증 내면서 말하면 뭐라고 대답해야 할지 몰라 혼란스러웠다. 그런데 영상통화의 채팅창이나 카카오톡 메시지로 일어났던 일, 감정, 생각을 전달하니까 이해하기 쉽고 엄마가 답변을 하기도 쉬웠다. 예전에는 엄마가 위로나 공감을 해주려 해도 아이가 삐딱하게 들었는데, 글로 하니 메시지가 분명하게 드러났다. 오해의 여지 없이 충분히 생각하고 전달할 수 있는 것도 좋았다. "아이가 던지는 감정에 압도되는 느낌 없이 그 마음을 이해할 수 있어서 좋았어요"라고 지유 엄마는 말씀하셨다.

사춘기 아이와 감정 대립이 극단으로 치닫거나 아예 대화가 이뤄지지 않을 때, 손글씨나 메시지를 통해 서로의 마음을 주고받는 것이 도움이 되곤 한다. 글은 감정을 자세히 표현하지만, 압도되는 느낌이 덜하기에 감정 자체에 더 집중하게 만든다. 글을 쓰는 사람도 자기 기분이나 감정을 더 찬찬히 들여다보고 설명할 수 있으며, 글을 읽는 사람도 좀더 중립적으로 상대방의 입장을 이해할 수 있다. 최근에는 아이들이 좋아하는 이모티콘도 다양하게 나와 있으니 마음을 표현하기 어색할 때 활용해보자.

모든 아이는 예민하다

## 엄마는 저보다 많은 것을
## 견디고 있겠죠?

하율이는 초등학교 1학년 때 불안 때문에 처음 병원에 왔다. 어린이집 졸업식에 다녀와서 선생님하고 헤어지는 게 속상한 데다 초등학교 입학이 걱정된다며 펑펑 울고, 밤에도 엄마랑 같이 자려 했다. 초등학생이 되어 학교에서 잘 지내다가도 집에 오면 머리 아프고 배 아프다면서 식사를 안 하려고 했다. 초등학교 때 내내 친구들이 뭐 사줄 때만 잘해주는 것 같다거나, 친구들이 자신의 별것 아닌 행동에도 뒷담화하는 것 같다며 또래관계를 힘들어했다. 친구들은 조별과제를 할 때 "너랑은 안 해"라며 팀에 안 끼워주고, 피구할 때도 공에 안 맞았는데 나가라고 했다. 사회적 관계에서의 자신감이 부족하다보니 부당한 일을 당해도 자기표현을 못 한 채 위축되곤 했다.

중학교에 들어가서는 친구들은 수업을 이해하고 숙제도 잘해오는데, 자기만 뒤처지는 것 같다며 숨이 잘 안 쉬어진다고 했다. 친구와 연락이 잘 안 닿거나, 친구가 좀 퉁명스럽게 답변할 때 불안과 초조가 확 올라오고, 엄마한테 "같이 놀아요"라고 말했는데 엄마가 "이것만 하고 놀자"라며 욕실 청소를 하러 갈 때는 자신을 무시하는 것 같다며 자해를 하기도 했다.

하율이는 자신의 부족한 점과 나쁜 점만 확대해서 보고, 가까운 사람들과의 관계에서도 자신을 싫어하지 않을까 안절부절못하는 편이었다. 사소한 거절의 단서에도 민감하게 반응하고 소외감, 좌절감을 느꼈다. "나를 진심으로 좋아하는 사람은 없다" "내게는 친구가 거의 없다"는 말을 하기도 했다. 그림을 그리라고 하니까 날개가 부러져서 날지 못하는 새나 양손이 없는 아이를 묘사했다.

하율이는 삼남매의 첫째였다. 하율이 아빠는 지방 출장이 잦았고 엄마는 직장을 그만두고 거의 독박 육아를 하며 힘들어했다. 그래서 까다롭고 계속 관심을 요구하는 하율이가 버거웠다. 엄마는 원래 틀을 벗어나지 않는 성격으로 아이들이 집 안을 어지르자 못 견뎌했다. 아이 셋이 과자 부스러기를 흘리고 물을 엎지르는 것에 화가 치밀 때도 있었다. 하율이 아빠도 아이들이 어지르는 것을 싫어했고, 아이들이 싸울 때마다 드럼 스틱으로 때리며 혼을 냈다. 하율이는 어려서부터 집안 분위기를 험악하게 만드는 아빠가 무섭고 원망스럽다고 했다. "아빠는 저를 때렸고, 엄마는 제가 혼자 내버려둬도 잘 사는 어른 같은 애가 되길 바란 것 같아요."

동생들에 비해서 관심을 받지 못했던 것 같다고도 했다.

또래관계에서 상처를 받는 것 때문에 중학교를 자퇴하고 약물 치료와 상담을 받기 시작했다. 집에 있으면서 아빠가 툭툭 뱉은 말이나 엄마 말에 상처받고, 우울해했다. 불안할 때는 엄마에게 마음 상태를 반복해서 이야기하며 견디려고 하는데, 엄마가 그걸 잘 버티지 못했다. 한번은 엄마도 너무 힘들어서 "우리는 그 망할 놈의 사랑받는 느낌 들게 해주려고, 동생들한테 미안할 정도로 너만 챙기고 있다"는 말을 해 하율이는 크게 상처 입었다.

엄마는 하율이가 학교를 그만둔 후부터 내내 서로 씨름하면서 지냈다. 자신이 하율이의 스트레스를 받아주는 대상이 된 듯해 울화병이 생긴 것 같았다. 매번 비슷한 얘기를 듣다보니 엄마도 미칠 것 같았다. 그렇지만 엄마를 미치게 하는 그런 순간들에 사실 하율이는 세상에 한 발씩 내딛고 있었다. 그리고 이런 순간들을 몇 년간 견디다보니 하율이에게도 자기감정을 행동 대신 말로 표현하는 능력이 자라는 듯했다. 그러던 어느 날 하율이가 "엄마는 저보다 더 어려운 시간들을 견디고 있는 거겠죠?"라고 말했다. 엄마의 마음을 이해하는 능력이 자라나는 순간이었다.

그 무렵 하율이는 자신을 비난하는 아빠에게도 서운한 점을 말로 정확히 풀어서 설명하기 시작했다. 한번은 하율이가 힘들다고 하니까 아빠가 "너는 평생 너 하고 싶은 대로 하고 살았는데, 그 정도도 못 참냐"라고 했다. 하율이는 "진짜 너무 화나요. 저는 공감받고 싶었던 건데 그렇게 말하니까요"라고 했다. 그러고는 아빠에게 하고 싶은 말을 노트에 정리한 다음 전화를 걸었다. 남들 보기에는 자신이 자유롭게 지내는 것 같아도 본인에게 그런 일상은 지옥이라고, 힘들어서 잊으려고 자고, 잊으려고 먹는다고, 자신은 사소한 것에도 쉽게 상처받는 사람이라고, 그래서 아빠가 그런 말 하면 상처받는다고 솔직하게 말씀드렸다. 그러자 하율이 아빠는 용기 내줘서 고맙다며 사과했는데, 하율이는 그 말에 마음이 많이 풀렸다고 했다. 부모님 마음을 이해하는 능력뿐 아니라 자기감정이나 생각을 잘 정리해서 전달하는 능력도 자란 것이다.

아이들은 청소년기를 지나면서 뇌도 자라고, 다른 사람의 마음을 이해하는 능력, 자기 생각과 감정을 말로 설명하는 능력, 또 감정과 행동을 조절하는 능력도 자란다. 그래서 청소년 자녀를 키울 때는 지금 부모가 보고 있는 모습이 평생 가는 것이 아니며, 아이들이 성장할 수 있는 힘을 가지고 있다는 사실을 믿고 기다려주는 것이 중요하다.


## 다른 사람의 마음을 이해하는 능력이
## 잘 자라도록 하려면

### 아이의 마음을 읽어준다

사회성의 기초가 되는 능력 가운데 하나인 다른 사람의 감정을 인식하고 이해하는 것은 자기 마음속에서 일어나는 감정을 알아

모든 아이는 예민하다

차리는 능력과 함께 자란다. 아주 어릴 때부터 아기가 느낄 것 같은 감정에 이름 붙여서 말해주면 이런 능력을 키우는 데 도움이 된다. "졸리운데 엄마가 빨리 안아주지 않아서 속상했구나. 그래서 우리 아기가 우는구나" 하고 말해주면, 아기는 자기 마음속에서 일어나는 감정이 '슬픔' '속상함'이란 것을 알게 된다. 이렇게 감정을 읽어주는 과정은 아이가 자라는 동안 계속 필요하다. "새로 나온 레고를 꼭 갖고 싶었는데 엄마가 안 사줘서 화났구나" "친구랑 더 놀고 싶었는데 친구가 일찍 가서 섭섭하구나" 하고 짚어주면, 아이가 자기도 인식하지 못하고 있던 마음을 알아차리고, 누군가 자기를 이해해주었다는 것 때문에 화나고 섭섭한 감정이 줄어든다.

**다른 사람의 입장과 상황을 생각하게 해준다**

현실에서 아이가 경험한 것이나 책, 영화 등에서 마주치는 상황을 통해서 다른 사람의 상황과 감정에 대해 생각해보게 하는 것도 아이가 다른 사람의 마음을 이해하는 데 도움이 된다. "친구는 시현이가 만든 레고를 일부러 망가뜨린 거야, 아니면 실수로 그런 거야? 레고가 망가져서 네가 속상해할 때 친구 표정은 어땠어? 미안해하는 것 같았어?"라고 물어보는 것이다. 책이나 영화를 같이 볼 때도 "인어공주가 왕자를 구해준 건데, 왕자는 왜 다른 사람이 자기를 구해줬다고 생각하게 됐을까?" "다른 사람에게 왕자가 고마워하고 그 사람이랑 결혼까지 하는 모습을 보면서 인어공주의 기분은 어땠을까?"와 같은 질문을 통해서 등장인물의 생각이나 감정을 떠올려보게 하는 것이다. 또 "토끼는 게으름을 피우다가 거북이에게 져서 부끄럽겠다" "야수는 약속을 지키고 돌아온 벨이 고마웠겠다"라며 등장인물의 감정을 말로 표현해주는 것도 다른 사람의 감정을 이해하는 능력을 기르는 데 도움이 된다.

### 결과보다 의도와 과정을 돌아보게 해준다

아이들에게 부모가 행동의 결과뿐 아니라 의도와 과정에 관심을 갖고 있다는 것을 보여주어야 한다. 엄마를 도와주려고 설거지하다가 그릇을 깨뜨렸다면, 깨뜨린 사실 자체보다 엄마를 도와주려 했던 아이의 마음을 격려해주어야 한다. 동생이나 다른 가족, 친구에게 양보하거나 배려를 했다면, 부모가 그 사실을 알고 있다는 것을 드러내고 격려해주는 것이 중요하다. 마찬가지로 학교에서 일어났던 일에 대해서 아이가 이야기할 때도 친구들의 행동 아래 숨어 있는 의도와 과정을 물어봐주는 것이 좋다. "민정이는 너랑 친한 줄 알았는데 왜 생일 파티에 초대를 안 했을까? 너만 보면 따라다니면서 괴롭히는 은지가 온다고 해서 그런 거 아닐까?"라고 물으면 아이는 "맞아요. 저랑 은지랑 같이 초대하면 은지가 다른 친구들 앞에서 저를 괴롭혔을 거예요. 대신 민정이가 주말에 놀이공원에 같이 가자고 했어요. 저도 그게 더 좋아요"라고 대답하면서 대화가 깊어진다.

모든 아이는 예민하다

## 부모 스스로의 감정을 표현하는 것도 도움이 된다

부모 자신의 마음속 감정을 말로 표현하는 것도 아이가 다른 사람의 마음을 이해하는 능력을 키우는 데 도움이 된다. "하율이가 엄마 아빠에 대해 불안하게 생각하는 것 같아서, 사랑받는 느낌을 들게 해주려고 노력하는데 하율이에게는 그런 마음이 전달되지 않을 때도 있나봐. 하율이가 엄마는 동생들만 사랑한다고 말하면, 하율이가 엄마의 노력이나 마음을 몰라주는 것 같아서 엄마도 속상하고 서운해. 어떻게 해야 엄마 마음이 하율이에게 전해질 수 있을지 몰라서 무력한 느낌이 들기도 해"라며 표현하는 것이다. 이런 표현을 많은 부모가 힘들어하는데, 부모가 아이 인생에 중요한 사람인 만큼 솔직한 감정 표현은 아이에게 큰 위로가 된다. 뿐만 아니라 부모의 마음을 이해할 수 있는 아이는 다른 사람들의 마음도 잘 이해할 수 있을 것이다.

## 아이의 불안을 함께 견뎌준다

예민한 아이들은 자신과 다른 사람의 감정에 쉽게 영향받고 불안해한다. 스스로 감당하기 어려운 불안에 압도된 아이들은 마음속에 있는 감정, 생각, 요구와 같은 것을 모호한 느낌의 덩어리로 부모에게 던지곤 한다. 대부분의 부모는 이런 감정에 함께 압도되기 때문에 쉽게 화내거나 힘들어할 수 있다. 하율이 부모가 그런 것처럼 말이다. 그런데 모호한 감정 덩어리를 담아주고, 해석하고, 이름 붙여서 의미화해주면 아이의 자아 안에서 자신과 다른 사람,

의식과 무의식, 보고 관찰한 것과 상상한 것을 구별하는 능력이 자라난다. 하율이가 엄마를 비난하고 화낼 때 그 아래에 숨겨진 서운함, 버림받은 느낌, 분노, 이해받고 싶은 마음을 발견해서 이를 언어화하게 해주면, 하율이는 자기 마음속에서 일어나는 일과 현실적인 상황들을 이해하는 능력을 좀더 갖게 된다. 이렇게 감정을 견디고 언어화 작업을 반복하다보면 하율이가 그런 것처럼 엄마의 노력과 어려움을 아이가 이해해줄 때가 올 것이다.

## 불안을 조절하는
## 힘이 자라요

오쿠다 히데오의 『공중그네』「고슴도치」에피소드에는 뾰족한
물건을 보면 두려움을 느끼는 야쿠자 중간 보스 세이지가 나온다.
세이지는 상대 야쿠자 요시야스와 담판을 지으려고 한다. 혹시 모
르는 칼부림에 대비해 정신건강의학과 의사 이라부에게 부탁해
거물 야쿠자인 양 위장하고 동행한다. 둘은 서로 몸수색을 하고
무기가 될 만한 물건을 치운다. 요시야스는 '블랭킷 증후군'으로
몸에 칼을 지니고 있지 않으면 불안해한다. 한 사람은 선단공포증,
다른 한 사람은 블랭킷 증후군. 같은 처지에 있는 세이지와 요시
야스는 이라부를 통해 서로를 이해하게 된다.

영미는 『공중그네』에 나오는 세이지의 이야기를 듣고 위로가 된
다고 했다. 영미도 두 달 전쯤부터 머릿속에 원하지 않는 잔인한

생각이 떠올라 힘들었다. 본인이 죽거나 누군가를 잔인하게 공격하는 모습이 떠오르고, 뾰족한 것이 보이면 그것으로 누군가를 찌르는 생각과 충동이 계속 들었다. 이 때문에 자기 자신이 너무 무섭고 우울하며, 스스로 이상한 사람이 된 것 같았다. "그런데 「고슴도치」에는 저 같은 사람이 둘이나 나오잖아요. 제가 이상한 게 아니고 그냥 평범한 사람같이 느껴져서 좋았어요"라고 말했다.

영미는 맞벌이 가정에서 자라 어려서부터 부모와 보내는 시간이 많지 않았다. 초등학생 때부터 종종 기분이 울적하거나 마음이 불안해지곤 했다. 1학년 때는 엄마가 직장에서 일하느라 전화를 계속 받지 못하자 너무 불안해서 학교에서 목 놓아 울기도 했다. 기질상 새로운 것을 모험하기보다 안정적이고 익숙한 것을 더 선호하며, 어떤 결정을 내리기 전에는 오랫동안 신중하게 생각했다. 다른 한편 조심성이 많기 때문에 미리 위험 요인들을 떠올리고 염려하느라 보통 사람들보다 걱정과 두려움도 더 자주 느꼈다. 혹시 실수하거나 실패할까봐 사소한 것에도 끝없이 신경 쓰고, 거절이나 좌절, 실수에 대한 두려움 탓에 자기 의견을 내세우거나 주장하는 것을 어려워했다. 자기 욕구나 감정보다는 남들의 욕구에 좀 더 맞추려 하고, 자기 생각보다는 다른 사람들의 생각을 더 중시했다. 관계를 중시해 소중한 사람들에게 위로받고 지지를 얻는 게 필요했는데, 어릴 때부터 그런 부분이 충족되지 못해서 쉽게 외로움을 느꼈다.

모든 아이는 예민하다

## 불안을 조절하기 위한 아이의 노력

"죽이고 싶은 생각도 강박사고인가요? 그런 생각이 들면 자꾸 불안해요. 제가 진짜 누구를 죽일까봐요. 컨디션에 따라서 나아졌다 심해졌다 해요. 강박사고가 들면 최대한 다른 생각으로 바꿔보려고 노력해요"라고 영미는 말했다. 불안한 생각이 치밀어오를 때는 산책이나 운동을 하기도 하고 음악을 크게 틀어놓고 K-POP 댄스를 추면서 생각하지 않으려고 노력했다. 힘들 때는 휴대폰으로 퍼즐게임을 하거나 OTT에서 드라마와 애니메이션을 보기도 했다. 그래도 불안한 생각이 그치지 않을 때는 친구랑 가고 싶은 맛집을 상상하는 것처럼 다른 생각을 하려고 애썼다. 어떤 것으로도 해결되지 않을 때는 '생각만으로는 다른 사람이 죽지 않아. 인간은 누구나 잔인한 생각을 할 수 있고, 야한 생각도 할 수 있어. 그렇지만 그런 생각이 다른 사람을 다치게 하지도 않고, 그런 생각이 나쁜 것도 아니야' 하고 스스로의 생각에 반박하는 말을 걸어보기도 했다.

이렇게 노력하면서 영미는 점점 더 학교생활에 적응해갔다. 처음에 일주일에 두 번씩 하던 조퇴가 한 달에 한두 번으로 줄었고, 보건실에도 가끔씩만 갔다. "제가 조절할 수 있는 부분이 커지는 것 같아요. 외부 자극을 조금씩 견디고 걸러 들을 수 있게 됐어요. 최대한 긍정적으로 생각하려고 노력하고 있어요"라고 말하기도 했다. "선생님, 저 스스로 아주 많이 좋아졌다고 느껴요. 불편하거나 불안한 것도 없고 감정 조절도 더 잘하게 됐고 최대한 딛고 일어나려고 노력하는 중이에요. 그런데도 가끔 감정 기복이 있는데 그럴 때는 어떻게 해야 할까요?" 하고 말하기도 했다. 자기 마음을 돌아보고 성찰하는 능력, 감정을 스스로 다독이는 능력, 문제를 찾아내고 해결하려 하는 능력이 만날 때마다 한 뼘씩 자라는 게 보였다.

### 아이의 불안 조절을 돕기 위한 부모의 노력

엄마도 아이의 마음을 이해하려 노력하고, 함께 시간을 보내며 대화하려고 노력했다. 처음에는 아이에게 "내가 언제까지 너를 이해해줘야 하니? 뭐가 그렇게 힘드니?"와 같은 말을 해서 아이가 더 주눅들고 불안해했는데, 엄마가 아이에게 잔소리하는 것을 줄이고 "강박 증상이 다 좋아진 건 아니지만 요즘 생활에 영향을 덜 미치나봐. 노력하는 게 멋지다"라고 말하며 아이의 호전되는 점을 발견해주기도 했다. 아이의 불안이 심해질 때는 같이 산책하거나 쇼핑을 하기도 하고 맛집을 찾아보면서 영미가 불안한 순간에서 벗어날 수 있도록 돕기도 했다. 엄마가 노력하니까 아이도 엄마를 대하는 모습이 많이 달라진 것 같았다. "엄마가 어떻게 해줘도 채워지지 않는 마음이 있는 것 같아"라는 말을 하기도 했는데, 그런 말을 할 수 있게 된 것도 엄마가 편안하고 안전하다고 느껴서였다.

### 불안을 조절하는 아이의 능력은 반드시 자란다

영미가 그런 것처럼 아이들은 자란다. 예민한 성향 때문에 청소년기에 자신과 가족을 힘들게 하거나, 또래관계에서의 어려움으로 파란만장하게 보낸 아이들이라고 해도, 그런 시기가 언제까지나 지속되는 것은 아니다. 청소년기를 지나면서 뇌 발달 가운데 마지막으로 전두엽의 성숙이 이뤄진다. 전두엽 발달이 완성되어가면서 편도체의 과잉 활성화를 조절하는 뇌의 능력이 자란다. 그러면서 내외부 자극에 대한 감정 반응을 조절하는 아이들의 능력도 자란다. 또 아이들 뇌가 자라는 것처럼 아이들의 마음도 자란다. 각자 자기만의 방법으로 불안을 조절하려는 인지적 노력을 하면서 여러 시행착오를 통해 자신에게 가장 적합한 불안 조절법을 배운다. 세상은 경험하고 배워나가는 것이다. 또한 부모, 친구 또는 중요한 사람이 아이의 감정을 보듬고 읽어주는 과정을 통해서 예민한 아이들도 자기 불안을 스스로 이해하고, 표현하고, 조절하는 능력을 키운다.

# 부모의
# 마음속
# 예민한
# 아이

## 제 5 부

## 예민한 부모에게서 난 예민한 아이

　초등학교 3학년생 유찬이의 아빠는 매우 꼼꼼하고 깔끔한 분이었다. 이 때문에 아빠의 퇴근 시간이 가까워오면 집안 식구가 다 같이 청소를 해야 했다. 아빠는 청소할 때 빨리빨리 안 치우면 유찬이에게 소리를 지르기도 했다. 유찬이는 "아빠는 엄청 화내면서 큰소리 내다가 집을 깨끗이 치우면 괜찮아져요"라고 말했다. "저는 여덟 살 때부터 청소했어요. 엄청 잘해요"라고도 했다. 유찬이 아빠는 청결에 신경 쓰는 것 말고도 감각적으로도 섬세하고 불안과 걱정이 많은 성격이었다.

　민준이 엄마는 초등학교 1학년생 민준이가 학교에 가고 나면 하루 종일 걱정이다. 학교에서 선생님이 시키는 것을 잘하고 있을지, 친구들과 안 싸우고 잘 지내고 있을지, 오늘 급식 반찬에 민준이가 싫어하는 게 많던데 안 먹는다고 선생님께 야단맞는 것은 아닐지, 체육 시간에 다치지는 않을지 염려한다. 민준이네 학교는 아파트 단지 한가운데에 있는데, 체육 시간에는 학교 운동장이 내려다보이는 친구 집에 가서 있기도 한다.

아이 키우는 일에서 겪는 어려움은 어느 부모에게나 있지만, 예민한 기질을 지닌 부모들에게 육아는 특히 힘든 과제를 안겨준다.

## 예민한 부모가 아이를 키우는 것이 힘든 이유

첫째, 부모들 가운데는 시각, 청각, 후각 등 감각적 자극을 섬세하게 인식하고 그로부터 쉽게 영향받는 사람들이 있다. 하지만 별 문제가 없고 편안한 집이라고 해도 아이를 키우다보면 시끄럽고 집 안은 엉망이 되기 일쑤다. 아이들은 어지르기를 멈추지 않는다. 조용히 해달라고 해도 아이들은 목소리 크기를 쉽게 조절하지 못한다. 게다가 예민한 부모들은 땀 냄새와 음식 냄새가 뒤섞인 환경에서 오는 자극에 쉽게 영향을 받는다. 또 바깥에서 과도한 감각적 자극에 시달리며 지쳤는데 집에서조차 비슷한 강도의 자극에 계속 노출되면 쉬지 못하고 더 예민해진다. 그래서 유찬이 아빠처럼 본인이 정해놓은 틀을 강요하면서 아이들을 힘들게 하기도 한다.

둘째, 육아는 불확실성의 연속이다. 아이를 키우다보면 내가 계획하고 예측한 대로 안 되는 일이 너무 많다. 육아는 불확실성에 적응하고, 내가 모든 것을 통제할 수 없다는 사실을 받아들이는

모든 아이는 예민하다

과정이기도 하다. 그런데 부모가 예민하면 그것을 힘들어해 본인이 노력해서 불확실성을 제거하고 가능한 한 모든 상황을 예측 가능하게 바꾸려고 한다. 하지만 그런 노력이 꼭 효과를 내는 것은 아니다.

셋째, 육아는 아이와 부모 모두에게 강렬한 감정을 유발하는 일이다. 아이들은 논리적으로 설명해도 지시 따르기가 바로 안 되고, 쉽게 짜증 내거나 땡깡을 부리기도 한다. 아이가 떼쓰면 예민한 부모는 그 상황의 감각적, 감정적 무게에 압도당하기 쉽다. 특히 공공장소나 사람이 많은 곳에서라면 부모는 당황하고 주위 사람들에게 폐를 끼칠까봐 걱정한다. 아이들은 부모에게 강렬한 애정과 의존 욕구를 보이기도 하고, 폭발적인 분노나 좌절감을 드러내기도 하며, 사소한 일로 부모를 비난하거나 몰아붙이기도 한다.

넷째, 예민한 부모는 자신에게나 주변 사람들에게 완벽함을 기대하곤 한다. 자신에 대한 완벽주의도 우울, 불안, 좌절감 등을 가져올 수 있지만, 아이에게 과한 기대를 하면 부모 자녀 관계에 문제를 일으킬 수 있다.[1] 아이도 부모의 완벽주의를 내재화해 완벽주의자가 된다거나 자기 자신에게 가혹하게 대할 가능성이 높다. 또한 부모의 기대를 만족시키지 못하는 자신을 무능하다고 여기고, 자존감에 상처를 입을 가능성이 높다.

다섯째, 예민한 부모의 자녀도 똑같이 예민한 경우가 많다. 예민함은 47퍼센트가 유전적 요인이라고 한다.[2] 예민한 아이도 보통 아이들에 비해서 환경의 감각 자극에 민감하게 반응하고, 부모의 감정도 예민하게 느끼며 반응하기 때문에 부모와 자녀 사이에 감정이 증폭될 수 있다.

## 예민한 부모의 장점

그렇다고 이런 부모가 아이를 잘 키울 수 없다거나 아이들의 정서 발달에 나쁜 것은 결코 아니다. 오히려 예민한 부모이기 때문에 갖는 장점들이 있다.

첫째, 아이에게 무엇이 필요한지 잘 알아차린다. 영아기에는 우는 소리를 듣고 배가 고픈지, 배변을 했는지, 안아주기를 원하는지를 더 잘 파악한다. 자라면서는 아이의 표정과 분위기의 미묘한 변화를 빠르고 정확하게 간파한다. 그래서 아이에게 무슨 일이 일어날 때 (예컨대 학교에서 놀림을 당하거나 조별과제에서 끼지 못했을 때) 뭔가 평소와 다르다는 것을 파악해 무슨 일이 있었는지 물어보고, 가장 필요로 하는 것을 제공할 수 있다.

둘째, 예민한 사람들은 자신과 다른 사람의 마음에서 일어나는 일을 더 잘 알아차리고 더 잘 공감하는 경향이 있다.[3] 이들은 감정을 더 섬세하고 정교하게 처리하기 때문에 아이의 성향과 욕구, 감정에 더 섬세하게 맞출attune 수 있다. 이 사실만으로도 아이들은 위안을 받고 편안해한다.

셋째, 보통의 부모보다 좀더 심사숙고하는 경향이 있다. 자신과 아이가 생각하고 느끼고 행동하는 것의 원인과 결과, 현재 상황의 전체적인 맥락을 좀더 깊게 고민하고 행동할 수 있다. 또 주변 사람들을 더 많이 배려하고 더 양심적으로 행동한다. 이런 부모의 모습을 보고 아이도 더 깊이 생각하고 신중하게 행동하는 것을 배운다.

## 예민한 부모가 아이를 잘 키우려면 어떻게 해야 할까

### 자신의 예민함을 인식하는 것이 중요하다

지피지기, 백전불태知彼知己百戰不殆, 즉 나와 상대에 대해서 잘 이해하면 백번을 싸워도 위태롭지 않다는 옛말은 육아에도 적용된다. 아이가 예민한지, 아니면 느리고 굼뜬 기질을 가졌는지 이해하면 양육할 때 어떤 점에 주의해야 할지 알 수 있다.

그리고 나를 예민하게 만드는 게 어떤 요소들인지를 알아차리는 것도 중요하다. 집이 정돈돼 있지 않은 것을 못 견디는지, 시끄러운 소리를 못 견디는지, 아이가 징징거리거나 화를 낼 때 못 견디는지를 파악하는 것이다. 민찬이 아빠처럼 집이 깔끔하지 않은 것을 견디지 못한다면, 가사도우미를 오후 시간에 오시도록 할 수도 있다. 아이가 징징거리는 것을 견디지 못하는 사람이라면, 그런 상황에 놓였을 때 화내지 않도록 심호흡을 할 수 있고, 아이에게 미리 설명해 아이가 징징거릴 때 "징징" 하고 신호를 줄 수도 있다.

또한 부모 자신의 남은 에너지를 모니터링하고 있어야 한다. 에너지가 바닥에 가까워진다면 우선 하던 일을 내려놓고 나에게도 쉬는 시간을 주어야 한다. 아이에게 분노를 폭발시키는 것보다는 잠깐 쉬는 게 낫다.

## 부모 자신을 돌봐야 한다

예민한 아이가 그렇듯이 예민한 부모는 쉽게 지치고 번아웃된다. 그래서 굉장히 공감을 잘하고 다정하다가도 소리 지르면서 분노를 폭발시키기도 한다. 따라서 부모가 자신을 돌보고 휴식 시간을 확보하며, 에너지를 회복할 방법을 찾아야 한다. 부부가 번갈아가며 충전하는 시간을 갖는 것도 좋다. 가끔 약속을 취소하거나 집안일을 내려놓고 쉬어도 된다. 하루 정도 청소나 설거지를 안 한다고 해서 큰일이 나진 않는다. 가끔은 아이에게 텔레비전이나 유튜브 영상을 틀어주고 쉬도록 한다. 가족이나 친구에게 전화를 걸어서 수다 떨거나 감정을 터놓고 이야기하는 것도 좋다. 직장에 다니는 것도 숨 쉴 구멍이 되어준다. 그 외에도 어떤 식으로든 자신이 감정적으로 쉴 수 있는 방법을 미리 생각해둔다.

- 심호흡을 한다.
- 아이든 어른이든 혹은 인형이든 잠깐 껴안는다.
- 스트레칭을 한다.
- 명상을 한다.
- 아이와 함께 외출한다.
- 휴대폰 속 사진을 보면서 행복한 기억을 떠올린다.
- 취미나 자기계발할 거리를 찾는다.
- 동네 산책을 한다.
- 반신욕을 한다.

- 뜨개질이나 십자수를 한다.
- 동네 카페에서 커피 한잔의 여유를 갖는다.

### 도움을 받는다

육아는 힘든 일이다. 게다가 육아할 때 집 안 정돈, 음식 조리, 빨래와 다림질을 겸하면 더 쉽게 지친다. 그러니 도움받을 수 있는 곳이 있다면 받기를 권한다. 가족이나 친척, 가사도우미, 보육 기관 등 어디든 좋다. 내가 전부 도맡지 않는다고 해서 부족하거나 무능한 부모인 것은 아니다. 오히려 잘 쉬어서 더 잘 돌볼 수 있다면 그게 아이에게도 좋다.

아이들에게 공부를 직접 가르치면서 스트레스를 받는 부모도 있는데, 가능하면 자랄수록 아이들 공부는 직접 가르치지 않기를 권한다. 부모는 아이에게 생활을 유지하고 아이 자신을 돌보도록 하는 것을 가르치면서 서로 감정 소모를 많이 하게 된다. 여기에 공부까지 더하면 더 많이 부딪치는데, 예민한 부모일수록 감정 소모가 특히 더 크다. 되도록 학원이나 과외 선생님을 찾아보는 것이 좋다. 내가 첫아이를 낳고 육아를 시작했을 때, 어느 선배가 "돈으로 할 수 있는 게 제일 쉬운 일이야. 아이를 키우다보면 돈으로 안 되는 일이 얼마나 많은데. 돈을 너무 아끼려 하지 말고, 아이와 덜 부딪치고 좋은 시간을 보내는 게 중요해"라고 했는데, 그 말에 진심으로 공감한다.

## 불확실성을 받아들인다

아이 키우는 일은 불확실성의 연속이다. 출산 전부터 산부인과, 조리원 같은 것을 결정해야 하고, 아이가 태어나면 분유, 기저귀부터 시작해서 교구, 책, 병원, 어린이집, 유치원, 초등학교, 학원 등을 끊임없이 결정해야 한다. 예민한 부모일수록 이런 결정을 내리기가 무척 어렵다. 모든 결정이 최선이 될 수는 없다. 시행착오를 통해 더 좋은 결정을 찾아가야 한다. 본인이 최선의 결정을 내렸어도 외부 요소 때문에 좋지 않은 결과가 생길 수도 있다. 부모가 내린 결정을 아이가 싫어하거나 잘 따라오지 못할 수도 있다. 그래서 아이를 키울 때는 어쩔 수 없다는 것, 내 생각이나 계획과 다른 일이 생길 수밖에 없다는 점을 받아들이도록 하자. 완벽주의 성향을 내려놓고 자신에게 가혹하게 굴지 않도록 노력하자.

## 감정 조절이 중요하다

예민한 사람은 부정적인 감정, 즉 우울, 불안, 극심한 스트레스를 남들보다 더 많이 인식하고 경험한다.[4] 육아할 때도 스트레스와 우울감을 더 많이 겪을 수 있다. 이것은 지극히 정상이다. 다만 이런 감정을 스스로 인식하고 풀어내며 다독이려고 해야 한다. 감정은 큰 힘을 가진 것이라서 쌓아두면 언젠가 폭발하고, 이런 폭발이 부모-자녀 관계에 더 나쁜 영향을 미칠 수 있다.

부모가 먼저 감정 조절을 잘해야 아이도 똑같이 잘하고, 부모가 못 하면 아이는 이것을 보고 배운다. 그렇지만 아이가 감정 조절을 잘하든 못 하든 모든 것을 부모 탓이라고 생각할 이유는 없다. 민감한 아이나 부모가 느끼는 감정을 억압하고 강요하기보다는 자기감정을 잘 인식하고 말로 풀어내는 것이 이를 조절하는 데 도움이 된다.

# 아이가 자위하는지
# 밤새 지켜보는 엄마

연우는 유아 자위 때문에 병원을 찾아온 만 5세 여자아이였다. 연우가 만 1세 때 부모가 이혼해 아이는 엄마 그리고 베이비시터 두 명과 함께 살고 있다. 엄마는 식당 체인을 운영하고 계셔서 바쁘고, 아빠의 빈자리가 느껴지지 않도록 베이비시터를 두 명 고용했다고 했다. 아빠는 한 달에 한 번 만나는데, 아빠와 베이비시터들과 함께 놀이동산에 가기도 하면서 잘 지냈다.

연우는 놀이학교에서 모든 선생님께 똑똑하다, 빠르다, 집중을 잘한다는 이야기를 들었고, 친구들에게도 관심을 기울이며 잘 어울렸다. 다섯 살이 되면서 놀이학교에서 학습을 시작하자 아이가 스트레스를 받는 듯했고, 그 무렵부터 자위 행동과 수면장애가 발생했다. 놀이학교 및 집에서 수시로 자위 행동을 하고, 밤에도 자위 행동을 하며 잠을 안 자려 했고, 심할 때는 하루에 서너 시간만 잤다. 혼내고 설득도 해봤지만 소용없었다. 엄마가 보기에는 밤에 자위를 하고 싶어서 잠을 안 자려는 것 같았다.

집 근처 소아정신건강의학과를 방문했다. 선생님께서 시간이 지나면 괜찮아진다고 했지만, 엄마는 연우의 자위 행위가 너무 심한 것 같고, 지금 바로잡지 않으면 나이 들어서도 계속될까봐 몹시 불안했다. 이에 밤에 엄마와 베이비시터 두 명이 3시간씩 불침번을 서듯이 연우를 감시하자 자위 행동이 좀 줄었다. 여기에 더해 아이가 멜라토닌을 복용하면서 수면 시간도 조금 늘어났다. 엄마는 "제가 지켜봐야 안 하고, 시터들이 보는 시간에는 잠깐씩 깨서 하더라고요"라고 말했고, 아이가 잘 때 엄마가 계속 지키고 토닥토닥해야 하니까 힘들다고 하셨다. 늘 잠을 못 자서 눈이 퉁퉁 부은 상태로 병원에 오시곤 했다.

연우는 "시터 언니들은 제가 무슨 놀이 할지 물어봐주고 잘 놀아줘요. 엄마를 좋아하지만 엄마는 일하느라 바빠요" "언니들이 제가 잘못한 것, 치카 안 했을 때, 침 뱉을 때, 정리 안 할 때 엄마한테 다 일러요"라고 말했다.

연우는 태어났을 때 낯가림이 심하고 예민하며, 낮잠도 잘 자지 않고 먹는 것도 많이 가렸다. 고집이 굉장히 세고, 자주 울었다. 놀다가 친구가 살짝 치면 울고, 엄마가 성의 있게 대답을 안 한다고 울며 자고 일어나서 기분이 안 좋으면 울고, 달래주려고 하면 엄마나 베이비시터를 발로 차기도 했다. 한번 울기 시작하면 1시간 반에서 2시간가량 그치지 않고, 울다가 손발이 마비된 적도 세 차례나 있었다.

본인이 원하는 것은 바로 해줘야 했는데 "엄마가 지금 여기 와서 나를 안지 않으면 동생을 때리겠다"며 울고, "동생을 갖다 버리겠다"는 말도 했다. 안아줘도 안고 일어나달라고 하고, 더 꼭 안아달라고 하는 등 추가 사항을 계속 요구했다. 엄마는 아이가 "엄마 안아줘" 하면 자기를 무시하는 느낌이 들어 속상하다고 했다.

아이를 키우다보면 자연스럽게 지나가는 일들이 있다. 낯가림이나 분리불안, 손가락을 빠는 것처럼 대부분의 아이는 잠깐 그러다가 마는 일들 말이다. 유아 자위도 그중 하나다. 두 살부터 여섯 살 사이의 아이들이 자기 성기를 가지고 노는 것은 흔히 나타나는 일이며 성장하면서 자연스럽게 없어진다. 그런데 예민한 아이들에게는 이런 일이 좀더 어렵게 지나가기도 하고, 예민한 부모들 역시 정상발달 과정에서 일어나는 일들에 훨씬 더 민감하게 반응한다. 연우 엄마처럼 말이다.

아이들은 몸을 만지다가 어떤 부위가 다른 부위보다 더 기분 좋다는 것을 발견하면, 자주 그 부위를 자극하면서 놀게 된다. 특히 심심할 때, 불안하고 욕구가 좌절되었을 때 성기를 가지고 장난칠 수 있다. 그런데 사춘기 이후 아이들의 자위와는 달리 유아 자위에는 성적인 의미가 없다. 오히려 어른들이 아이의 행동에 과도하게 성적인 의미를 부여하는 것이다. 부모가 호들갑을 떨거나 심하게 야단치면 아이들은 크게 의미가 없던 행동을 성적이거나 나쁜 행동이라고 여기면서, 스스로를 나쁜 아이라고 생각하게 된다. 연우 엄마처럼 밤새 아이가 자위하지 않는지 지켜본다면, 아이는 유아 자위를 굉장히 나쁜 행동이라고 생각하게 된다. 또 부정적인 관심조차 관심을 받는 일에 속하기에 오히려 자위 행위가 강화될 수 있다. 엄마의 불안을 낮추기 위한 행동이 아이의 불안을 높일 수 있는 것이다.

유아 자위를 하는 아이들에게는 "똥을 싸는 게 나쁜 것은 아니지만, 우리가 사람들 앞에서 똥을 싸지는 않잖아. 성기를 만지는 것도 마찬가지야"라고 하면서 다른 사람들 앞에서 삼가도록 가볍게 이야기한다. 엄마가 보는 데서 아이가 자위 행위를 할 때는 다른 놀이나 즐거운 활동으로 관심을 전환해준다. 또 아이 마음속에 있는 부정적인 감정을 표현하도록 돕는다. 가장 중요한 것은 부모 자신의 마음속 불안을 잘 조절해서 그 불안이 아이의 수치심을 자극하지 않도록 하는 것이다.

## 지시하는 것을 한 번에 따르지 않으면 견디지 못하는 엄마

정우는 미국에서 태어난 아이다. 부모가 모두 미국에서 박사과정을 하다가 엄마는 임신을 해 학업을 중단했다. 정우가 네 살 때 아빠는 학위를 마쳤고 서울에 있는 대학에 교수로 임용돼 가족이 함께 귀국했다. 정우 아빠는 둘 중 한 명이 공부를 그만둘 수밖에 없는 상황이었을 때 본인은 학위를 마치고 싶다는 말을 솔직하고 단호하게 했다. 정우가 태어난 다음에도 아내가 육아와 집안일에 몰두하기를 바라고 역할을 나누려 하지 않았다.

정우는 초등학교에 들어갈 무렵부터 엄마한테 혼날 때 눈을 깜박이거나 고개를 흔드는 틱 증상이 생겼다. 불안이 많고 기분도 좀 가라앉아 있는 듯했다. 엄마는 정우가 사소한 일로도 떼쓰고 자기 일을 알아서 하지 않는 게 힘들다고 했다. 유치원에서 부모와

모든 아이는 예민하다

함께 장난감을 가지고 놀다가 본인이 원하는 위치에 장난감을 두지 않으면 던지거나 떼를 쓰고, "안 돼!"라고 소리 지르며 발버둥치는 일이 종종 있었다. 이럴 때 엄마는 받아주지 않고 자리를 피해버리는데, 그러면 좀 있다 혼자 가라앉혔다. 아빠와 둘이 있을 때나 어린이집에서는 특별히 문제 되는 일이 없었다. 공부하거나 숙제할 때는 집중해서 하는 편이었다. 학교에서도 친구들과 대체로 잘 지내는 편이며, 학교 수업도 잘 따라가고 어려운 학원 숙제도 잘 해갔다. 그렇지만 대개 스스로 하기보다는 엄마가 챙겨줘야 하는 편이었다.

정우 아빠는 아이에게 되도록 맞춰주려고 하는 데 비해 엄마는 본인이 정해놓은 규칙을 아이가 따르지 않으면 견디기 힘들어하고 화를 냈다. 엄마는 지시하는 것을 아이가 한 번에 하지 않으면 화가 난다고 했다. 양치를 하라고 하면 하고, 책가방을 싸라고 하면 싸고, 게임을 그만하라고 하면 그만해야 하는데, 왜 한 번에 못 하는지 답답해했다. 학교에 갔다 오면 숙제부터 해야 하는데 바닥에 드러누워서 게임하고 있는 모습을 보면 성질이 났다. 병원에 올 때도 아이가 잘못한 행동을 수첩에 가득 적어오는 것을 보니 아이에 대한 부정적인 감정에 사로잡혀 있는 것 같았고, 그러다보니 아이의 불안이나 분노를 더 자극하는 측면이 있는 듯했다.

엄마는 원래 예민하고 완벽주의적인 성격인데, 정우를 키우면서 모든 일이 자기 생각대로 척척 안 되는 게 화났다. '언젠가 나는 내 마음대로 살고 싶다' '하고 싶은 것이 많다' '다시 젊어진다면 외국에서 더 오래 공부하고 싶다' '나의 가장 큰 문제는 화를 다스리지 못하는 것이다' '가장 잘못한 일은 아이에게 손찌검한 것이다' '나를 괴롭히는 것은 나를 질책하는 말이다'라고 했다. 엄마는 스스로에게나 아이에 대해서나 기대 수준이 높아 보였다. 정우를 낳고 키우느라 학위도 마치지 못한 채 귀국했고 자신의 경력이 끝났다는 생각을 늘 해 정우가 떼쓰면 그런 모습이 너무 미웠다. 정우 여동생은 어려서 심장에 구멍이 있다고 들어서 (지금은 좋아졌지만) 항상 마음이 쓰였다. 그 딸은 엄마 말을 잘 듣는 아이인 데 비해, 정우는 요구 사항이 까다롭고 지시를 바로 따르지 않아서 미웠다. 아빠나 외할머니가 보기에는 정우가 고집은 세도 특별히 까다롭진 않았다는데, 엄마만 유독 힘들어하는 것을 보면 엄마의 마음이 정우에게 영향을 많이 주는 것 같았다.

정우는 "만약 동물로 변할 수 있다면 큰 호랑이가 되고 싶다, 왜냐하면 좋고 멋지니까"라고 말했고, "내 소원은 마음대로 하는 것, 뭐든 명령을 내리면 아빠가 하는 것"이라고 하는 등 크고, 세고, 멋진 것에 집착했다. 자신감이 떨어지고 위축된 아이일수록 오히려 힘을 과시하는데 정우도 그런 것 같았다. 그림을 그리거나 놀이를 하면서 "떠다니는 구름을 팍 터뜨리고 싶어요"라고 말하는 등 폭발하는 것에 대한 이야기를 많이 했다. 이는 스트레스와 좌절을 겪는 상황에서 자기감정을 말로 표현하기보다, 강렬한 감정에 압도되어서 떼쓰거나 소리를 지르는 등 충동적으로 행동화하는 것 같았다. 그런데 이런 행동들이 정우 엄마에게는 더 받아들이기 어려

모든 아이는 예민하다

운 것이었고, 그러면 정우는 이해받지 못한다고 느껴 더 불안해지는 듯했다. 몸이 아프고 기질도 순한 동생에게 애정과 관심이 쏠리면서 부모, 특히 엄마의 애정을 받고 싶은 욕구가 좌절되는 것에 대한 분노도 컸다. 정우 엄마는 특히 정우가 동생을 괴롭히는 것을 보면 견디지 못하고 꾸짖거나 때렸다. 그러자 동생에 대한 정우의 분노감이나 경쟁심은 더 커지는 것 같았다.

예민한 엄마는 정우가 충동적으로 행동하거나 떼쓸 때 주로 '정우가 어딜 가든 사랑받을 수 있게 행동하길 바라서 엄마가 지적하는 거다'라고 했고, 아이의 감정을 세밀히 읽고 아이가 안전하다고 느끼면서 감정을 조절하는 것을 배우도록 도와주진 못했다. 정우도 자신을 부정적으로 보는 엄마의 시선을 느끼고 내재화하면서 스스로 부족하고 사랑받지 못하는 존재라고 여겼다. 가장 의존하고 싶은 사람인 엄마가 놀아주거나 이야기를 들어주지 않는 것에 대한 억압된 분노도 컸다.

정우 엄마는 미국까지 갔다가 본인만 학위를 따지 못했다는 좌절감과 패배감이 너무 컸다. 정우 때문에 자기 인생의 중요한 시기를 희생했다고 생각하고, 정우가 만 여덟 살이 된 지금까지도 희생을 강요한 남편과 커리어를 그만두게 한 정우에 대한 분노감에 차 있었다. 예민한 사람들은 자신에게 중요한 것을 잃어버릴 때, 보통 사람들보다 더 상처받고 더 오래 힘들어한다. 그렇지만 어쩔 수 없는 일이 생겼을 때는 이를 빠르게 받아들이는 것이 중요하다. 그러지 않으면 정우 엄마처럼 본인과 아이, 가족의 삶에 너무 많은 영향을 받게 된다.

신학자 라인홀트 니부어의 기도문에서는 '바꿀 수 없는 것을 받아들이는 평온과 바꿀 수 있는 것을 바꾸는 용기를 그리고 그 차이를 분별하는 지혜를 주시옵소서'라는 말이 나온다. 아이를 키우다보면 세상에는 내 뜻대로 안 되는 일이 너무 많다. 니부어의 기도문은 바꿀 수 없는 것을 빠르게 분별해 받아들이는 것이 마음에 평온을 준다고 말한다.

나는 전작 『엄마의 마음이 자라는 시간』에서 아이를 양육하면서 내가 할 수 없게 된 것들을 희생이 아니라 선택이라고 생각하자고 말했다. 그 말을 정우 어머니에게도 해드렸다. 지나간 것들에 대한 마음은 되도록 빨리 내려놓고 현재의 삶에서 바꿀 수 있는 것들에 집중하는 게 나와 아이와 가족의 삶에 도움이 된다고. 정우 어머니는 그로부터 1년 후 남편은 한국에 남겨두고 정우와 여동생을 데리고 미국으로 박사학위를 마치러 가셨다.

# 매달 학원을 바꾸는 엄마

유준이는 어려서부터 똑똑하고 뭐든 금방 배우는 아이였다. 엄마가 동화책을 읽어주는 것을 들으면서 따로 배우지 않았는데도 한글을 읽었고, 숫자도 금세 익혔다. 유준이 엄마는 똑똑한 아이를 잘 키워야겠다는 생각으로 교육에 신경을 많이 썼다. 영어유치원과 창의수학학원을 시작으로 대치동에서 이름난 강사와 학원들을 찾아다녔다. 강사의 약력이나 커리큘럼을 꼼꼼히 확인한 뒤 학원을 정했고, 엄마들 모임에도 열심히 나가서 정보를 수집했다. 유준이가 수업이 어렵다거나 쉽다는 얘기를 하면, 또 경시대회에서 유준이가 대상을 못 받으면 바로 다른 학원으로 옮겼다. 그러다보니 한 달만 수업을 들어본 뒤 다른 학원으로 바꾸는 일도 종종 있었다. 같은 사립 초등학교에 다니는 아이들의 엄마와 함께 팀 수업을 짜서 학원을 옮겨다니는 바람에 대치동 초등수학학원 실장님 중 유준이 엄마를 모르는 사람이 없을 정도였다.

각종 경시대회, 토론대회, 교육청 부설 영재원, 서울교대 부설 영재원, 대학 부설 영재원을 다 거쳐 전국 단위 자율형 사립고등학교에 입학할 때까지 유준이 엄마의 학원 투어는 계속되었다. 학원 선택뿐 아니라 유준이가 학원에서 치르는 테스트를 잘 보는지도 꼼꼼히 챙겼다.

고등학교 입학 후에는 워낙 학업에 뛰어난 아이가 많아 성적을 잘 받는 것이 쉽지 않았다. 그럼에도 유준이는 1학년 1학기 중간고사에서 수학을 제외한 모든 과목에서 90점 이상을 받았는데, 유준이 엄마는 혹시 기말고사에서 수학을 잘 못 봐 A+를 못 받으면 큰일 난다며 기말직전보강 수학 수업을 네 군데 학원에 등록했다.

어릴 때는 엄마가 하자는 대로 잘 따랐던 유준이는 크면서 엄마가 학원을 자주 바꾸는 것, 성적 하나하나에 신경 쓰는 것이 점점 싫어졌다. 학원도 꾸준히 다녀야 그곳의 커리큘럼을 따라가면서 공부할 수 있고, 테스트를 한 번 잘 못 봤더라도 몰랐던 내용을 보충하면서 실력이 자라는 것인데 유준이는 그런 과정을 거칠 수 없었다. 학원을 옮길 때마다 새로 적응해야 하고, 커리큘럼이 바뀌다 보니 어떤 내용은 여러 번 배우는 반면 어떤 내용은 아예 못 배우기도 했다. 또 대치동에서 학원 자주 옮기는 아이로 소문 나 놀림을 받기도 했다.

조금만 기다려주면 스스로 잘할 수 있는데 엄마의 간섭이 심한

모든 아이는 예민하다

게 너무 싫었고, 엄마가 자기를 못 믿는 것 같아 화도 났다. 그 때문에 중학생 때는 엄마한테 대들거나 학원에 안 가기도 했는데, 엄마가 불안해하면서 학원과 공부에 대한 얘기를 반복하자 포기하려는 마음이 들었다. 유준이가 뭐라 하든 어차피 엄마는 자신의 불안을 낮추기 위해 학원을 계속 바꿀 것 같았다. 고등학교 1학년 수학 기말직전보강 수업을 네 군데 학원에서 들으라고 했을 때는 '또 저러는구나' 하는 생각밖에 안 들었다. 엄마가 잔소리해도 그중 두 개만 듣고 나머지 학원은 가지 않았다.

대치동에 가면 유준이 엄마와 같은 분이 많다. 자녀의 공부와 성적에 대한 불안으로 학원을 여기저기 옮기고, 지나치게 많은 학원을 다니게도 한다. 그런데 이런 엄마들은 본인의 행동이 아이의 공부에 도움이 되기보다는 '우리 아이가 좋은 대학에 못 가면 어쩌지' 하는 엄마의 불안을 낮추려는 목적임을 알지 못한다. 또 정작 아이들의 마음도 꿰뚫어보지 못한다. 유준이 엄마도 "제가 살면서 이뤄낸 것은 모두 제 불안과 완벽주의에서 비롯됐어요. 그래서 유준이도 좋은 고등학교에 갔죠. 대학도 꼭 좋은 데 보낼 거예요. 불안 때문에 나를 지키고 아이를 지켜냈는데 뭐가 문제죠?"라고 말씀하셨다.

완벽주의자의 자녀는 대부분 완벽주의자가 된다. 불안한 엄마의 자녀는 거의 예외 없이 불안하다. 유준이 엄마처럼 공부를 너무 많이 시키고, 본인 생각대로 휘두르려다보면 아이는 견디지 못하고 우울하거나 무기력해질 수 있다. 혹은 부당한 것을 강요하는 부모에 대해서 반항심과 분노를 느낄 수 있다. 유준이처럼 엄마가 하자는 대로 어느 정도 따라오는 아이들도 마음속으로는 좌절감, 분노감을 품는다.

게다가 유준이 엄마처럼 모든 것을 직접 짜주고 학원을 옮겨다니면서 공부 시키는 것이 꼭 효과를 내진 않는다. 학년이 올라갈수록 스스로 계획을 세우고 그에 따라 실행하며, 자신이 잘 모르는 부분이나 실수하는 부분을 파악해서 알아가는, 소위 '자기 주도적 학습'을 하는 아이들이 공부를 잘한다. 설령 고등학교 때까지 어찌어찌해서 공부를 잘했다고 해도 대학에서 모든 것을 스스로 해야 하는 상황에 놓이면 어려움을 겪는다.

대한민국에서 다른 것은 몰라도 공부에 관한 한 엄마의 불안을 내려놓기란 참 어렵다. 그런데 또 그만큼 공부에 대한 엄마의 불안이 아이들 마음에 많은 영향을 미친다. 항상 지금 내가 하는 행동이 진정 아이를 위한 것인지, 아니면 내 불안을 달래기 위한 것인지 생각해봐야 한다. 부모가 자신의 불안을 견디는 만큼 아이도 성장한다.

모든 아이는 예민하다

# 사람들을 만나는 것이
# 불편한 엄마

　재범이는 초등학교 2학년 첫 학급회장 선거에서 회장이 되었다. 재범이 엄마는 아들이 친구들과 잘 지내고 사회성도 좋은 것 같아 자랑스러웠지만, 회장 엄마가 학부모회 일을 많이 해야 한다는 게 걱정되었다. 초등학교에 입학했을 때도 학부모 총회에 가고 새로운 엄마들을 만나 반 모임을 하는 것이 불편하고 힘들었다. 그런데 반 모임을 주도하는 학급회장 엄마가 되다니, 벌써부터 가슴이 답답했다.

　재범이 엄마 윤주씨는 어렸을 때부터 내성적이고 불안이 높았다. 새로운 상황에 부딪힐 때 불안해했고, 외부 사건들에 영향을 많이 받는 편이어서 스스로 정해놓은 규칙과 틀에 따라 살았다. 어려서부터 사람이 많은 곳을 불편해하고, 소수의 사람과만 혹은 혼자서 시간을 보내는 것을 편안해했다. 자신과 다른 사람의 감정에 민감하고 책임감이 강한 편이어서 다른 사람은 신경 쓰지 않는 부분까지 챙기는 편이었다. 대학에 다닐 때도 동아리나 과내 활동은 거의 하지 않고 꼭 필요한 모임만 나갔고, 전공을 정하거나 직장을 구할 때도 사람들과 많이 어울리지 않아도 되는 곳을 찾았다. 지금은 대기업에서 프로그래머로 일하고 있다.

직장에서도 책임감이 강하고 일 처리를 신중하게 했다. 업무 진행을 정확하고 체계적으로 기억하며 원리와 원칙을 중시했다. 직장에서도 새로운 사람을 만나는 상황이나 회식을 불편하게 여겼다. 늘 만나는 사람과 있는 것이 편해 지금도 가족, 회사 동료, 고등학교 친구 두 명하고만 연락하면서 지낸다.

초등학교의 반 모임에서는 서로 다른 인생을 살아온 사람들이 같은 반 아이의 학부모라는 이유로 만나게 된다. 모두 나이가 다르고 성격도 다르며 인생에서 중시하는 가치도 다르다. 반 모임에서는 엄마 아빠의 이름이 사라지고, 누구 엄마, 누구 아빠들이 모여서 아이에 대한 이야기를 한다. 여기서 아이들 생일 파티는 어떻게 할지, 반 축구나 생활체육은 어떻게 할지, 녹색어머니회, 운동회, 학교 바자회 때 역할을 어떻게 나눌지, 반 친구들의 분위기는 어떤지 하는 이야기가 오가기 때문에 가능한 한 참여하는 것이 좋다.

한편 반 모임에서는 반의 운영에 대해서뿐만 아니라 각자 어디에 사는지, 동생이나 누나가 있는지, 아빠는 무슨 일을 하는지, 엄마는 직장에 다니는지 등 사적인 이야기도 오간다. 또 아이는 어

모든 아이는 예민하다

느 유치원을 다녔는지, 피아노 학원은 어디 보내고 태권도는 몇 년을 시켰는지, 수학 선행은 얼마나 했는지와 같은 정보도 주고받으며, 여기서 수영팀이나 독서 모임이 만들어지기도 한다. 가끔 모임에 참석하지 않는 아이 엄마에 대한 뒷담화도 한다. 그래서 반 모임은 참석을 안 할 수도 없는데, 가면 어느 정도 불편함이 느껴져 참 어렵다.

예민한 부모들은 육아를 하면서 만나는 교사나 다른 부모들과의 관계를 불편해하는 경향이 있다. 그리고 덜 예민한 부모들이 서로 빠르게 무리를 형성하고 관심사를 나누는 데 끼어들기 힘들어한다. 그렇지만 학부모 모임에서 불편하고 어색함을 느끼는 것은 어느 부모든 마찬가지다. 잘 웃고 먼저 말을 잘 거는 사람들도 사실은 불편한데 용기를 낸 것일 수 있다. 그러니 불편감을 느끼는 나 자신을 비난하지는 말자.

혹시 모인 엄마들 가운데 성향이 비슷하거나 가치관과 관심사를 공유하는 사람이 있는지 찾아보자. 자신과 비슷하게 뒤로 물러나 있는 부모에게 다가가보는 것도 좋다. 학부모 모임에 나오는 모든 사람과 잘 지낼 필요는 없다. 한두 명과만 연결을 유지하고 있으면, 반에서 일어나는 중요한 일들을 자연스럽게 알 수 있다. 모임에서 할 가벼운 대화를 미리 생각해뒀다가 편한 엄마에게 먼저 말을 걸어보는 것도 좋다.

예민한 사람들은 타인을 만날 때, 특히 처음 보는 사람이라면 상대방의 표정과 말투에 신경 쓰면서 그가 나를 어떻게 생각할지 고민한다. 이 때문에 대화 주제에 집중하거나 즐기지 못하기도 한다. 그렇지만 사람들은 나에게 생각보다 관심이 많지 않다. 그리고 상대방이 나를 어떻게 생각할지는 내가 어떻게 행동하는지보다 상대방의 가치관과 더 관련 있을 수 있다. 그러니 상대방의 반응에 너무 맞추려고 애쓰지 말자. 가끔 학부모 모임에는 엄마가 입은 옷이나 가방, 아이의 성적 같은 걸로 다른 사람을 평가하는 이들이 있다. 그런 사람은 자기 식대로 세상을 바라보라며 내버려두자. 대화하다가 상대방의 반응을 도저히 이해할 수 없을 때는 무시하면 된다. 학부모 모임에서는 내 직장 동료나 친구들 모임보다는 다른 가치관을 가진 사람과 만날 가능성이 높다. 그게 아니더라도 내가 만나는 모든 사람과 늘 좋은 관계를 유지하는 것은 불가능하다. 그러니 나 자신의 방식과 친밀해지는 속도를 유지해야 한다.

요즘에는 아이들끼리 자연스럽게 만나서 노는 것이 아니라 엄마들끼리 약속해야만 만나서 놀 수 있다. 학교에서 일어나는 일이나 우리 아이의 또래관계에 대해서 알려면 학부모 모임에 참석할 수밖에 없다. 아이가 어릴수록 더 그렇다. 하지만 아이를 기르면서 만나는 사람들이 우리의 친구는 아니다. 어느 정도 거리를 유지하고 스스로 중심을 잃지 않아야 한다. 운이 좋으면 내 친구보다 더 가까운, 아이를 함께 키우는 평생의 동지를 만날 수도 있다. 너무 힘들지 않게, 가능한 한 의미 있는 일이 되도록 노력해보는 것은 어떨까?

# 내려놓으니까 아이가
# 귀엽다는 생각이 처음 들었어요

유담이는 밤에 잠을 잘 못 자서 온 37개월 된 남자아이다. 임신, 출산 과정에서는 별문제가 없었는데, 태어나자마자 밥투정, 잠투정이 심하고 예민했다. 유담이는 신생아 때부터 통잠을 잔 적이 한 번도 없었다. 한두 시간마다 깼고, 잠이 드는 데도 30분 이상 뒤척였다.

예민한 아기여서 밖에 나가면 유모차도 못 타고, 잘 걷지 않으려 하며 엄마에게 안겨 있으려 했다. 엄마가 독감으로 2주간 친정집에 다녀왔는데 그 후로 더 붙어 있으려 하고 밖에서 걷지 않는 증상도 더 심해졌다. 물을 떠오는 것도 엄마가 떠와야 하고 밖에서 안아주는 것도 엄마여야 한다고 고집 부렸다. 감각적으로도 예민해서 벚꽃이 흩날리는 꽃길이나 낙엽길에서는 자지러지면서 울었고, 외부 음식은 먹지 않아 어린이집에 도시락을 싸갔다. 유담이에게 소원을 물어보자 첫째 소원은 엄마가 안 아픈 것, 둘째 소원은 집에 불이 안 나는 것, 셋째 소원은 집에 지진이 안 나는 것이라고 해서 아직 일어나지도 않은 일에 대한 걱정이 많은 듯했다.

또래보다 언어, 운동 발달이 모두 빨랐다. 26개월 때부터 어린이집을 다니기 시작했는데, 또래와 잘 어울리고 반장처럼 다른 아이들을 챙기는 역할도 했다. 어린이집에서는 선생님이 하라는 것은 반드시 하며, 규칙을 아주 잘 지킨다고 했다. 선생님이 자리를 정해주면 바로 가서 앉고, 양치질할 때 여섯 번 헹구라고 하면 꼭 여섯 번 헹구었다. 뭐든 완벽하게 하려 하고 완벽하지 않으면 안 하려고 했다.

유담이 아빠는 차분하고 부드러우며 온순한 성격으로, 아이도 아빠를 많이 좋아하고 최근 한 달 동안은 아빠랑 잤기에 깨면 아빠부터 찾았다. 아빠는 아침에도 꼭 놀아주고 출근을 했다. 유담이 엄마는 감정 표현을 잘 못 하고 이성적이며, 완벽주의적 성격이라고 했다. 예민한 아이여서 뭔가 해달라거나 안아달라는 것이 버거운데도 엄마는 되도록 아이의 욕구에 다 맞춰주려 했다. 어린이집에도 매일 도시락을 예쁘게 싸서 보내고, 좋다는 교구나 도서 전집도 다 사줬다. 아무리 피곤해도 잠들기 전에 매일 동화책을 읽어줬다. 유명한 육아 책이나 유튜브를 열심히 보면서 좋은 엄마가 되려고 애썼다. 그러면서도 유담이가 언제 어디서 짜증을 내거나 자지러질지 몰라 불안했다. 노력하는데도 아이가 따라주지 않으

모든 아이는 예민하다

면 무기력해졌다. 가끔 체력이 달리고 지치면 아이에게 버럭했다. 유담이는 "엄마가 유담이한테 화를 안 냈으면 좋겠어요. 민준이 엄마는 화를 안 내서 부러워요"라고 말했다.

유담이 엄마는 아이의 예민함과 불안함, 그리고 자신의 완벽주의 때문에 힘들었다. 좋은 엄마가 되려고 노력해도 아이에게 다 맞출 수가 없고, 아이의 행동이 잘 예측되지 않는 게 불안했다. 어쩌다 아이에게 한번 화내면 나쁜 엄마가 된 것 같아 죄책감에 휩싸였다. 완벽한 육아를 하고 싶어하는 엄마들에게 예민한 아이는 끊임없는 좌절을 안겨준다.

그러던 어느 날 갑자기 좋은 엄마가 되어야겠다는 생각이 오히려 아이와 즐겁게 놀지 못하고 화내게 만드는 것 같다는 생각이 들었다. 어차피 육아서나 유튜브에 나오는 대로 다 할 수도 없을 것 같았다. 그냥 좀 덜 예쁜 도시락을 싸고, 책을 안 읽히고 재우기도 하며, 안아달라고 떼써도 그냥 걸으라고 했다. 그러자 엄마의 마음이 편해져서인지 아이도 편안해 보였다. 일주일에 한두 번 정도만 새벽에 깨고, 짜증내거나 떼쓰는 횟수도 줄었다. "그동안은 힘들기만 하다가 최근에 처음으로 유담이가 귀엽다는 생각이 들었어요"라고 엄마는 말했다.

완벽한 엄마, 완벽한 육아라는 것은 판타지다. 정신분석학자 위니콧도 "충분히 좋은 엄마는 평범한 엄마"라며 평범한 육아를 강조했다.[5] 아이를 처음 키우는 부모는 양육에 대한 기본 원칙을 이해하고 방향을 잡기 위해서 육아서나 육아 관련 프로그램의 도움을 받을 수도 있다. 그러나 그것들이 내 아이의 성향을 고려한 양육의 세부 사항까지 알려주지는 않는다. 더구나 내 아이에 대해 가장 잘 아는 사람은 나다. 아이를 키우면서 마주치는 매 순간의 결정은 내 아이와 내 성향과 환경을 고려해서 직접 하면 된다. 그리고 그 결정들이 늘 옳고 완벽할 수도 없다. 완벽한 엄마, 완벽한 육아라는 환상을 내려놓으면 육아의 즐거움도 느낄 수 있다.

## 일정을 서른 번씩
## 말해주는 엄마

채연이는 예중 입시를 준비하고 있는 초등학교 5학년생 여자아이다. 학업과 입시 준비를 병행하다보니 공부와 관련된 학원과 바이올린 학원, 레슨만 해도 버거웠다. 거기다 가장 힘든 게 또 있었는데, 바로 엄마가 매일 그날의 일정을 서른 번씩 말해주는 것이었다. 일정뿐 아니라 "수학 학원 숙제 다 했니?" "내일은 아침 7시에 일어나야 한다" 같은 말을 하루에도 몇 번씩 했다. "엄마 숙제 하고 있고요, 다 하면 말씀드릴 테니 그만하세요"라고 해도 계속 물어보는 엄마 때문에 귀에 피가 날 것 같았다.

채연이 엄마는 아이가 숙제를 잘할 때는 잘하고, 못 할 때는 못하는데 어떻게 챙기지 않을 수 있냐고 하셨다. 엄마는 채연이가 학업을 잘 따라갈지, 입시 준비를 잘할지, 일상생활을 잘할지 하루 종일 걱정한다고 했다. 아이가 숙제를 조금만 안 하거나 빠뜨려도 자신이 부족한 것 같은 느낌 때문에 괴로웠다. "저는 늘 걱정이 많고 불안이 높았어요. 그런데 채연이가 태어난 다음에는 그 불안이 다 채연이에게 가는 것 같아요"라고도 하셨다.

채연이는 머리가 좋고 음악적 감각도 있는 데다 경시대회나 콩쿠르에서도 우수한 성적을 거뒀는데, 내면의 자신감이 부족하고 위축되어 있었다. 그림을 그려보라고 하니 학예회에서 다른 친구들이 못한다고 할까봐 긴장하고 있는 아이를 그렸다. 동물로 변할 수 있다면 호랑이가 되고 싶다고 했는데, 왜냐하면 호랑이는 천적이 없기 때문이라고 했다. 채연이에게 세상은 안전하지 않아 보였고, 사람들도 자신에게 호의적이지 않고 위협적이라 느끼는 듯했다. 사과가 다 떨어진 사과나무나, 쓸쓸한 표정으로 손을 호주머니에 집어넣은 아이를 그리기도 했는데, 가족을 비롯한 주변 사람들과의 관계에서 친밀감과 애정에 대한 욕구가 충족되지 않고 결핍감과 좌절감, 손상감이 있으며, 마음 깊은 곳에는 이로 인한 분노도 쌓여 있는 것 같았다. '나는 공부를 열심히 하는데도 엄마가 혼낸다. 나를 가장 화나게 하는 것은 내가 문제를 잘 읽었는데 엄마가 똑바로 안 읽었다고 했을 때다'라고 하는 등 학업 스트레스와 엄마의 부정적인 피드백에서 영향을 많이 받는 듯했다.

채연이는 소원이 엄마 아빠랑 놀이공원이나 여행을 가는 것이라고 하는 등 부모의 따뜻한 보살핌과 즐거운 경험을 간절히 원하는 것 같은데 이런 욕구가 충족되지 않는 듯 보였다. 특히 엄마의

모든 아이는 예민하다

사소한 말과 행동 때문에 스트레스를 많이 받고 있었다. '나는 가끔 엄마 때문에 마음이 아프다' '나를 가장 슬프게 하는 것은 엄마가 나를 혼내며 상처 주는 말이다' '내 소원을 들어준다면 첫째는 엄마가 나를 혼내지 않는 것이다'라고 말하기도 했다. 엄마를 만족시키기 위해서 끊임없이 노력하지만 어떻게 해도 계속되는 잔소리에 무기력해졌고, 자존감 역시 바닥을 치고 있는 듯했다.

채연이 엄마도 어려서 채연이 외할머니에게 잔소리와 지적을 많이 들었다. "우리 어머니는 저를 자기감정의 쓰레기통으로 썼던 것 같아요." "항상 저를 힘들게 하고 상처 되는 말을 했어요." 채연이 엄마도 자신의 원가족 안에서 비난을 받으면서 자랐고, 지적당하지 않기 위해 자기 자신을 엄격하게 다루었다. 스스로에게 하듯 채연이에게도 엄격하게 대했고, 자기감정이 받아들여진 경험이 적기에 아이의 감정을 읽고 공감하는 데에도 어려움을 느꼈다.

불안은 세대를 따라 내려온다. 채연이 엄마 미영씨는 어려서 예민하고 불안한 아이였지만, 미영씨 부모, 즉 채연이 외조부모는 사소한 잘못을 지적하고 비난함으로써 미영씨를 더 불안하게 했다. 그런 성장기를 보내면서 미영씨는 자기 탓을 많이 하고, 어떤 일이 일어나기 전에 미리 걱정하는 사람이 됐다. 채연이와의 관계에서도, 아이가 엄마의 속도를 따라오지 못하면 참지 못하고 재촉했다. 채연이가 잘하고 있는 것에 대해서는 별로 주목하지 않으면서, 아이의 사소한 실수나 흠은 실제보다 더 크게 받아들이고 아이가 잘못 자라고 있는 것은 아닌지 불안해했다. 미영씨 마음속의 조바심, 죄책감 같은 것이 채연이를 더 불안정하게 만들고 있었다.

많은 부모가 "저는 제 부모 같은 사람이 되고 싶지 않아요"라고 말한다. 그렇지만 그런 마음 때문에 역설적으로 아이를 과잉보호해서 의존적인 사람으로 키우거나, 아이가 원하는 것을 다 들어주려 하면서 버릇없는 아이가 되게 하거나, 혹은 채연이 엄마처럼 너무 가혹하게 훈육하기도 한다. 내 부모에게서 받은 상처가 내 아이에게 영향을 주지 않도록 하려면 부모 자신의 마음속 불안과 죄책감을 견뎌야 한다. 엄마에게 혼나고 비난받는 것이 싫어서 자신을 몰아붙이던 어린 미영씨를 도닥여주어야 한다. 엄마의 불안은 엄마의 몫이다. 냉정하게 들리겠지만 엄마의 어린 시절 상처도 엄마의 몫이다. 엄마의 불안을 낮추기 위해 아이에게 확인하는 말을 하거나, 아이를 재촉하거나, 밀어붙여서는 안 된다. 불안이 다음 세대로 넘어가는 것을 막으려면 엄마가 자신의 불안부터 다독여야 한다.

힘든 유년 시절을 보냈다고 해서 모든 부모가 육아에 문제를 일으키는 것은 아니다. 자신의 해결되지 못한 문제에 지배받거나 혹은 부모 자신의 이루지 못한 소망이나 죄책감에 휘둘리면서 아이를 키우는 것은 아닌지 한번 돌아보자. 그리고 부모 자신의 내면을 살피면서 있는 그대로의 나에게 "지금까지 고생했어"라며 토닥이는 말을 해보자. 그럼에도 마음속 불안이 지속되고, 그것이 자신과 아이들의 삶에 영향을 준다면 부모도 정신치료를 받는 것을 고려해보자.

모든 아이는 예민하다

# 아이가 부끄러운 엄마

　예진이는 호기심이 많고 에너지 넘치는 아이였다. 어려서부터 말도 빠르고 새로운 것을 금방 배워서 유치원 선생님이나 주변 엄마들로부터 똑똑하다는 얘기를 많이 들었다. 그렇지만 예진이 엄마는 딸이 너무 예민하고 감정적이며 고집이 센 아이 키우는 것을 버거워했다.

　예진이는 아기 때부터 분유를 한 번에 다 먹은 적이 없었다. 늘 먹다가 울다가 해 분유를 먹이고 나면 엄마는 나가떨어질 정도로 지쳤다. 잠잘 때도 불빛이 조금이라도 새어들거나, 집 밖에서 작은 소리가 들리거나, 온도와 습도가 조금만 안 맞아도 울었다. 조금이라도 아프면 악 쓰면서 울어서 컨디션이 더 나빠지곤 했다. 그래서 아기 때부터 예진이가 등장하면 어른 네 명이 있어도 정신이 없고 감당하기 어려워했다.

예진이는 뭔가가 뜻대로 안 되면 상황과 관계없이 짜증을 심하게 냈다. 유치원에서 돌아왔을 때 엄마가 바로 안아주지 않았다며 소리 지르고, 신발 벗고 거리에서 옷에 오줌을 싸기도 했으며, 유치원 셔틀버스 내리는 곳에서 집까지 500미터 거리를 오는 데 40분이 걸린 적도 있다. 요즘은 뜻대로 안 되면 길에서 "옷 벗을 거야" "신발 벗을 거야" "오줌 쌀 거야"와 같은 말을 해서 엄마를 곤란하게 하고, 사소한 일에도 "하늘에 살고 싶다" "우주로 떠나고 싶다" "엄마 아빠랑 같이 안 살고 싶다"는 말을 해서 부모의 마음이 무너지게 만들었다.

예진이는 똘똘하지만 낯선 환경이나 익숙지 않은 것을 해야 하는 상황에서는 극도의 불안감과 무력감을 느끼는 듯했고 여기에 압도당하면 합리적으로 생각하거나 자신의 행동을 통제하는 능력을 상실하는 것으로 보였다. 사람들과의 관계에서도 자신을 좋아하지 않거나, 자신이 무서워하는 것을 시킬 수도 있다는 두려움으로 늘 경계심을 보였는데, 이런 긴장이 마음속에 쌓여 있다가 공격적인 태도를 취하거나 감정을 폭발시키는 것으로 나타났다. 분노는 특히 엄마에게 표출됐는데, 아파트 단지나 엘리베이터같이 공공장소에서도 터뜨려 엄마를 부끄럽게 만들었다. 엄마는 예진이가 방방 뜨거나 짜증 낼 때 목소리 크기 조절이 안 되고 우는 소리가 너무 커서 다른 사람들에게 피해를 줄까봐 안절부절못했는데, 예진이는 엄마가 이렇게 남들 앞에서 자기를 부끄러워하는 것

모든 아이는 예민하다

을 알아차리는 듯했다.

예진이 엄마 영주씨는 자신의 어린 시절이 계속 떠올랐다. 영주씨 엄마는 딸이 느리다고 늘 재촉하고 몰아붙이는 유형이었다. 영주씨는 엄마에게 혼나지 않으려고 쫓기는 기분으로 애쓰면서 살았고, 다른 사람들에게 욕먹거나 부끄럽지 않도록 성실하게 생활했다. 혹시 작은 실수라도 하면 어쩔 줄 몰라 하면서 사과했다.

이런 엄마가 너무 싫었던 영주씨는 예진이를 임신하고 나서 절대 자기 엄마 같은 사람은 되지 않겠다고 마음먹었다. 집에서 아이를 돌보며 교감하는 엄마가 되고 싶다는 바람에 일도 그만두었다. 그런데 예진이를 키우면서 그런 꿈이 좌절되는 것을 느꼈다. 예진이가 심하게 짜증 내면, 아이가 밉고 화가 났다. 또 사람들 앞에서 난장을 부리면 부끄러워 다 자기 잘못이라는 죄책감이 들었다. 예진이와 세 살 차이 나는 여동생을 낳고서야 비로소 예진이가 이렇게 힘든 것은 내 잘못이 아닐 수도 있겠다는 생각이 들었다.

영주씨는 평생 반듯하게 살았지만 예진이가 다른 아이들보다 부족하다는 생각에 더 잔소리를 하게 되었다. 엄마가 아이를 부끄럽게 생각하는 마음, 아이에 대해서 느끼는 엄마의 자격지심, 아이가 버겁고 키우기 힘들다고 느끼는 것 모두 예진이에게 전해지는 것 같았고, 아이를 더 예민하게 만드는 것 같기도 했다.

아이를 키우는 것은 원래 내가 한 인간으로서 가지고 있는 한계를 깨달아가는 과정이다. 나름 열심히 하지만 내 뜻대로 안 되는 일이 너무 많고 부모로서 항상 부족한 것 같다. 그 와중에 다른 학부모나 선생님들에게 아이의 잘못을 지적받으면 좌절하기도 한다. 그렇지만 부모로서 느끼는 무기력은 우리 스스로가 견뎌보자. 우리 마음이 자녀에게 전해져서 아이의 불안을 자극하도록 하지는 말자.

예진이가 놀이치료를 시작하면서 영주씨는 또 불안해지기 시작했다. 영주씨 말고도 아이가 치료를 받기 시작하면 부모들은 자기 역할을 제대로 못 했다고 생각하면서 자책하기도 한다. 그렇지만 이런 생각은 도움이 되지 않는다. 대신 온 가족이 한마음이 되어 현재 상황을 개선하도록 노력해야 한다. 그런 마음으로 영주씨도 정신치료를 받기 시작했다. 그 과정에서 영주씨도 엄마에게 받은 상처나, 자기 자신과 예진이에게 모두 너그럽지 못한 게 조금씩 나아지는 듯했다. 또 예진이가 짜증을 내는 것이나 불안해하는 것이 줄어들면서 아이를 키우는 일이 조금씩 편해졌고 엄마로서의 자신감도 조금씩 생겼다.

모든 아이는 예민하다

## 늘 혼났다고
## 생각하는 엄마

도균이는 친구들과 친해지는 데 시간이 오래 걸리는 5세 남자 아이다. 어려서부터 부끄러움이 많았으며, 낯선 상황에서 얼어붙곤 했다. 새로운 사람을 만나거나 새로운 장소에 가면 부모가 한참 전부터 반복해서 설명해줘야 했다. 원래도 예민했는데, 차에 혼자 남겨진 상태에서 경적이 울려 크게 놀란 일이 있은 뒤 부모와 떨어지는 것이나 혼자 있는 것을 힘들어했다. 화장실을 자주 가고, 잠드는 데도 불안함 때문에 어려움이 있었다.

부모님은 모두 친할아버지가 운영하는 갈빗집에서 일하고 있다. 하원 후 돌봐줄 사람이 없어 도균이는 가게로 와 혼자서 휴대폰을 보면서 노는 시간이 많았고, 가족들이 함께 놀러 가거나 즐겁게 보내는 시간은 거의 없었다. 낮 시간의 결핍감을 충족시키려는 것인지, 밤에 잘 때 도균이는 엄마 머리카락을 만지며 자곤 했는데, 1년 전 동생이 태어나면서 부모님이 도균이와 보내는 시간이 줄어서 아이가 엄마에게 더 집착하는 것 같기도 했다.

유치원에 처음 갔을 때도 두 달 넘게 그곳에서 한마디도 하지 않았다. 긴장하고 아이들 눈치를 계속 보느라 다가가기 어려워했다. 어느 날 친구가 하는 말에 대답했는데 발음이 나빠서 친구가 못 알아듣자 그 후로는 대답을 더 안 하게 되었다. 불안이 높은데 발음까지 신경 쓰느라 친구들과 상호작용이 부족한 것 같았다. 유치원에 좀 적응한 후에도 익숙한 또래들과는 어울리지만 여러 사람 앞에서 하는 발표나 활동에는 참여하지 못했고, 모르는 사람에게나 낯선 장소에서는 거의 말을 하지 않았다.

도균이 부모님도 모두 예민하고 낯가림이 심한 분들로 마트나 식당도 가던 곳만 갔다. 유치원 행사에서 도균이 친구들의 부모님을 만나도 먼저 인사하거나 말을 거는 법은 없었고, 누가 말을 걸어오면 짧게 대답하는 편이었다. 부모의 성격이나 사람들을 대하는 방식이 도균이의 사회적 태도에 영향을 주고 있었다.

발음 문제가 지속되면 아이의 자신감이 떨어져 더 말을 안 하게 될 수 있으니 조음을 중점적으로 봐주는 언어치료가 필요했고, 불안을 낮추기 위한 놀이치료도 필요해 보였다. 무엇보다 아이가 부모님과 즐거운 시간을 갖는 게 긴요해 보였다. 그래서 이런 부분을 부모님께 말씀드렸는데, 도균이 엄마는 스스로 엄청나게 혼났다고 생각하면서 그날 밤 잠들 때까지 계속 울었다고 했다.

도균이 엄마는 유치원에서 아이가 말을 안 한다며 선생님이 전화를 걸어오면 자신이 혼나는 것 같아서 주눅이 들었다. 병원에서 아이와 즐거운 놀이 시간을 가지라고 하는 것도 자신에 대한 비난으로 받아들였고, 놀이치료 선생님이 집에서 놀이 방법을 알려주시는 것도 자신을 혼내는 것이라 여겼다. 놀이치료를 다녀오면 그날은 오후 내내 운다고 하셨다. 놀이터에서 도균이 친구 엄마가 "요즘 도균이가 좀 마른 것 같아요"라는 말만 해도 자신이 아이를 잘못 키우는 것 같고, 다른 엄마들보다 부족한 것 같아서 속상해졌다.

도균이 엄마는 평소에도 머릿속에 부정적인 생각이 자꾸 떠오르지만 떨쳐낼 수 없다고 했다. 자신의 실수를 계속 곱씹으며 괴로워하는데, 아이를 키우면서 잘 놀아주지 못하거나 기분에 따라 감정적으로 대한 것뿐만 아니라, 자신이 고등학교 2학년 때 친구에게 말실수해서 멀어진 것이나 대학 3학년 때 동아리 회장을 하면서 말실수한 것이 지금도 떠올라서 괴로웠다.

일상생활에서도 걱정이 많고 불안이 높았다. "안 좋은 기억들이 떠오르는 것을 어떻게 해야 할지 잘 모르겠다. 스스로 옥죄는 것 같다"는 말도 했다. "사람들이 나를 피할 때 내가 무슨 말실수를 했나 생각하게 된다"며 타인의 사소한 말과 행동에도 민감하게 반응했고, 자신감이 부족하며, 다른 사람들이 아무 언급이 없으면 이조차 부정적인 평가로 여겨 스트레스를 받곤 했다. 그러다보니 "뭘 해야 행복한지 잘 모르겠다" "잘 살고 있는지 모르겠다"면서 삶에 회의를 느끼고 불만 상태가 지속되었다. 그러나 부정적인 감정을 해소하거나 말로 표현하지 못하고 "신경질 날 때는 분에 못 이겨 눈물을 흘리거나 중얼중얼 화를 낸다"고 했다.

도균이는 언어치료를 다니면서 발음이 좀더 분명해지고 친구들과도 조금씩 편안하게 어울리기 시작했다. 마음의 여유가 생겼는지 낯선 사람에 대한 경계심도 많이 풀렸다. 그런데 엄마는 여전히 다른 사람들의 반응에 신경 쓰이고, 누가 도균이 이름만 불러도 아이에 대한 나쁜 말을 할까봐 심장이 콩닥콩닥 뛴다고 했다.

어떤 부모라도 아이가 친구들과 잘 못 어울린다는 연락을 받거나 병원과 치료실에서 아이의 문제를 들으면 속상하다. 그러나 아이의 마음을 읽어주고 불안을 낮추기 위한 현실적인 조언과 엄마에 대한 비난은 엄연히 다른 것이다. 만약 그런 중립적인 조언들까지 자꾸 비난으로 들린다면 엄마의 마음속을 잘 들여다보자. 좋은 엄마가 되고 싶은 마음, 주변 사람들에게 인정받고 싶은 마음, 일과 육아를 병행하는 것의 고단함, 아이와 놀아주는 것이 자기 성향과 잘 맞지 않는 것 등이 엄마로서의 자존감에 부정적인 영향을 미치고 엄마를 주눅들게 할 수도 있다. 엄마 자신의 마음을 잘 돌보며, 부정적인 일을 반추하는 것에서 벗어날 만한 활동을 찾아보고, 필요하다면 전문가의 도움을 받으면서 자신의 불안을 조절해야 한다. 엄마의 불안이 아이의 발달과 사회적 관계에 부정적인 영향을 끼치지 않도록 해야 하기 때문이다.

　　　　　　　　모든 아이는 예민하다

## 아이의 불안을
## 다 맞춰주려는 아빠

우현이는 학교폭력을 당한 이후로 과격해지고 학교에 가지 않겠다고 해서 병원에 오게 된 아이였다. 부모가 자신의 억울한 마음을 알아주지 않고, 학교폭력 가해자가 사과를 대충 한다며 소리지르고 부모를 때리고 물어서 경찰이 출동하기도 했다.

우현이는 어려서부터 예민했지만 어린이집, 유치원, 초등학교에 다니면서는 공부나 운동도 잘하고, 친구들과도 잘 어울렸다. 대치동 학원에서도 최상위권에 들며 엄마가 따로 말하지 않아도 숙제와 공부를 잘 챙겼다.

초등학교 6학년 때 코로나로 학교에서 비대면 수업이 많아지자 부모는 학교에서 EBS 방송만 틀어준다며 사립 초등학교로 전학을 시켰다가, 중학교도 국제중으로 보냈다. 중학교 2학년 말부터 전학 온 친구로부터 은근히 따돌림을 당하기 시작했다. 스쿨버스에서 가해 학생이 우현이를 자기 주변에 못 앉게 하고 다른 친구들에게도 우현이와 놀지 말라고 말했다고 한다. 중학교 2학년 때는 반에 우현이와 원래 친하게 지내던 친구가 더 많았고, 담임 선생님도 우현이를 잘 챙겨주셔서 가해 학생의 따돌림을 잘 견디고 지나갔는데, 3학년이 되면서 더 심해졌다. 우현이와 가깝게 지내는 친구들에게 다가가서 놀지 말라고 다그쳤고, 체육 시간이나 음악 시간에 우현이가 조금만 실수해도 아이들 앞에서 저것 좀 보라며 비웃고 놀렸다. 5월에는 체육 수업 중에 가해 학생이 뛰어와서 우현이의 허리를 차 아이가 20분 정도 바닥에 쓰러져 있기도 했다. 신체 폭력이 발생하자 부모가 학교에 신고했으나 접수가 늦어지고, 가해 학생과 분리 조치도 되지 않아서 우현이는 많이 불안하고 억울했다.

우현이가 학교폭력을 당했다고 처음 말했을 때, 엄마는 "너를 질투해서 그렇다, 우리는 교회 다니는 사람이니까 용서해줘야 한다"고 했다. 신체 폭력이 일어난 다음에는 우현이의 마음을 읽어주려고 노력했지만, "엄마가 나를 지켜주지 않는 것 같다"면서 밀치고 엄마가 창피하다고 소리 치기 시작했다. 기분이 좀 나아졌을 때는 "사랑한다"는 말도 했지만, 요구를 조금만 들어주지 않아도 욕하고(닥쳐, 개새X, 시XX, 죽여버린다 등) 아빠를 주먹으로 때리며 할퀴는 일이 점차 늘어났다. 8월경에는 동생을 죽여버리고 싶다는 말도 했다. 아빠는 때리기, 욕설, 물건 던지기를 하지 않겠다고 약속하면, 우현이가 좋아하는 인형뽑기를 하루에 4만 원어치씩 하게 해주었다. 그런데도 폭력 행동이 지속되며 부모를 때리고 물어서 경찰이 출동했고, 경찰과 함께 소아응급실에 왔다.

아버지는 대학교수로 불안이 높고 논리나 사실, 정확성을 중시하는 완벽주의자였다. 우현이가 체스, 바둑, 주산을 다 잘해서 주변에서 천재 같다는 평을 하면 자랑스러워했고 자신도 완벽한 아빠가 되고 싶어했다. 학교폭력 사건이 발생하자 "그런 일을 당할 아이가 아닌데 믿을 수 없어요"라며 혼란스러워했고, 가해자, 가해자 부모, 학교 선생님을 잘못 만나서 그렇게 된 것이라고 생각했다. 응급실에서도 지금 아이를 면담하고 있는 당직 선생님이 몇 년 차인지, 어느 의대를 졸업했는지 계속 확인하면서 완벽한 의사가 자기 아이를 진료해야 한다고 했고, 우현이가 뭔가를 말했는데 간호사가 즉각 조치해주지 않으면 "제대로 하지 않는다"며 화를 냈다. 우현이에게도 맞고 틀림을 지나치게 강조하면서 양육했는데, 이런 태도가 아이의 경직된 사고방식과 함께 타인에게 자신의 약함, 열등함을 보이는 것에 대한 두려움을 갖게 하는 데 영향을 주었던 것 같다. 더욱이 자신과 다른 사람의 감정에 대한 이해보다 옳고 그름을 따지는 것을 중시하다보니, 우현이와의 관계에서 교감한다거나 감정을 읽어주는 노력도 부족했다. 아이도 "우리 아빠는 자세히 논리적으로 얘기해주지 않으면 이해를 못 해요. 공감도 못 해요"라고 말했다. 아빠에게 가장 바라는 바는 자신이 학교를 그만두게 허락해주는 것이라고 했다.

디자인 관련 회사에 다니는 엄마도 항상 아이 편에서 모든 것을 맞춰주고 받아주려 하면서 키웠다. 아이에게는 언제나 최고와 최선의 것을 해주려 했고 휴대전화 사용 빼고는 아이가 원하는 것을 제한한 적이 한 번도 없었다. 초등학교 저학년 때부터 자기 일을 똑부러지게 잘하고 알림장이나 숙제도 스스로 챙겨 대견해했다. "아이들이 집단 활동을 싫어하는 것은 각자 고유의 우주를 품고 있기 때문이니 맞춰줘야 한다"며, "내 아이가 받을 상처를 다 막아주는 것이 좋은 부모"라고 하셨다. 항상 아이의 주장을 존중하고 원하는 대로 해주려 하면서, 오히려 아이가 적절한 좌절과 실패를 견디고 이겨낼 기회를 박탈하는 것처럼 보였다. 부모 모두 아이가 마음에 들지 않는 것도 참고 이겨내도록 하는 훈육은 하지 않고, 아이가 원하는 것을 맞춰주는 것이 완벽한 양육이라고 생각하는 듯했다.

우현이는 겉보기에는 예민하고 감정 기복이 심하며 화를 많이 내지만, 심리검사로 속마음을 들여다보니 위축되고 불안하고 긴장하고 있을 뿐 아니라 우울감도 심해 보였다. 학교폭력 가해자로부터 사과받는 과정이 적절하게 이뤄지지 않으면서 분노감과 무기력감을 동시에 느끼고 있는 듯했다.

심리검사를 하는 내내 본인이 전교 1등이며 아빠는 대학교수이고 자신은 도곡동에서 살고 있다는 점을 강조하다가, 학교폭력이나 가정 내 갈등에 대해서 질문하자 갑자기 임상심리사 선생님께 소리 지르면서 검사 도구를 집어던졌다. 아이도 부모님처럼 자

모든 아이는 예민하다

신의 장점에 초점을 맞추고, 열등한 부분은 드러내지 않으려고 더 화를 내는 것 같았다. 또 마음속에 있는 부정적이거나 불쾌한 감정, 내면의 갈등을 인정하고 다루며 표현하는 것이 어려워 보였다. 우현이는 지나치게 낙관적이고 과잉보호하는 엄마와 완벽주의자로 아이가 원하는 것을 다 해주는 아빠 사이에서, 다소 자기중심적이고 다른 사람의 상황이나 감정에 잘 공감하지 못하는 아이로 자랐다. 그래서 학교폭력 사건 이후 자신이 원하는 대로 학교에서의 상황이 이뤄지지 않자 분노를 폭발시키면서 학교를 그만두겠다고 하는 것이다.

세상에 완벽한 아이는 없고, 완벽한 부모도 없다. 인생은 그저 내가 부족하고 보잘것없는 존재임을 받아들이면서, 그럼에도 불구하고 이 생이 갖는 의미를 찾아가는 과정이다. 부모가 된다는 것도 아무리 노력해도 완벽한 부모는 될 수 없고, 아이를 키우다보면 내가 어찌할 수 없는 일이 계속 생긴다는 것을 받아들이는 과정이다. 또 아이가 생각보다 공부를 못할 수도 있으며, 생각보다 착하지 않을 수 있고, 생각보다 건강하지 않을 수 있다는 것을 받아들이는 과정이다.

예민하고 불안이 높은 부모는 아이의 마음을 민감하게 알아차릴 수 있다는 장점이 있다. 그러나 자신의 불안을 조절하고 자신의 부족함을 받아들이는 과정을 잘 거치지 못하면 우현이 부모님처럼 아이를 더 불안하게 만들거나, 더 성숙한 어른으로 자라기 어렵게 만들 수도 있다. 그래서 부모 자신의 마음을 들여다보는 것이 중요하다.

좋은 부모는 "내 아이가 받을 상처를 미리 막아주는 사람"이 아니라, 아이가 세상에서 받을 상처를 미리 준비시켜주고, 어떤 상처나 좌절을 겪더라도 이겨낼 힘을 길러주는 사람이다. 우현이 부모님이 자신의 부족함을 받아들이고 인정하는 만큼, 우현이 또한 자신의 부족함을 받아들이고, 세상에 내 뜻대로 안 되는 게 많다는 사실을 이해하게 될 것이다.

모든 아이는 예민하다

# 발달이 느린 아이를
# 키우는 엄마

아영이는 42개월 된 여자아이다. 아영이 엄마는 아영이가 눈-손 협응이 떨어지고 사회성이 부족한 게 걱정되어 병원에 데리고 오셨다. 엄마는 아이가 태어난 지 얼마 안 되어서부터 발달이 느린 것 같다고 염려하기 시작했다. 아영이는 아기 때부터 잠투정이 많고 낯선 환경에 대한 거부감이 심하며 기질적으로 예민했다. 엄마는 180일경부터 아이가 눈 맞춤을 안 하는 것을 불안해했고, 돌 무렵에 하수구 구멍, 세탁기 돌아가는 것을 쳐다보는 감각추구 행동을 나타내면서 아이가 자폐스펙트럼장애일지도 모른다고 생각했다. 감각추구 행동이 6개월 만에 사라졌는데도 자폐스펙트럼장애에 대한 우려로 잠을 잘 못 잤다고 하셨다.

24개월 무렵에 언어치료실에 데리고 갔는데 표현언어가 조금

지연되는 것 같다고 해 언어치료를 시작했지만, 1년 만에 보통 아이들의 언어 발달을 따라잡았다고 해서 중단했다. 30개월 무렵 육아 종합센터에 갔을 때도 엄마와 아이의 기질 차이일 뿐 아무 문제가 없다고 했다. 비슷한 시기에 아무래도 자주 넘어지며 다치는 것 같고 왼쪽에 힘이 안 들어가는 것 같아서 집 근처 재활의학과를 갔더니 눈–손 협응은 자라는 과정에서 느릴 수 있다며, 아이는 정상인데 엄마가 너무 걱정이 많다고 했다. 그럼에도 엄마는 조금이라도 늦는 것은 싫다며 작업치료와 감각통합치료를 시작했다. 한 달 전 유치원 선생님에게 다른 애들은 다 안 웃는데 아영이만 박수를 치면서 웃을 때가 있다는 얘기를 들은 후부터는 다시 자폐스펙트럼장애가 아닌가 걱정되어서 나를 찾아오셨다.

고집이 좀 센 아이이고 좋아하던 놀이를 그만하고 다른 것을 하자고 하면 전환이 잘 안 되며 떼를 쓰는 것이 있다고 했지만, 유치원에서 친구들과 잘 어울리고 큰 소리로 웃는 것 외에 특별히 지적받는 것도 없었다. 하지만 엄마는 유치원 선생님의 전화를 받은 후 불안해서 놀이치료를 시작했다.

엄마는 인터넷에서 자료를 찾아보고 치료도 열심히 데리고 다니며 집에서도 아이에게 언어 자극을 하면서 놀아주는데 아빠가 아이를 돌보는 시간에는 거의 방치되는 듯해 불만이었다. 아빠는 아이에게 세이펜 주고 혼자서 놀라고 하거나, 주말에 텔레비전을 하루 종일 켜두고 '나 어릴 때는 다 이러고 자랐다'면서 아무 문제가 없다고 주장했다. 아빠는 엄마가 아영이를 데리고 병원, 치료실을 쫓아다니는 것이 지나치다고 생각했다. "저는 일찍 병원에 온 것에 대한 후회가 없어요. 그런데 시어머님과 아이 아빠가 너무 민감하게 받아들이고, 제가 노력하는 것을 알아주지 않아서 속상해요"라고 아영이 엄마는 말했다.

아영이는 진료실에 엄청 긴장한 상태로 쭈뼛거리면서 들어왔고, 장난감을 만지기 전 엄마를 쳐다보고 엄마가 고개를 끄덕여주어야만 만질 수 있었다. 냉장고 장난감과 과일 썰기 장난감을 꺼내놓고 맛있는 음식을 만들어서 엄마와 나에게 주면서 "피자는 하나밖에 없네. 엄마 줘야겠다. 선생님은 물고기 줄게요" 하고 말했는데, 역할놀이도 잘하고 언어 수준도 괜찮아 보였다. 눈 맞춤도 잘하고, 놀이를 하면서 엄마와 나를 번갈아 쳐다보기도 하며, 배꼽인사나 하이파이브도 잘하고 발달에 특별한 문제는 없어 보였다.

심리검사를 할 때는 엄마와 떨어져서 검사실로 들어와야 한다고 하니까 심하게 낯을 가리고 불안해서 엄마가 오래 달래야 했다. 검사실에 들어온 후에도 한참 동안이나 검사하는 선생님을 쳐다보면서 쭈뼛거리다가 작은 목소리로 말하기 시작했다. 검사하다가 중간중간 "저 잘하고 있어요?" "저 틀렸죠?" 하고 확인했으며 그림을 그릴 때는 종이 아래쪽에 조그맣게 그리고 힘을 주어서 꾹꾹 누르는 것으로 미루어 긴장을 많이 하는 것 같았다. 아영이는 이야기를 만들 때도 엄마 토끼를 잃어버려서 울고 있는 아기 토끼에 관한 것을 짰고, "내가 제일 걱정하는 것은 엄마, 아빠를 잃어버리는 것" "나를 가장 슬프게 하는 것은 엄마가 하늘나라에 가는 것"이라고 해서, 부모와 헤어질 일에 대한 두려움이 많은 듯했다. 가족 그림을 그릴 때는 아빠가 회사에 갔다며 안 그렸고, 「신데렐라」 뮤지컬을 볼 때 아빠는 회사에 가서 속상했다는 말도 했다.

아영이 엄마는 아이의 인지 발달 수준을 실제보다 저평가하고, 발달 지연이나 자폐스펙트럼장애의 가능성을 지나치게 염려했다. 아마 아영이 엄마가 원래 가지고 있던 기질 그리고 성격적인 성향 때문인 듯했다. 그리고 발달 상태뿐만 아니라, 아이를 둘러싼 주변의 피드백에 대한 불안과 염려가 높아서, 아이를 과잉보호하며 혼자서 충분히 성취해낼 수 있는 것도 대신해주거나 지켜보는 일이 많았다. 그러자 아이는 자신이 남들보다 부족하다고 느끼면서 심리적으로 위축되고 주변 눈치를 보게 되었다. 또한 주 양육자인 엄마의 불안이 아이의 예민성을 강화시키는 면도 있을 듯싶었다.

아영이 엄마는 몇 년 동안 아이의 발달을 걱정해 치료하러 데리고 다니면서 심리적·체력적으로 소진된 상태였고, 또 누가 아이에 대해서 지적하지 않을지 긴장하며, 아이가 잘 자랄 수 있을지 미래에 대한 염려와 불안도 높았다. "나를 괴롭히는 것은 언제 끝날지 모르는 걱정과 조바심이다" "내가 가장 바라는 것은 아영이가 평범하게 자라서 행복한 가정을 유지하는 것이다"라고 말씀하셨다. 더불어 아영이를 돌보는 일로 직장을 그만두면서 자기 가치감에 대한 생각도 많아졌고, 남편이 육아를 돕지 않고 아영이의 발달 문제에 대해 함께 고민하거나 노력해주지 않는 것에 대한 서운함도 많았다.

모든 아이는 예민하다

최근에는 아영이 엄마처럼 아이의 발달이 느린 것은 아닌가 불안해하는 부모님이 많다. 인터넷과 방송에서 건강 정보를 쉽게 찾아보게 되면서 실제로 발달이 느린 아이들이 조기에 병원에 와서 적절한 특수 교육을 받고 호전되는 경우도 많아졌지만, 불안을 과하게 일으키는 면도 있다. 진료실에서 아이가 잘 자라고 있다고 말씀드리면 편안한 얼굴이 되는 분들도 있고, 아영이 엄마처럼 여전히 반복적으로 확인하거나 치료하시는 엄마도 많다. 그런데 엄마의 불안이 심할 때는, 아영이 엄마처럼 아이를 계속 염려하는 시선으로 바라보고 과잉보호해 아이의 자신감을 떨어뜨리기도 하고, 아이의 행동이 문제 행동인지 아닌지 계속 생각하느라 막상 아이와 즐겁게 놀아주지 못하기도 한다. 그래서 부모 자신의 불안을 잘 조절하고, 마음을 다독이며, 또 전문가들을 믿고, 아이가 제 속도대로 자라기를 기다려주는 것이 중요하다.

최근에는 아영이 부모처럼 부부간에 아이의 발달에 대한 의견이 달라서 다투는 분들도 종종 있다. 한쪽은 아이의 발달이 느린 것 같다고 하고, 다른 쪽은 아무 문제 없는데 당신이 별나서 아이를 발달장애로 만든다고 비난하는 것처럼 말이다. 그런데 사실 부모 사이가 좋을 때는 아이가 정서적으로 안정되고 발달도 잘되는 법이다.

한번은 4개월 된 아기를 데리고 부모가 진료실에 왔다. 8개월 된 아기는 몇 번 본 적이 있는데 4개월 된 아이가 소아정신건강의학과 진료실에 온 것은 처음이었다. 엄마는 아기가 눈 맞춤도 못

하고 발달이 느려서 자폐가 아니냐며 걱정하고 있었고, 아빠는 아내가 쓸데없는 염려를 한다며 비난했다. 양가 부모님들도 아기의 발달에 대한 의견이 달라서 자주 싸운다고 했다.

　아기는 너무 귀엽고 아빠를 보고 웃으며, 쭉쭉이 해주면 나한테도 웃고, 풍선 불어주면 잘 쳐다보고, 옹알이도 잘하는데 반응이 좀 작고 느렸다. 토머스와 체스가 말한 느리고 굼뜬 기질을 가진 아기이지, 자폐가 의심되거나 발달이 느린 것은 아닌 듯했다. 그렇게 말씀드리자마자 남편은 아내한테 그것 좀 보라고, 별일도 아닌데 병원에 왔다며 몰아세웠다.

　그래서 아빠한테 말씀드렸다. 아기의 반응이 크지는 않으니까, 또 엄마도 애를 처음 키워보니까 느린가 싶어 걱정되거나 불안할 수 있다. 그런데 아빠가 엄마를 이렇게 비난하면 엄마의 불안이 줄어들겠냐, 엄마가 더 불안하지 않겠냐, 아빠가 "우리 애 잘 키우고 있다"고 "당신이 고생이 많다"면서 편들어줘야 엄마가 덜 불안하고 애도 더 잘 키우지 않겠냐고 했다. 아빠는 처음에는 투덜거리시더니 나가면서 90도로 인사하셨다. 그러고는 "선생님, 제가 앞으로 아내에게 잘하겠습니다"라고 했다. 그 모습이 너무 보기 좋아서 한참을 웃었다. 이 부부는 잘 살 거다, 애도 잘 키울 거다, 그런 확신이 들었다.

# 엄마의 마음을
# 다독이는 게 중요합니다

의찬이는 또래에 비해 어휘력이 조금 떨어지고 낯을 많이 가리는 아이였다. 15개월부터 어린이집에 다니기 시작했고, 또래들이랑 잘 어울리며 특별한 피드백은 없었는데, 32개월 무렵 문장이 더 이상 늘지 않고 "물 줘" "빵 줘"와 같이 두 단어를 연결한 요구 표현만 해 또래들에 비해 지연되고 있다고 느껴졌다. 영유아 검진에서 심화평가가 필요하다는 견해를 듣고 방문한 대학병원 소아정신과에서는 좀더 기다려봐도 좋겠다는 얘기를 들었다. 34개월부터 말이 폭발적으로 늘어서 세 단어 이상의 완전한 문장을 잘 사용하기 시작했다.

이후로는 특별히 아이가 느리다는 평가를 받은 적은 없지만 한 번 심화평가를 권고받아서인지 엄마는 계속 불안했다. 또래들에 비해 어휘력이 조금 떨어지는 것 같고, 발음도 부정확한 것 같았다. 눈 맞춤 시간도 조금 짧다고 느껴졌다. 부모와 있을 때는 말을 굉장히 많이 하는데 낯선 환경에서는 말을 거의 못 하는 것처럼 보였고, 친구들과 있을 때는 한 명만 따라다니면서 그 친구의 말과 행동을 쫓아했다. 한번은 유치원 친구들과 놀이터에서 노는 것을 보고 어느 엄마가 "의찬이는 말수가 적은 편인가봐요"라고 했는데, 의찬이 엄마는 그 말이 의찬이가 발달도 느리고 성격도 소심하다는 뜻으로 들려 갑자기 불안해졌다. "의찬아, 세진이랑 같이 블록놀이 해봐" "의찬아, 민조에게 그네 잘 탄다고 얘기해줘야지" "의찬아, 영훈이가 시소 타고 싶어하는 거 같은데 같이 타야지" 하고 친구들이랑 놀도록 계속 지시하게 되었다.

친구들과 놀 때뿐만 아니라 손을 씻을 때도 손등, 손바닥, 손톱 아래까지 깨끗이 씻어야 한다고 가르치고, 양치질할 때도 위아래, 안쪽, 뒤쪽 구석구석까지 잘 닦는지 서서 감독했다. 밖에 나갈 때는 세상에는 나쁜 사람이 많다며 모르는 사람이 말 걸면 대답하지 말라고 신신당부했다. 유치원에서 종이접기, 줄넘기, 한글을 못한다는 말을 듣지 않도록 집에서 미리 준비해서 보냈다.

의찬이 엄마 서원씨는 원래 다소 예민하고, 작은 스트레스에도 힘들어하는 성격이다. 불안이 높아서 아이에게 지적이나 간섭을 많이 하지만, 평상시에는 다정하게 대하고 애정 표현도 많이 한다. 가끔 엄마가 의찬이에게 소리를 지르는데, 그러면 의찬이는 "엄마 화내지 마, 우리 화해하자"라고 말하기도 한다. 의찬이가 그런 말

모든 아이는 예민하다

을 할 때면 서원씨는 자신이 아이를 지적하고 혼내기만 하는 나쁜 엄마가 된 듯해 속상하다고 했다.

"저는 다른 사람들 말에 계속 속상해하고 헤어나지를 못하겠어요. 영향을 너무 많이 받아요"라고도 했고, "한 사람을 올바르게 만드는 일은 쉽지 않은 것 같아요. 좋은 부모가 되지 못할 바에는 안 낳았어야 하는 게 아닌가 싶어요. 나 말고 또 책임져야 하는 사람이 생기는 게 이렇게 힘든 일인 줄 몰랐어요" "내가 잘못하면 아이가 자기 앞가림을 못 하는 사람이 될까봐 무서워요. 그냥 적당하게 공부해서 직장 구하고 좋은 짝 있으면 만나서 살기를 바라는 마음인데 제 욕심이 너무 큰 걸까요? 내가 역할을 잘 못 하면 애가 학교에서 안 좋은 친구 만나 다른 길로 빠져서 공부 안 하고 괜히 다른 사람에게 해코지를 당하는 것은 아닌가 하는 상상까지 들어요. 내가 낳았으니까 기본적인 책임은 나한테 있는데, 좋은 영향을 주는 부모가 못 될까봐 무서워요"라고도 하셨다.

의찬이 아빠는 외향적이고, 사람들과 두루두루 잘 어울리는 성격이었다. 의찬이에게는 거의 화를 내지 않고, 허용적인 편이었다. 아내가 의찬이 문제로 걱정하고 있으면 "서원아, 얼굴 풀어. 다 괜찮을 거야"라고 말해주지만, 크게 위로는 안 된다고 했다. 서원씨가 느끼는 불안을 너무 가볍게만 생각하는 것 같아서 화가 나기도 했다.

서원씨는 의찬이를 잘 키우고 싶고 또 좋은 부모가 되고 싶은 마음이 큰 분이다. 그런 부모는 아이를 키우다보면 우리 아이가 부족해 보여서, 혹은 다른 엄마들이 우리 아이를 무시할까봐, 아이에게 사소한 것까지 지적하거나 아이의 일을 대신해주고 싶은 욕구를 느낀다. 그렇지만 아이는 실수도 해봐야 하고, 넘어졌다가 스스로 일어나는 일도 해봐야 하며, 자기가 다른 친구들보다 부족한 부분이 있다는 것도 경험해봐야 한다. 이럴 때 내버려두는 것은 아이를 방치하는 것이 아니라 실패와 부족함을 스스로 이겨내고 성장하도록 하려는 것이다. 아이를 부모의 안전망 아래에 두고 모든 실수와 실패를 피하며 난관이 없도록 하는 것은 언제까지나 가능한 방법이 아니다.

부모가 아이의 곁을 맴돌면 아이는 자기가 부족하다거나 세상이 안전하지 않다고 생각할 수도 있다. 부모가 어떻게 양육하는지에 따라서 아이는 독립성을 키울 수도 있고, 반대로 의존성을 키우면서 두려움을 강화할 수도 있다. 예민한 기질을 타고나지 않은 아이들에게도 부모가 스스로의 불안을 낮추기 위해 모든 것을 해주는 게 영향을 미치겠지만, 예민한 성향을 타고난 아이에게는 아이 내면의 예민함을 더 강화하고 불안을 키울 수 있다.

# 아이가 예민한 건
# 엄마 탓이 아닙니다

주하는 외국어고등학교를 다니다가 공황장애와 우울증 때문에 자퇴했다. 외국어고등학교에 진학한 이후 뛰어난 친구들 사이에서 주눅들고 적응하기 어려워했다. 친구들이 공부뿐 아니라 과제나 동아리를 자기주도적으로 하는 것을 보고 위축됐고, 자기주장이나 생각을 거침없이 표현하자 자신과는 다른 존재처럼 느껴졌다. 친구들이 자기를 모자란다고 생각할 것 같았다. 입학 초부터 기분이 가라앉고 우울해졌는데, 2학기 중간고사 기간에 숨이 쉬어지지 않고 손발이 떨리며 죽을 것 같은 느낌이 드는 공황발작을 처음 경험했고, 이후 반복돼 언제 증상이 또 나타날지 모른다는 불안감이 생겼다. 그즈음부터 뚜렷한 우울감, 무기력감과 함께 막연한 자살 생각과 자해 행동이 생겼고, 이런 증상들 때문에 학교도 자주 결석하고 지각과 조퇴를 반복하다가 결국 자퇴하게 되었다. 자퇴할 무렵에는 엄마와 사소한 일로 자주 다투었다.

자퇴 이후 집에서 쉬면서 공황 증상은 1~2주에 한 번, 길게는 한두 달에 한 번 발생했다. 주로 숨을 못 쉴 것 같은 느낌, 숨이 가빠지고 심장이 빨리 뛰며 손발이 저린 것인데, 매번 증상이 다르게 나타났다. 주하는 "자퇴하고 나서도 엄마랑 잘 지내는데, 한 번씩 화를 갑자기 크게 내서 당황스러워요. 공황장애가 생기고 제가 아프면서 엄마는 이게 다 엄마 탓이라고 생각하는 것 같아요. 그래서 빨리 정상으로 되돌려놓으려 하시는데, 그러다보니 집에서 무기력하게 있을 때면 잔소리를 많이 해서 힘들어요"라고 말했다.

주하는 어릴 때부터 예민했다. 기질상 정해진 원칙이나 기준을 따르는 것을 선호하고 조심성이 많은 편인데, 이는 사소한 일도 소홀히 여기지 않는 장점으로 작용할 수 있지만, 때로는 순서나 형식을 따지다가 중요한 흐름을 놓치고 과제의 효율성도 떨어뜨렸을 것이다. 이런 면 때문에 외국어고등학교에서의 학업 적응이 더 어려웠던 것 같기도 했다.

주하는 다른 사람들이 대수롭지 않게 넘어가는 단순한 일도 복잡하고 심각하게 받아들이는 경향이 있었다. 특히 타인의 사소한 행동이나 중요치 않은 단서까지 고민하는 편인데, 친구가 한 말이 무슨 의미인지 밤새 생각하다가 다음 날 물어보면 정작 친구는 기억하지 못했다. 주변 사람들로부터 사랑받고 싶은 마음, 타인에게 의존하고 싶은 욕구가 상당히 크지만, 이런 욕구가 좌절되고 혼자

모든 아이는 예민하다

남겨지거나 고립된 느낌을 경험하고 있었다.

주하 엄마는 기질상 안전하고 평온한 상태를 선호하는 조심성 많은 분이었다. 새로운 일보다는 익숙한 일을 좋아하고 정해진 규칙과 질서를 따르는 것을 편히 생각하는, 말 없고 조용한 분이었다. 원래도 수동적이고 소극적인 성격이지만, 주하에게 우울증과 공황장애가 생기면서 엄마 또한 무기력감과 막연한 죄책감에 시달렸다. 마치 자기 잘못인 것처럼 느껴 오히려 공감이나 이해를 바탕으로 아이의 불안을 읽어주지 못했다. 주하는 엄마가 자신의 생각이나 의견은 귀담아듣지 않으면서 말하고 싶지 않은 부분에 대해 일일이 캐묻는다고 했는데, 아마 엄마 자신이 계속 자책하다보니 정서적 유대감을 나누기는 어려웠던 것 같다.

그래서 아이의 불안이나 예민함에 대해서 부모가 너무 자기 탓을 하는 것은 좋지 않다. 주하 엄마가 그런 것처럼 자책하는 마음이 오히려 아이의 감정을 읽고 보듬어주는 것을 방해할 수도 있다. 예민함은 아이의 선천적 성향이다. 키가 큰 부모에게서 키 큰 아이가 태어날 가능성이 높겠지만, 키 작은 아이가 태어날 수도 있다. 부모가 모두 눈이 좋아도 시력이 나쁜 아이가 태어날 수 있다. 냉정하게 말하면 부모의 예민함은 부모 몫이고 아이의 예민함은 아이의 몫이다. 부모가 할 수 있는 것은 우선 부모 자신의 마음을 잘 돌보고, 또 예민한 아이가 세상을 좀더 편안하게 살아가도록 아이 곁에 있어주며 아이의 어려움을 함께해주는 일일 것이다.

　대학병원의 소아청소년정신의학과 의사로 살면서, 예민한 아이를 키우면서 나는 나름의 열패감에 시달려왔다. 진료실에서 만나는 엄마들이 늘 그러듯이 내가 뭘 잘못해서 아이가 이렇게 예민한 걸까, 어렸을 때부터 예민한 아이를 위해서 놀이치료를 하거나 다른 치료를 했어야 하는 것은 아닐까, 일을 그만두고 내가 직접 키웠으면 아이가 더 편안했을까 하는 후회와 죄책감을 느꼈다. 또 한편으로는 진료실에서 내가 보는 아이들은 빠르게 좋아지는데 왜 우리 아이는 오랜 기간 불안하고 예민한 걸까, 진료실에서 치료하는 아이들은 자기감정을 돌아보고 말로 표현하며 조절하는 능력이 자라는데 왜 우리 아이는 더디게 자랄까 하는 조급한 마음도 들었다.

그렇지만 아이는 서서히 스스로 불안을 견디는 방법을 찾아냈고, 자기 생각과 감정을 말로 표현하는 능력도 키웠다. 다른 사람의 감정이나 평가에 휘둘리지 않고, 자기 자신을 지키는 법을 배우며, 상황과 맥락에 맞춰서 불안을 조절하는 법도 익혔다. 그 모습을 옆에서 지켜보면 아이들은 정말 특별한 힘을 지니고 있는 것 같다. 키가 쑥 자라는 것처럼 아이들의 마음도 반드시 자라는 것이다.

예민한 아이를 위한 책을 쓰면서 읽었던 책들 가운데 『예민함이라는 선물』이 있다. 이 책의 저자인 이미 로는 예민한 사람들은 아마 평생 세상에 자신을 맞추려고 노력해왔을 것이라면서, 사람들의 비판을 견디며 자신의 가치, 신념, 자기애에 단단히 뿌리내리고, 나를 이해하며 받아들여주는 사람을 곁에 두라고 한다. 그리고 스스로 자기 자신의 집이 되라고 한다.[1] 이미 로의 이 말을 예민한 아이들에게 전하고 싶다. 남들과 조금 다른 나 자신을 인정하고, 자유롭고 당당하게 표현하며, 스스로를 돌보는 집이 되라고 말이다.

그리고 예민한 아이를 키우는 부모님들께 말하고 싶다. 아이를 키우는 일은 원래 힘들다. 예민한 아이를 키우는 것은 더 힘든 일이다. 이 책에서 예민한 아이가 세상을 잘 살아가도록 돕기 위해서 부모가 할 수 있는 것들에 대해 말씀드렸다. 그렇지만 아이에게 부모가 해줄 수 있는 가장 중요한 일은 그냥 곁에 있어주는 것이다. 이 아이들은 끊임없이 세상에서 상처받고, 자기 존재에 대해서 회의감을 갖기 때문에 한결같은 모습으로 곁에 있어주는 것만으로도 큰 위로를 받는다. 아이가 스스로를 돌볼 수 있는 사람이 될 때까지 옆에 있어주는 것이 부모의 가장 큰 역할이다. 그리고 이 책을 읽고 있는 부모님들은 이미 그런 부모의 역할을 하고 있는 것이다.

## 제1부 예민함과 섬세함을 가지고 태어나는 아이들

1   Thomas, A., Chess, S., and Birch, H. G., *Temperament and Behavior Disorders in Children*, New York, NY: New York University Press, 1968.

2   American Psychiatric Association, *Diagnostic and statistical manual of mental disorders(DSM-III-R)*, Washington DC: American Psychiatric Press, 1987.

3   Werry, J. S., "Overanxious disorder: A review of its taxonomic properties", *Journal of the American Academy of Child and Adolescent Psychiatry*, 1991:30, pp. 533~544.

4   Tracey, S. A., Chorpita, B. F., Douban, J., Barlow, D. H., "Empirical evaluation of DSM-IV generalized anxiety disorder in children and adolescents", *Journal of Clinical Child Psychology*, 1997:26, pp. 404~414.

5   McGee, R., Feehan, M., Williams, S., Partridge, F., Silva, P. A., Kelly, J., "DSM-III disorders in a large sample of adolescents", *Journal of the American Academy of Child and Adolescent Psychiatry*, 1990:29, pp.

611~619.

6   Bell-Dolan, D. J., Last, C. G., Strauss, C. C., "Symptoms of anxiety disorders in normal children", *Journal of the American Academy of Child and Adolescent Psychiatry*, 1990:29, pp. 759~765.

7   Beidel, D. C., Silverman, W. K., Hammond-Laurence, K., "Overanxious disorder: subsyndromal state or specific disorder? A comparison of clinic and community samples", *Journal of Clinical Child Psychology*, 1996:25, pp. 25~32.

8   Aron, E., *The Highly Sensitive Child*, New York, NY: Harmony, 2002.

9   2024년에 개봉하는 영화 「인사이드 아웃 2」에는 불안anxiety이 등장한다고 한다. 소심이와 불안이를 어떻게 다르게 그릴지 기대가 된다.

10  Sandler, J., Holder, A., Dare, C., Drecher, A., "The Development of Freud's Theory", in *Freud's Models of the Mind: An Introduction*, New York, NY: International Universities Press, 1997, pp. 11~38.

11  Tyson, P., Tyson, R. L., *Psychoanalytic Theories of Development*, New Haven, NJ: Yale University Press, 1990.

12  Thomas, A., Chess, S., Birch, H. G., *Temperament and Behavior Disorders in Children*, New York, NY: New York University Press, 1968.

13  Kagan, J., Snidman, N. C., *The long shadow of temperament*, Cambridge, MA: Harvard University Press, 2004.

14  Tolpin, M., "On the beginning of a cohesive self: an application of the concept of transmuting internalization to the study of transitional object and signal anxiety", *The Psychoanalytic Study of the Child*, 1971:26, pp. 316~352.

15  Fonagy, P., Target, M., "Attachment and reflective function: their role in self-organization", *Development and Psychopathology*, 1997:9, pp. 697~700.

16  Bates, J. E., "Concepts and measurement of temperament", in Kohnstamm, G. A., Bates, J. E., Rothbart, M. K.(editors), *Temperament in Childhood*, Chichester: Wiley & Sons, 1989. pp. 3~26.

17  Gray, J. A., *The Neuropsychology of Anxiety: An Inquiry Into the Functions of the Septo-Hippocampal System*, New York, NY: Oxford

University Press, 1982.

18   Hirshfeld, D. R., Rosenbaum, J. F., Biederman, J., Bolduc, E. A., Faraone, S. V., Snidman, N., Reznick, J. S., Kagan, J., "Stable behavioral inhibition and its association with anxiety disorder", *Journal of the American Academy of Child and Adolescent Psychiatry*, 1992:31, pp. 103~111.

19   Prior, M., Smart, D., Sanson, A., Oberklaid, F., "Does shy-inhibited temperament in childhood lead to anxiety problems in adolescence?", *Journal of the American Academy of Child and Adolescent Psychiatry*, 2000:39, pp. 461~468.

20   Thomas, A., Chess, S., Birch, H. G., *Temperament and Behavior Disorders in Children*, New York, NY: New York University Press, 1968.

21   Lionetti, F., Pastore, M., Moscardino, U., Nocentini, A., Pluess, K., Pluess, M., "Sensory Processing Sensitivity and its association with personality traits and affect: A meta-analysis", *Journal of Research in Personality*, 2019:81, pp. 138~152.

22   Cloninger, C. R., Svrakic, D. M., Przybeck, T. R., "A psychobiological model of temperament and character", *Archives of General Psychiatry*, 1993:50, pp. 975~990.

23   Acevedo, B. P., "The basics of sensory processing sensitivity", in *The highly sensitive brain: Research, assessment, and treatment of sensory processing sensitivity*, Cambridge, MA: Academic Press, 2020.

24   Greven, C. U., Lionetti, F., Booth, C., Aron, E. N., Fox, E., Schendan, H. E., Pluess, M., Bruining, H., Acevedo, B., Bijttebier, P., Homberg, J., "Sensory Processing Sensitivity in the context of Environmental Sensitivity: A critical review and development of research agenda", *Neuroscience and Biobehavioral Reviews*, 2019:98, pp. 287~305.

25   Bowlby, J., *Attachment and Loss, Vol. 1: Attachment*, New York, NY: Basic Books, 1969.

26   캐서린 피트먼·엘리자베스 칼, 『불안할 땐 뇌과학』, 이종인 옮김, 현대지성, 2023.

27   Jagiellowicz, J., Xu, X., Aron, A., Aron, E., Cao, G., Feng, T., Wen,g X., "The trait of sensory processing sensitivity and neural responses to

changes in visual scenes", *Social Cognitive and Affective Neuroscience*, 2010:6, pp. 38~47.

28    Acevedo, B., Aron, E., Pospos, S., Jessen, D., "The functional highly sensitive brain: a review of the brain circuits underlying sensory processing sensitivity and seemingly related disorders", *Philosophical Transactions of the Royal Society B*, 2018:373, 20170161.

29    Lamm, C., Majdandžic´, J., "The role of shared neural activations, mirror neurons, and morality in empathy—a critical comment", *Neuroscience Research*, 2015:90, pp. 15~24.

30    de Vignemont, F., Singer, T., "The empathic brain: how, when and why?", *Trends in Cognitive Sciences*, 2006:10, pp. 435~441.

## 제2부 예민한 아이를 잘 키우려면

1    Bowlby, J., *Attachment and Loss, Vol. 1: Attachment*, New York, NY: Basic Books, 1969.

2    Linehan, M. M., "Validation and psychotherapy", in Bohart, A. C., Greenberg, L. S.(Eds), *Empathy reconsidered: New directions in psychotherapy*, Washington DC: American Psychological Association, 1997, pp. 353~392.

3    Winnicott, D. W., "Transitional objects and transitional phenomena", *The International Journal of Psychoanalysis*, 1948:30, pp. 89~97.

4    Chethik, M., *Techniques of child therapy: Psychodynamic strategies*, New York, NY: Guilford Press, 2000.

5    Waelder, R., "The psychoanalytic theory of play", *The Psychoanalytic Quarterly*, 1993:2, pp. 208~224.

## 제3부 예민한 아이들은 어디에나 있다

1    캐럴 스톡 크라노비츠, 『우리 아이 왜 이럴까』, 남용현·이미경 옮김, 서울장애 인종합복지관, 2006.

2    Shear, K., Jin, R., Ruscio, A. M., Walters, E. E., Kessler, R. C., "Prevalence and correlates of estimated DSM-IV child and adult separation anxiety disorder in the national comorbidity survey replication", *The American Journal of Psychiatry*, 2006:163, pp. 1074~1083.

3    Biederman, J., Farone, S. V., Hirshfeld-Becker, D. R., Friedman, D., Robin, J. A., Rosenbaum, J. F., "Patterns of psychopathology and dysfunction in high-risk children of parents with panic disorder and major depression", *The American Journal of Psychiatry*, 2001:158, pp. 49~57.

4    태지원, 『어느 날 유리멘탈 개복치로 판정받았다』, 크레타, 2022.

5    Hayden, T., "Classification of elective mutism", *Journal of the American Academy of Child and Adolescent Psychiatry*, 1980:19, pp. 118~133.

6    American Psychiatric Association, *Diagnostic and statistical manual of mental disorders*(5th ed.), 2013.

7    http://www.docdocdoc.co.kr/news/articleView.html?idxno=145772.

8    Kim, S. J., Kim, B. N., Cho, S. C., Kim, J. W., Shin, M. S., Yoo, H. J., Kim, H. W., "The prevalence of specific phobia and associated co-morbid features in children and adolescents", *Journal of Anxiety Disorders*, 2010:24, pp. 629~634.

9    Ipser, J. C., Singh, L., Stein, D. J., "Meta-analysis of functional brain imaging in specific phobia", *Psychiatry and Clinical Neurosciences*, 2013:67, pp. 311~322.

10   이지나·김철권·김윤정·반건호, 「발모광 뇌영상 연구의 과거, 현재와 미래」, 소아청소년정신의학, 2009:20, 115~121쪽.

## 제4부 청소년이 된 예민한 아이

1    LoParo, D., Fonseca, A. C., Matos, A. P. M., et al., "Anxiety and Depression from Childhood to Young Adulthood: Trajectories and Risk Factors", *Child Psychiatry and Human Development*, 2022.

2    de la Torre-Luque, A., Fiol-Veny, A., Balle, M., Nelemans, S. A., Bornas, X., "Anxiety in Early Adolescence: Heterogeneous Developmental Trajectories, Associations with Risk Factors and Depressive Symptoms", *Child Psychiatry and Human Development*, 2020:51, pp. 527~541.

3    Spence, S. H., Lawrence, D., Zubrick, S. R., "Anxiety Trajectories in Adolescents and the Impact of Social Support and Peer Victimization", *Research on Child and Adolescent Psychopathology*, 2022:50, pp.

795~807.

4 Compton, S. N., Nelson, A. H., March, J. S., "Social phobia and separation anxiety symptoms in community and clinical samples of children and adolescents", *Journal of the American Academy of Child and Adolescent Psychiatry*, 2000:39, pp. 1040~1046.

5 Tempelaar, W. M., Mesman, E., Breetvelt, E. J., Hillegers, M. H. J., "The Dutch Bipolar Offspring Study: Cognitive Development and Psychopathology", *Journal of Abnormal Child Psychology*, 2019:47, pp. 1559~1567.

6 Anholt, G. E., Aderka, I. M., van Balkom, J. L. M., Smit, J. H., Schruers, K., van der Wee, N. J. A., Eikelenboom, M., De Luca, V., van Oppen, P., "Age of onset in obsessive-compulsive disorder: admixture analysis with a large sample", *Psychological Medicine*, 2014:44, pp. 185~194.

7 Diler, R. S., "Panic disorder in children and adolescents", *Yonsei Medical Journal*, 2003:44, pp. 174~179.

8 Pilecki, B., Arentoft, A., McKay, D., "An evidence-based causal model of panic disorder", *Journal of Anxiety Disorders*, 2011:25, pp. 381~388.

9 Hirshfeld-Becker, D. R., Micco, J., Henin, A., Bloomfield, A., Biederman, J., Rosenbaum, J., "Behavioral inhibition", *Depression and Anxiety*, 2008:25, pp. 357~367.

10 장형주, 『어린 완벽주의자들』, 지식프레임, 2018.

11 Eisenberger R., "Learned Industriousness", *Psychological Review*, 1992:99, pp. 248~267.

12 Rawlins, W. K., *Friendship matters: Communication, dialectics, and the life course*, New York, NY: Aldine De Gruyter, 1992.

13 Elkind, D., "Egocentrism in Adolescence", *Child Development*, 1967:38, pp. 1025~1034.

14 기시미 이치로·고가 후미타케, 『미움받을 용기』, 전경아 옮김, 인플루엔셜, 2022.

## 제5부 부모의 마음속 예민한 아이

1 Piotrowski, K., "Child-oriented and partner-oriented perfectionism explain different aspects of family difficulties", *Plos One*, 2020:15,

e0236870.

2    Assary, E., Zavos, H. M. S., Krapohl, E., Keers, R., Pluess, M., "Genetic
     architecture of Environmental Sensitivity reflects multiple heritable
     components: a twin study with adolescents", *Molecular Psychiatry*,
     2021:26, pp. 4896~4904.

3    Acevedo, B. P., Jagiellowicz, J., Aron, E., Marhenke, R., Aron, A.,
     "Sensory processing sensitivity and childhood quality's effects on
     neural responses to emotional stimuli", *Clinical Neuropsychiatry:
     Journal of Treatment Evaluation*, 2017:14, pp. 359~373.

4    Brindle, K., Moulding, R., Bakker, K., Nedeljkovic, M., "Is the
     relationship between sensory processing sensitivity and negative
     affect mediated by emotional regulation?", *Australian Journal of
     Psychology*, 2015:67, pp. 214~221.

5    Winnicott, D. W., *The Child, the Family, and the Outside World*,
     London: Penguin, 1973.

**맺음말**

1    이미 로, 『예민함이라는 선물』, 신동숙 옮김, 온워드, 2022.

# 모든 아이는
# 예민하다

**1판 1쇄** 2024년 6월 3일
**1판 3쇄** 2024년 7월 11일

**지은이** 김효원
**펴낸이** 강성민
**편집장** 이은혜
**마케팅** 정민호 박치우 한민아 이민경 박진희 정유선 황승현
**브랜딩** 함유지 함근아 고보미 박민재 김희숙 박다솔 조다현 정승민 배진성
**제작** 강신은 김동욱 이순호

**펴낸곳** (주)글항아리 | **출판등록** 2009년 1월 19일 제406-2009-000002호

**주소** 경기도 파주시 심학산로 10 3층
**전자우편** bookpot@hanmail.net
**전화번호** 031-955-2689(마케팅) 031-941-5161(편집부)

**ISBN** 979-11-6909-241-8 03180

www.geulhangari.com

All Children are
Sensitive